NOVELA

Robert Maximiliam

LA GUERRA
QUE NUNCA QUISE

PRIMERA PARTE

Memorias

Vivas

2018

LA GUERRA QUE NUNCA QUISE

PRIMERA PARTE

«MEMORIAS VIVAS»

ISBN 978-1-988475-63-9

Editada bajo el sello de

«EDITIONS ROMAX»

MEMORIAS

VIVAS

(Novela para mayores de 15 años)

NOTA ACLARATORIA

«Todos los personajes y nombres o sobrenombres son producto de la imaginación del escritor, cualquier parecido, es coincidencia. Mil disculpas a toda persona que se sienta señalada o interpelada por mis personajes»

Robert Maximiliam

PERSONAJES:

RORO: Es el personaje principal de la obra. Su nombre de pila es **Rodrigo Rodríguez** y, su apodo, proviene de la unión de las primeras letras de su nombre y apellido. Joven inquieto, curioso, aventurero y de carácter sereno.

LA NEGRA: Su nombre de pila es de origen francés «Marie-Soleil», el cual había sido españolizado a «Marisol»; pero desde pequeña había sido apodada «la Negra» por su color de piel, morena oscura. Es la mejor amiga del RORO y apasionada a la lectura, soñadora y de pensamiento liberal.

LA PUPU: El apodo viene de la palabra pupusa y se lo pusieron porque era considerada sabrosa, guanaca y apreciada por todos. Una joven muy alegre, jovial y hermosa. Muy dada a lo social e identificada con la gente más pobre.

EL SAPO: El apodo está relacionado con su aspecto físico: gordo, de estatura pequeña, moreno oscuro y de grandes ojos negros. El menor de una familia mono parental de cinco hijos. Sencillo, soñador y trabajador.

EL SUPO: El apodo viene de supositorio y está relacionado con su personalidad: metido, chismoso, caprichoso y muy curioso. Hijo único de una de las familias adineradas del pueblo.

==

Nota aclaratoria

«Todas las palabras o expresiones en letra itálica, indican que pertenecen al vocablo o jerga utilizada por el pueblo salvadoreño.»

Prólogo

Hablar de la guerra civil que vivió El Salvador a finales del siglo pasado no es cosa fácil ni mucho menos agradable para alguien que la vivió en carne propia. No pretendo ni quiero hacer una exposición real, ni histórica, de dicho, acontecimiento; eso sí, trataré de mencionar algunos eventos que marcaron la vida del ciudadano común sin profundizar más de lo necesario.

Esta obra busca, de alguna manera, utilizar como tela de fondo dicho conflicto armado y sigue, de forma general, sus pasos. Siendo actor secundario en dicha guerra, he escuchado muchas anécdotas, he sido testigo de muchos hechos y he palpado el dolor de mi gente. Como mucha gente, he formado parte de la legión que odiaba dicha guerra y deseaba, con todo el corazón que terminara lo más pronto posible.

Aunque la historia que relato es ficticia y los nombres son inventados, muchas situaciones forman parte del legado histórico, de dicha, guerra. Aquellos que han sido parte del conflicto o que, por alguna razón, se han interesado en la vida política del «Pulgarcito de América», descubrirán o se identificarán con dichas huellas de una memoria viva que el tiempo no ha logrado borrar. Todavía hoy en día, muchos de aquellos crímenes siguen vigentes en la memoria de las personas y muchos de sus autores continúan haciendo de las suyas. Sin embargo, no está, en mis manos, juzgarlos; sólo anunciarlos como aquel pobre profeta de los sin nombre.

Creo firmemente que nadie ame una guerra a menos que sea un desquiciado, loco o sicópata; como dicen en mi pueblo: *que le falte cinco para el peso o un tornillo en su chontoca*. Por lo menos, yo formo parte de esos que reniegan de las guerras, porque sólo traen destrucción, maldad y muerte.

En esta narración, no me enfocaré de manera específica en ninguno de los dos bandos en contienda: el gobierno y los subversivos. Me basaré en aquellos que más sufren los efectos: hablo de los más humildes, desprotegidos e indefensos; los que no *tienen vela en ese entierro*, los que callan, los que se niegan a participar en esa comedia, los que no sacan nada de beneficio en ese río revuelto, los huérfanos, las madres solteras, las viudas, los ancianos, los abuelos y todas las almas que van quedando atoradas en las calles, callejones, barrancos, riachuelos, aceras y fosas comunes; de aquellos que ni siquiera forman parte de un número en las estadísticas.

En esta obra quiero poner de manifiesto y ponerme del lado de ésos, de los que odiamos una guerra que nos impusieron; una guerra que nunca deseamos y que duro más de veinte años; una guerra que sólo dejó dolor, sufrimiento y muerte.

El énfasis será dado a todo aquello que pasó detrás de cámaras, a lo que los periódicos y cadenas de televisión no dieron cobertura. Hablo de lo íntimo, lo personal; de aquel aspecto más simple pero si importante para aquel que lo vivió, como: estar debajo de las camas en un tiroteo, sentir la oscuridad cuando cortan la luz eléctrica, tener sed y no tener agua potable para beber. Quedar en medio de un tiroteo, ser testigo de un secuestro, un asesinato o de un atropello; estar corriendo porque sabes que vienen detrás de ti con la intención de matarte, escuchar las balas y esperar que, una de ellas, no llegue a tocarte; pensar en tus seres queridos y no poder hacer nada, etc.

Alguien me decía: «*todos somos, de alguna manera, el resultado de nuestras experiencias. Y ellas, nos han modelado tranquilamente para ser lo que ahora somos. Nuestras memorias, siempre estarán ahí, a veces calladas; pero otras veces, tan vivas que, hasta, se vuelven... presente.*»

Mis recuerdos, forman parte de unas vivencias que desearía no recordar; sin embargo, están tan llenas de amor, de amistad y de deseo de superación; que no los puedo olvidar. Pienso en mis amigos, familiares y conocidos, con quienes viví parte de aquella guerra que nunca quise.

Mis pensamientos van para aquellos seres que de alguna manera forjaron con tiempo, palabras y acciones, mi personalidad. A ellos mi agradecimiento eterno, ¡estén, dónde estén!

Robert Maximiliam

INTRODUCCION

Esta novela nos relata la historia de Rodrigo Rodríguez, llamado cariñosamente RORO. Un joven que nos relata algunas vivencias de su país de nacimiento, El Salvador, en tiempos de la guerra civil; supuestamente, ocurrida entre los años ochenta, pero que en realidad había comenzado diez años antes.

El cipote, como se les dice cariñosamente a los jóvenes, se encuentra viviendo en su país de acogida, Suecia. Él recuerda, con nostalgia, aquellas vivencias que lo marcaron en su querido terruño, El Salvador. Había emigrado a principios de los noventa, después de la muerte de los sacerdotes de La Universidad Centroamericana (UCA), durante la mentada ofensiva «*hasta el tope*».

Sus recuerdos lo llevaron a sus años mozos, cuando estaba terminando su último año del tercer ciclo, el noveno grado. En esa época, su grupo de amigos, la *mara,* se reunía, casi católicamente, todos los días en la esquina de la casa de su mejor amiga, la Negra. En ese lugar, armaron y desarmaron el mundo a su alrededor; gustaron, verdes y maduras; decidieron su futuro y cerraron su amistad para siempre.

En ese tiempo, la guerra entre los revolucionarios y las fuerzas del gobierno comenzaron a ponerse color de hormiga. Esa zona occidental del país, sufrió de manera exagerada, los atropellos de un conflicto que no tenía ni pies ni cabeza. Para muchos, no había razón para tanta maldad humana.

Él se declaró ajeno y neutro a tales belicosidades. Se mantuvo, firme y sólido en medio de tanta injusticia. Esa posición, lo sumergió en un mar de tempestades que lo llevaron por rumbos insospechados. Su amor por la vida y su deseo de encontrar un mejor lugar para vivir, lo llevó al fin de cuentas, a dejar su tan amado país.

Esta novela nos muestra el lado humano de aquellas personas que se vieron posicionadas, contra su voluntad, en medio de un conflicto del cual no querían ser parte. Escrita en una narrativa romántica y utilizando, la jerga del salvadoreño común, nos introduce de manera mágica en la idiosincrasia del guanaco y su manera de ver la vida. Descubrimos algunos lugares exuberantes del «pulgarcito» de América y aprendemos a amar su historia.

MEMORIAS VIVAS

En esta primera parte, el personaje principal, el Roro, comienza recordando su infancia y los motivos para odiar *la guerra que nunca quiso* y que, finalmente, lo sacó de su país, El Salvador. En esos años de juventud, nuestro héroe experimentó un remolino de situaciones propias de su edad que se vieron influenciadas drásticamente por la situación política de ese momento.

La incipiente guerra civil estaba haciendo lo suyo bajo la sombra de la noche. Era común escuchar el quejido y el dolor de aquellos que veían a sus seres queridos perderse en la soledad y la impunidad del tiempo. La fuerza armada del país poseía el poder y la fuerza para dominar a un pueblo agrícola, bastante analfabeto y hasta cierto punto, ignorante. Los abusos de poder, a través de toda la historia, habían provocado, varias olas de levantamiento popular insatisfechas y con ansias de reivindicaciones. Uno a uno, esa fuerza militar, había sofocado aquellos intentos de alzamiento dejando huellas de tristeza, dolor y rabia en sus descendientes. No estaba lejos, de la *memoria viva,* la matanza del treinta y dos; dónde, el ejército del general Hernández Martínez, ejecutó a más de veinticinco mil indígenas en la ciudad de Izalco, según los historiadores.

Un nuevo levantamiento había comenzado a movilizarse desde los inicios de los años setenta. Los insurgentes o subversivos o muchachos, como se les conocía al grupo de rebeldes que supuestamente merodeaban las montañas; poco a poco, se hacían notar en las noticias esporádicas de los periódicos y radios. El ejército, en su afán por sofocar, una vez más, dicho resurgir revolucionario, comenzó a hacer de las suyas y tenía, en su mirar, a: maestros, sindicalistas y alumnos universitarios.

La zona occidental del país estaba siendo tocada de manera brutal y las voces de los sin voz, de alguna manera, reclamaban justicia. En ese momento, la desinformación provocaba que la populación en general se encontrara dividida. Las elecciones maquillaban, de alguna forma, el inconformismo social y, aunque la esperanza de un cambio se vislumbraba someramente en el horizonte, el resultado siempre era, lo mismo. La derecha y su poder militar se las arreglaba para continuar en el poder.

El Roro, como la mayoría de personas, si no habían sido tocadas personalmente no le daban mayor importancia a la situación. La vida seguía igual y, cada quién, se las arreglaba para ir saliendo en su día a día. Pero una noche, la situación cambió y el vendaje, de sus ojos, se cayó. Ser testigo de un crimen a sangre fría y, luego, sentir el soplo de la muerte cerca de su cuello, le recordó que la vida era efímera, delicada y hermosa. Desde ese día, su memoria, comenzó a tomar otro color y, sus páginas de historia, se llenaron con frases, oraciones, nombres, imágenes, situaciones y recuerdos imborrables.

He, aquí, un esbozo de alguien que quiso ser y no pudo; que trató y se cansó; que fue testigo y se calló; que quiso volar y se quedó en el intento. Sus recuerdos, lo mantienen vivo en la dureza de una distancia que nunca quiso.

El Roro representa, de alguna manera, a todo aquel emigrante guanaco que dejó un día su casa, su campo, su gente, sus sueños y su corazón a causa de una guerra que nunca quiso.

«Las memorias vivas» representan, en cierta manera, el legado de un amor eterno; un amor que marcó una juventud difícil pero linda. Un tiempo marcado por una guerra que nunca quiso.

INDICE

LA GUERRA QUE NUNCA QUISE
Primera Parte

MEMORIAS VIVAS

«No hay nada peor que estar en dónde no se quiere estar, vivir en dónde no se puede vivir, sentir lo que no se quiere sentir, dejar lo que no se quiere dejar y recordar, lo que no se puede olvidar.»

Robert Maximiliam

....

REMEMBRANZAS

En un lugar perdido del mundo, *al otro lado del charco*, en una ciudad lejos de los conflictos armados, en una habitación sencilla y, en un momento, de nostalgia profunda; el tiempo ha dejado un espacio al verso de un alma en pena, triste y melancólica. Sus palabras buscan la paciencia de una inocencia para poner a lamer un ego que no ha olvidado un pasado cansado.

Hay un cielo que se pinta de hermoso, delicado y callado, a través de la ventana, en algún lado. La prosa que reposa en la punta de una rosa no ha querido mostrar la moza que se dibuja en el papel. Se burla del tiempo, el momento que, en el firmamento, se quiere ocultar. Hay un vacío que en el hastío se vuelve lío queriendo dormir.

Las voces monótonas de un noticiero en lengua extranjera pareciesen querer interrumpir la quimera de un hecho, tratando de resurgir. Son aquellas palabras lejanas que, replican como campanas, en la ribera de un despertar buscando el mar.

Aquellas voces de esperanza, que en la añoranza, se escuchan en el horizonte de un país que ha vivido por más de un decenio en medio del dolor, del sufrimiento y del desgarro sentimental. «Existe la posibilidad de un acuerdo de paz entre los beligerantes», clama aquel noticiero. Un pueblo entero respira profundo y mantiene, sólidamente, en su mano el crucifijo eterno de un puede ser. «Aquella quimera que un día se volvió viajera podría hacerse realidad esta vez», pensaba callado aquel oyente que no quería oír para no darle importancia a aquel hecho; en su pecho, el recuerdo travieso, de varios fracasos en su ayer, le recordaba su malestar.

Pero pudo más, la curiosidad que el orgullo mal colocado que tenía a un lado. El soñador despertó de aquel sueño diurno que lo había llevado a tocar la paz de un ruiseñor. Se volvió con cierta melancolía y, en clara alevosía, fijo su mirada en aquel reproductor de imágenes. Sus ojos se clavaron y se anclaron en cada palabra que pronunciaba aquel locutor extraño, como buen cantor desmenuzaba el hecho que interesaba al citado. Aquella noticia lejana encontraba ventana en el umbral de un paisano que lejos de ser villano, era ciudadano.

Aquel segmento internacional no duró más de algunos segundos en la antena popular, pero los tambores de gloria se comenzaron a escuchar en el alma de aquel triste navegante. Se quedó como incrédulo, perdido en el tiempo. Miró, hacia la pared y encontró lo que buscaba: un recuerdo de su país de origen. Aquel mapa tallado, en madera, con colores intensos diferenciando claramente cada departamento del pequeño país centroamericano, colgaba de un clavo recordando de manera perenne sus orígenes. Se levantó y lo descolgó; luego, se sentó en la silla de su escritorio y lo sostuvo entre sus manos. Se le quedó mirando fijamente y dijo:

— ¡Será verdad o será otro más de los fracasos anteriores! — Aquella frase salió de lo más profundo de su ser.

Volvió a caer en el espacio de su pensamiento sin pensar específicamente en nada. Luego, se dijo: «*Ésa, es la guerra que nunca quise*». Dejó escapar unos segundos, en el hilo del tiempo; y esbozó una sonrisa leve que se robó el viento. Entonces, pensó: « A pesar de todo, muchas cosas positivas ocurrieron en mi vida pero no puedo negar que sigue llora mi herida». Suspiró profundo y se hundió, en un infinito vacío; un hilito que lo llevó directo a su «Pulgarcito»: querido, amado y nunca, olvidado.

De repente, en su mente, la imagen de sus amigos de juventud, sus *cheros*, resurgió como un ave fénix de sus cenizas. Aquellos cuatro cómplices que, bajo el foco amarillo, en una esquina de casa, disfrutaron de momentos gratos tratando de componer y recomponer la vida. Un suspiro lento y largo perfumó las sienes de aquel migrante envuelto en sus va y vienes.

El Roro, como lo llamaban desde pequeño, se descubrió en esa película producía a todo color. Se vio sentado en medio de sus amigos: la Negra, la Pupu, el Sapo y el Supo. Sus nombres de pila habían quedado en el olvido porque, desde que tenía memoria, siempre los conoció por dichos sobrenombres.

Esos cuatro personajes se habían convertido, en el pasar del tiempo, en sus mejores *cheros*, su *mara* como les decía con cariño. Juntos habían pasado *verdes y maduras* e igual que un buen vino, su amistad se había solidificado en el pasar de los caminos.

Los cinco amigos andaban rondando las mismas edades, aunque la Negra, quien había llegado unos años atrás, los aventajaba por dos años. En ese momento, todos estaban terminando el noveno grado. Uno de los temas principales que atraía a la mayoría era la sexualidad y, en sus reuniones a principios de la noche, casi siempre salía a relucir dicha curiosidad o necesidad juvenil.

La más avanzada, en dicha temática, era la Negra; ella era muy asidua a la lectura, su conocimiento *dejaba por los suelos* a los otros. El Roro, que estaba ávido de saber y de conocer cosas, le gustó la mujer por todo lo que podía aprender a su lado. En cierto modo, sentía cierta admiración por tanto conocimiento. También jugaba en su favor, el hecho que en cierta ocasión, al llegar al pueblo, la estuvo espiando desde un árbol. La bicha bajo aquella sombra de Marimacha tenía lo suyo, como mujer.

Por otro lado, desde hacía algún tiempo atrás, la Pupu pregonaba que, el Roro, le gustaba mucho. Aunque, en palabras de sus amigos, era solamente porque éste no *le tiraba bolas*. Mientras tanto, el Sapo mantenía un amor platónico con ella.

El Supo, el quinto miembro de aquel grupo juvenil, era un joven bastante curioso, un poco arrogante y de lengua floja; era el chismoso entre ellos. Su familia era la que, supuestamente, tenía más plata en el pueblo porque tenían terrenos, ganado y vehículos.

En sus inicios, a la Negra no mucho le agradaba el Roro y casi siempre terminaba provocándolo. Su carácter serio, callado y bastante discreto, le parecía fuera de lo normal. Le gustaba sacarlo de sus casillas. Por su parte, al Roro no mucho le agradaba su mentalidad liberal y feminista; pero, sobre todo, su manera tosca de tratarlo. Le golpeaba a puño cerrado en los hombros, en las piernas y hasta en el estómago.

Una noche todo cambio, los jóvenes decidieron poner las cartas sobre la mesa, se dijeron lo que pensaban el uno contra el otro y, como por arte de magia, su relación comenzó a navegar por aguas tranquilas. Comenzaron a contarse sus intimidades y, cada uno, fue aprendió a apreciar al otro.

Desde ese día, El Roro, quiso acercarse a la Negra porque su carisma particular le atraía mucho. No sabía, exactamente, la razón de aquella atracción: el bagaje que se manejaba o el tipo de mujer: segura de sí misma, inteligente y con una mirada diferente de la vida.

La verdad fue que, tranquilamente, las cosas se perfilaron hacia cierto ángulo y su amistad comenzó a agarrar un camino especial. Inclusive, comenzó a llegar más temprano a la reunión diaria, con la intención de saciar algunas curiosidades personales que, en cierta manera, le incomodaban hacerlas públicas delante de sus cheros. De ese modo, entre pregunta y respuesta, ambos encontraron un terreno común que, de alguna forma, los acercó bastante.

La Negra se convirtió, de alguna forma, en su maestra privada; en él, ella encontró un terreno fértil dónde poner en práctica sus ideas locas. Por su lado, el Roro supo encontrar, la compañera ideal, con quién descubrir el lado oculto del sexo femenino. Un universo que le fascinaba y le intrigaba como todo joven de su edad. Descubrió, fascinado, a una mujer llena de cultura, sabiduría y, hasta cierto punto, llena de vida. Ella, le mostró un mundo nuevo a descubrir y le enseñó, a ver, más allá del árbol que le cubría la mirada.

Antes de los últimos tres meses de ese año, la relación se mantuvo cerca, pero manteniendo cierta la distancia. Todavía no se había dado el clic que cambiaría para siempre aquella amistad.

Aquel nostálgico soñador, esbozó una sonrisa al acariciar la imagen juguetona de su amiga interrumpiendo el alma. Se dijo: ¿Qué será de mi Negra? Y como, por arte de magia, volvió a pensar en ella. Alegre, inteligente y, siempre, vanguardista.

Se dijo: «cierta química se creó entre los dos y comenzamos a atravesar la línea de la amistad. De la noche a la mañana, se convirtió en la mejor maestra que pude haber tenido en esa edad».

En ese tiempo, la chica le sobrepasaba en altura casi media cabeza y, como ya estaba en pleno desarrollo, sus atributos de mujer estaban bastante definidos. Caso contrario ocurría con el Roro y sus otros dos cheros que, apenas, comenzaban a repuntar. En otras palabras, comenzaban a brotar sus vellosidades íntimas y su curiosidad juvenil estaba que no los dejaba tranquilos.

La imagen de aquella morena mandona y gritona, le volvió a sacar una sonrisa; un pensamiento fortuito le iluminó la mirada y dijo: «era una chica fuera de contexto, sus caderas anchas y senos medianos decían que era una mujer; pero su cabellera corta, sin maquillaje en el rostro, vistiendo siempre pantalones de vaquero y camisas de hombre, bastante flojas, le mostraban bastante varonil. —Luego musitaba una risa pícara como aquel que tiene un as escondido bajo el brazo. —…Y seguía, pero yo sabía, se decía, que debajo aquella apariencia masculina se dibuja un cuerpo de mujer hermoso». De inmediato apareció una película con la imagen de la chica caminando hacia el baño sin más ropa que una toalla floreada alrededor de su cuerpo. Una paz deliciosa lo acarició suavemente y se quedó jugueteando con dicha imagen. — El cipote, por curiosidad, se subía a un árbol de mango que estaba cerca del tapial de cemento en la parte trasera de la casa de la mujer, para vigiarla.

Segundos después, su rostro cambió y un manto de tristeza se apoderó de su alma. Una seguidilla de secuencias no gratas le atravesó el corazón como un cuchillo hiriente. La muerte de Raúl frente a él, le había cambiado la vida para siempre, todavía aquella imagen le provocaba rabia, indignación e impotencia. —Respiró profundo y se refugió en otras escenas menos dolorosas.

El recuerdo, de una noche entre cheros, volvió como potro salvaje a cabalgar por sus melancolías; trayendo en el viento que lo empujaba, vivas memorias que comenzaron a brillar como estrellas blancas en plena noche oscura.

Estaban ahí, como cada noche, los cinco cipotes merodeando la esquina de la casa de su amiga; el foco amarillo los iluminaba lo más que podía y, con su manto sin brillo, los cobijaba cálidamente. Sus rostros mostraban la felicidad de una juventud tranquila, revoltosa y coqueta. La oscuridad de la noche no dejaba ver más allá de los cinco metros. Los focos de las otras casas, como a cincuenta metros de distancia, una de otra, dejaba imaginar el recorrido de aquella calle solitaria y empedrada. Los grillos, con su canto intermitente, ponían un toque de misterio al ambiente para hacer, de los presentes, simples duendes con cierto encanto.

En esa ocasión, lejos de lo que pensaba el padre del Roro, esa charla era de suma importancia para los bichos porque hablarían de su futuro. Casi siempre, las conversaciones eran alegres, amenas y hasta instructivas; tocaban temas de interés personal y general. En muchas ocasiones llegaron a tocar sujetos muy delicados, como: los crímenes que se estaban observando a diario, todos ellos con el sello de una guerra que nadie quería aceptar y que estaba ocurriendo desde hacía mucho tiempo atrás. Como muchos intelectuales de la calle decían: « a veces es mejor ignorar el presente para no hacer el puente entre lo ausente y el poniente».

Esa noche, ellos conversaban de sus sueños, ideales y esperanzas. El Roro, por ser bastante callado, casi siempre era uno de los últimos en exponer sus ideas o pensamientos. La Negra, por su parte, se quedaba de último para cerrar con broche de oro un tema que casi siempre conocía por todo el bagaje intelectual que se manejaba. Aunque, en ciertas conversaciones, confesó que tanta palabra aprendida le gritaba que deseaba ser atrevida porque carecía de la práctica que ofrecía la vida.

En ese instante, el Sapo exponía sus ideas y los otros lo escuchaban con especial interés, decía:

— ¡No sé! Entre *nos*… estoy viendo si después de finalizar el año escolar, *jalo* para el norte. ¡Aquí no veo nada claro! Las opciones son contadas con los dedos de la mano, sobre todo para los pobres. Díganme… ¿Qué nos queda?: trabajar en el campo, en la construcción, meterme al ejército o qué sé yo. Pero nada de eso me atrae, y honestamente, estoy jodido, un nudo con mi futuro. Estamos a punto de terminar el noveno y una decisión se acerca a pasos gigantes. ¡No sé! Ustedes ¿qué piensan? —Dejó aquella pregunta abierta que denotaba cierto malestar interior.

— ¡Eso que decís vos, está dirigido a aquellos que no tienen estudios! A los que se conforman con sacar el noveno o el bachillerato. Un personaje importante que en este momento no recuerdo dijo: «la única opción para que el pobre salga de su situación es a través de los estudios». Si vos *quieres* salir adelante, es fácil: *tienes* que meterle cerebro a los libros. —Le respondió la Negra.

— Eso es verdad, pero ¿cómo estudiar con la panza vacía… es imposible no crees vos? Además, si soy honesto conmigo mismo; los estudios, no son mi lado fuerte. — Le replicó, con buen criterio.

— ¡Es *verdá*! ¡Yo, en cambio, tengo claro lo que voy a hacer! ¡Me iré a estudiar para convertirme en enfermera! Al rato, atrapo un doctorcito. Me caso, tengo unos tres bichos y, con eso, tengo la vida arreglada. —Argumentó la Pupu, con un signo de arrogancia y de mucha ingenuidad.

— ¡Yo, sacaré la licencia de conducir buses y le pediré un bus a mi viejo! ¡Creo que con eso basta! Luego me haré unos cuantos billetes, pondré mi propio negocio y, cuando tenga suficiente plata, me voy a joder por todo el mundo— Agregó el Supo muy seguro de sí mismo y hasta con cierto aire de arrogante.

— ¡Este Supo, sólo es *paja*! ¡Ni le gusta *chambiar*! Si tu tata se diera cuenta de todo el billete que le bajas, ya te hubiera puesto de rodillas sobre los granos de maicillo. — Sacó a relucir la Negra en son de broma que cayó muy bien en el resto porque se pusieron a reír confirmando aquello que la chica había expresado. ¡Otro fuera! Hace tiempo anduviera aprendiendo el negocio en lugar de andar metiendo sus narices en los salones.

— ¡Lo que pasa es que el súper *guevón*! ¡Este mejor debiera meterse a político! Esos tipos, sólo para *guevia*r el dinero del pueblo sirven y se la pasan todo el día dando garabato a los demás. — Sacó a relucir el Sapo.

— ¡Para eso hay que tener tata con billete! De todas maneras, los trabajadores se lo bajan; entonces, es mejor que se lo baje el hijo, ¿no creen? Y de plano que no había pensado lo de lanzarme a político, hasta presidente podría llegar a ser. — Mostró una cara de asombro. ¡Tengo todo! Plata, buen plante y conectes.

— ¡Te faltó decir estudios! — Los políticos deberían de tener estudios para saber dirigir; si no, como dice mi abuelo: un ciego no puede guiar a otro ciego. Lanzó el Roro.

— ¡Estás loco vos! Los estudios aquí salen valiendo, lo que necesita es ser militar. Desde hace mucho, éstos se ponen a jugar a la rueda de la silla de caballitos, sólo entre ellos. Pero ya verás que la tortilla se les va a cambiar un día de éstos. —Argumentó la Negra.

— ¡Puta vos! Hablas como si fueras guerrillera. — Le dijo seriamente el Sapo.

— ¡No digas babosadas! No ves que por aquí las paredes oyen y las orejas están, ojo al Cristo. —Le replicó la bicha enojada.

En ese instante, un manto de suspenso los cubrió y los obligó a quedarse callados. Como siempre, la Negra más buza, sabía que en cierta manera aquel tema los había puesto como puerco espín. Era uno de esos tabú que no se tocan en plena calle.

— ¡Cambiando de plática! ¿Es *verdá* que ya fueron con las muchachas? ¡Así que ya están encaminados y desvirgados! —Sacó a relucir la Negra, con su modo de hablar colorido y directo.

Los bichos habían ido con las prostitutas una noche anterior, todos pasaron, uno a uno, con la misma chica que era la novedad del momento en el lugar. Ellos se habían prometido guardar el secreto pero no contaban con la habilidad de sus cheras, sin contar que los chismes en un pueblo chico corren más rápidos que el viento.

Al escuchar aquel comentario, los tres se quedaron viendo unos a otros queriendo saber quién había soltado la lengua y, cayeron por inocentes. El Roro, por su parte, se puso colorado de vergüenza y bajó la cara queriéndose meter debajo de la tierra. Los otros dos, se delataron con su sonrisa pícara.

— ¡No se hagan los majes! Haber... ¡Suéltenla! ¡Ya, el Supo, nos lo contó! —Agregó la Pupu en son de chisme queriendo quemar al perro más flaco.

— ¡Vamos! ¿Cuenten que tal les fue? Con lujo de detalles porque queremos saber esas cositas. —Agregó la Negra, mostrando cierta curiosidad aunque en el fondo sabía más que el resto del grupo. La mujer tenía toda una biblioteca en su casa, gracias a su madre que venía de una familia muy culta.

— ¡Pues la neta!... Al principio ni se me quería parar, pero al verla *chulona* todo cambió. Eso sí, fue muy rápido. — Sacó a relucir el Sapo con ego agrandado.

— ¡Entonces es verdad que fueron! ¡Cochinos! —Los insultó la Negra.

— ¿Y qué? No ya lo sabían pues. —Respondió inocentón el Sapo.

— ¡Cállate! No ves que nos estaban chingando. ¡*Sos* bien *menso*! — Le reclamó el Supo.

— ¡Ya dejen de hacerse y cuenten! Estamos curiosas de saber lo que pasó.

— ¡Más o menos, me pasó lo mismo! —Agregó, sin más, el Roro un poco tímido.

— ¡En mi caso, hasta, pagué extra! Porque quería que me hiciera otras cositas. — soltó orgulloso el Supo.

— ¡Entonces quiere decir que son familiares porque se metieron con la misma hembra! ¡Ahora podrán decir que son carnales! — Los comenzó a joder la Negra.

Los chicos, al escucharla, se quedaron cómo diciendo que era verdad y luego se comenzaron a molestar llamándose hermano. Mientras tanto, la Pupú los trajo al presente diciéndoles:

— ¡Suerte la de ustedes! Para los hombres son más fáciles esas cosas, para las mujeres es más yuca. Si ustedes lo hacen, todos aplauden; si nosotras lo hacemos, nos llaman putas. ¡También tenemos deseos y ganas, saben! ¡Qué nos queda!... ¡Hacerlo a escondidas!

— ¡Sí! Nosotras las mujeres siempre salimos perdiendo en este país machista. ¡No es justo! — Agregó la Negra enojada.

— Si hablamos de justicia, hay muchas más cosas injustas que deberían cambiar. Pero sabes, ¡yo estoy de acuerdo!—Soltó el Roro, sorprendiendo agradablemente a la muchacha.

— ¡Bueno! Si quieren les podemos *hacer el favorcito*. ¡Ya tenemos un poco de experiencia! — Sonrió, elevó sus cejas y le tocó la pierna a la Negra el Supo.

— ¡Con las ganas te quedarás, porque contigo ni a la esquina! —Le cipota le retiró la mano de su pierna y le soltó uno de sus puñetazos en pleno hombro.

— ¿Por qué? Morenita de mi alma.

— ¡Eres muy chismoso! Capaz que ni me has tocado y ya vas a andar diciendo que te has acostado conmigo. Además, vos sabes que no me gustas. ¿Por qué no se lo pedís a la Pupu? Tal vez, ésta, te hace el favor.

— ¿Y a mí por qué? Yo ni loca me meto con éste, creo que ni se baña todos los días. ¡Quizás, con el Roro, pero no quiere saber nada conmigo! —Le clavó la mirada al susodicho *aguevándolo* un poco.

— ¡Eso fue un tiro directo! ¡Huy, *Rorito* que, te comen vivo! —Soltó el Sapo.

— ¡Ya dejen de joder! ¡No digas eso! Vos, sabes que eres bonita, pero la *neta, ahorita* no pienso en esas cosas. Además, estoy casi seguro que lo tuyo es sólo un capricho. ¿Por qué no te haces novia del Sapo? ¡Vos, sabes que éste está *enculado*!

— ¡Hey! Ése, fue tiro traicionero, yo no me he metido contigo.

— ¡Lo decía en broma! Perdóname Sapito, pero *ya me tienen, chino* con ese tema.

— ¡Y quién dice que yo quiero algo serio! ¡Quiero practicar!... ¡Cómo ustedes!

— ¡Menos! No estoy para eso. Además, creo sinceramente que, si algo llegara a pasar entre nosotros, la amistad se perdería. Mejor no echemos leña al fuego.

— ¡De plano! Mejor hablemos de otra cosa. Se dieron cuenta de que anoche fueron a sacar al Camarón y su hermano. —Intervino la Negra para cambiar de tema.

— ¡Oí algo por ahí! ¡Ya, no van a tardar en aparecer tirados en la orilla de la carretera!

— ¡La cosa se está poniendo color de hormiga!

— ¡Ojalá que no siga!

— ¡Ay mi hijita, esto va para largo! ¡Ya verás! —Le aseguró el Supo.

— ¡Sólo en países cómo éste pasan esas cosas! —Agregó la Negra.

— ¡Ay negrita querida, vos siempre en las nubes! ¡Qué no ves que aquí, hay gato encerrado! ¡Siempre el billete hará su domingo el sábado santo! Los que tienen el poder siempre querrán tenerlo y los que lo desean, querrán quitárselo. Por el momento, me voy, del lado del billete porque ahí, está: el trabajo, el dinero y el poder. —Sacó a relucir el Supo con cierto aire de niño rico.

— ¡*Tenés* razón! Eso pasa en todos los países del mundo; el problema aquí es que no hay gran riqueza y la que hay, se la reparten unos pocos. —Respondió la Negra un poco conformista.

— ¡Yo creo que *la mara* se deja llevar por la *chacharaca* de los políticos y, al final de cuentas, todos terminan robando a manos llenas! — Dio su opinión el Roro.

— ¡Pero eso que dices es porque somos un pueblo analfabeto que nos vendemos con espejitos dorados! ¡Creo que necesitamos más maestros! Un pueblo culto no se deja engañar fácilmente— Agregó la Negra.

— ¡Así, cómo está la cosa! Pronto nos quedaremos sin profesores. Se los están echando; como los pájaros, volando. —Metió su cuchara el Sapo.

— ¡Si pobrecitos! Me dolió mucho, saber que habían macheteado al maestro, Carranza; de la escuela de la Hachadura. Dicen que fue porque pertenecía al sindicato de profesores. —Dio su punto de vista la Pupu con mucho sentimiento.

— ¡Lo que pasa es que esos son muy revoltosos! No escucharon lo que hicieron en la *capirucha:* quemaron llantas, carros y hasta quebraron vidrios de comercios para robarlos. — El Supo se puso claramente de parte del gobierno.

— ¡Yo soy de la opinión que nadie tiene el derecho de matar a nadie por el simple hecho de hacer valer su punto de vista! Todo se puede arreglar hablando. — opinó el Roro bastante molesto.

— ¡La neta, es que el Supo cómo ha nacido en cuna de oro, no conoce el dolor del mendigo, del hambriento y del necesitado! ¡Espérate que la tortilla cambie de lado o la muerte lo toque de cerca! ¡Ahí otro gallo le cantará! — Le recriminó y hasta cierto punto le profetizó el futuro la Negra.

— ¡*Mangos*! ¡Toco madera! ¡Vos, pareces una guerrillera por cómo hablas! ¡*Tené cuidado*! Porque si te oye *un «Oreja»*, no las cuentas! —Le respondió el Supo con tono de advertencia otra vez.

— ¡Yo espero que, vos, no seas uno de esos vende patria!

— ¡Yo nunca traicionaría a mis cheros!

— ¡Eso significa que soy tu *chera*! — Le golpeó la Negra en el hombro al Supo, esta vez más despacio.

— ¡Claro mi negrita! ¡Lástima que no te guste, y que tus gustos sean otros! ¡Si no, te juro que te tiro los perros! Ahí donde ven, ésta, tiene lo suyo. —El Supo, dejó entrever que, la cipota, escondía un cuerpo bonito.

— ¡Ay *Supito*! Si me gustaras un poquito, no me molestaría enseñarte lo que tanto deseas aprender, pero te *jodistes*. No, me mueves ni un pelito y, por lo visto, te quedarás con el gustito, de saber si soy o no soy mujer.

— ¡Vos, te lo *perdés*!

— ¡No creo que me pierda de mucho! Ya me contaron que te fuiste en seco con las chicas alegres.

— ¿Quién te contó?

— ¡Para que veas que tengo mis conectes!

— ¡Pero es mentira porque todo salió bien! — Le respondió de forma enojada, al ser tocado en su orgullo masculino.

El resto del grupo se sonrió al escuchar aquel tonto debate. Y se puso a echarle más leña al fuego.

— ¡No te enojes que estoy *bromeando*! ¡Sólo quería sacarte la *verdá*! Pero cuando el río suena... — Lo siguió chingando la Negra.

— ¡Mejor vamos a la calle a ver los culos! — Le sugirió al Sapo y al Roro tratando de sacarlos de aquel tema y para calmar el ambiente.

— ¡Yo me tengo que ir porque mi mamá me va a regañar! No le gusta que pase tanto tiempo con ustedes, dice que no voy a sacar nada provechoso de estas reuniones. —Dijo la Pupu, un poco molesta.

— ¡Yo le prometía a mi viejo que entraría temprano, quizás otro día! — Añadió el Roro.

— ¡Está bien! Vamos, un rato, a la calle, pero me acompañas a ver a la Cande. — Le susurró el Sapo al Supo, mientras agarraban camino a la calle principal.

El grupo de amigos se separó quedando en aquella esquina el Roro y la Negra. Al quedar solos, la cipota, le preguntó:

— En *verdá*, ¿tienes que irte? Yo tengo que arreglar todo para dejar listo el changarro para mañana.

— ¡Todavía no! ¿Por qué? ¿Quieres que te eche una mano?

— ¡No vendría mal! ¡A dos la cosa se hace más sabrosa! —Lo dijo en doble sentido.

— ¡Tu madre, anda cerca! — El tipo le tenía un poco de respeto, envuelto en miedo, a la señora; la dama se manejaba un genio de los mil demonios.

Lo cierto, era que no la había tratado mucho y, solamente, lo decía por los gritos que le pegaba a su hija. Eso sí, la mujer no era fea; además, se manejaba un cuerpo curvado.

— ¡No te preocupes que está metida con su novela! ¡Y cuando lo hace! No hay, poder, en el mundo que, la saque de ahí. —Sonrió sarcásticamente.

— ¡Entonces manos a la obra! ¿Por dónde quieres que comience? —Le respondió en doble sentido.

— ¡Veamos! Con los huevos, nada; de eso me encargo yo. —Le sonrió. ¡Quizás, si me agarras la parte de abajo... del galón para medir el aceite! —Volvió a sonreír porque lo estaba molestando.

— ¿Te gusta que agarre fuerte o suave? O prefieres qué ¿mida, el aceite?
—Le respondió con el mismo doble sentido.

En ese momento, ambos comenzaron a entrar en otro tipo de relación. Estaban dando un paso hacia otra dirección, más íntima.

— ¡Veo que, después de la visita, estás avivando! —Le sonrió tímidamente. Me basta que agarres fuerte y lo mantengas firme. —Volvió a tirarle otra frase en doble sentido.

El chico, levantó, aquel galón y, lo sostuvo hasta que, sacó lo que necesitaba. Al terminar se quedó mirando para ver qué otra cosa necesita poner en su lugar.
— ¡Ahora méteme esas candelas en su lugar, en ese hueco! — Le sonrió.
— Yo te meto todo lo que quieras… ¿A dónde dices? ¿En qué hueco? —Sonrió pícaramente.
— ¡No te pases de vivaracho! Ahí en esa horqueta.
— ¡Ah! Quieres que, meta, la candela entre la horqueta. —Se lo dijo de manera pausada para darle mejor dirección a la frase.
— Deja de estar picando la manzana si no te la vas a comer.
— No me molestaría, sabes.
— ¡Mira que, a Blanca Nieves, se la bajaron con una manzana! Ten, cuidado con lo que comes. Quizás, no sabes dónde, metes tus patas. ¡Ven! —Le pidió que se acercara con la intención de probar hasta dónde podía llegar.

El bicho se puso de pie y se acercó, un poco *aguevado*. La bicha le llevaba unos centímetros de altura. Se acercó y esperó. La mujer se le quedó mirando fijamente y le dijo:
— ¡Bésame! —Se quedó esperando con mirada severa y después agregó. ¿No, quieres, o no puedes? —Le tocó el orgullo al chico.

El cipote agarró valor, dio un paso al frente y la besó suave, en los labios. El miedo se veía en aquellos labios delgados y un brillo en sus ojos denotaba mucha preocupación, era la primera vez que una chica le pedía un beso.

La mujer, que guardaba en sus manos unas libras de frijoles, simplemente sonrió. Luego, dio un paso adelante, manteniendo la seriedad y lo *contraminó* contra el mostrador. Después, le dijo, con una breve sonrisa: así no se hace. Después, le dijo, con una breve sonrisa: así no se hace. Puso lo que tenía en sus manos sobre el mueble y le dijo: ¡Cierra los ojos!

El Roro, casi como hipnotizado, obedeció y los cerró suavemente, quedándose a la espera de un final anunciado. La chica, sonrió delicadamente y, al verlo, en aquella espera deseada, le plasmó un beso apasionado. El joven, se quedó, aguantando la respiración y deseando que aquello no fuera un sueño.

La jovencita, segura de haber dado un buen golpe, se separó. Como si nada, agarró de nuevo las bolsas de frijoles y buscando un lugar para ponerlos, se alejó. Desde ahí, sin verlo, le pidió que le diera otras dos para no hacer ahorrar el viaje. El chico bien mandado, se las colocó sobre las que tenía y, en ese momento, un botón de la camisa se le abrió y mostró parte de los senos. El cipote se clavó en ellos y la bicha le dijo:

— ¡Ya deja esa cara de pasmado y deja de comerte mis senos! Mejor abotóname la camisa porque puedo agarrar un aire. — Lo dijo en doble sentido e inclinándose un poco hacia él, le regaló otros centímetros más.

La seriedad con lo que decía el pedido, no daba a demostrar que por dentro gozaba de aquel juego. Sin buscarlo, había encontrado a alguien con quien se sentía a gusto. La nobleza de aquel joven le ofrecía una tierra fértil donde sembrar ideas.

Mientras, ella esperaba que le abotonara la camisa, el chico sufría por dentro. La ansiedad lo consumía como palillo de fósforo. Ella, gozaba con aquella escena, y como manejaba a su antojo todos los hilos, se sentía ama de la situación. El Roro, un poco nervioso, agarró uno los botones y comenzó a querer hacer aquella ardua tarea. Tenía miedo de tocar la piel, pero la bicha, más avanzada, respiró profundo provocando que ambas pieles se tocaran. Al contacto, un flujo de energía eléctrica, recorrió delicadamente ambos cuerpos. El bicho se puso más nervioso e hizo, casi de manera precipitada, aquella actividad. Mientras tanto, la muchacha sonrió tímidamente sin dar mayores detalles; eso sí, aquella corriente de electricidad por su cuerpo despertó, en ella cierta curiosidad.

Era la primera vez que, le sucedía, con alguien del sexo opuesto. En ese instante, algo dentro de ella se le iluminó. Sintió una especie de comezón que, hasta, le erizó los bellos de la piel. Inclusive, queriendo desechar aquel sentimiento raro, se puso a mover el cuerpo, como tratando de quitarse algo pegado en la piel. Un enojo repentino, le cambió el semblante y le dijo:

— ¡Ahora termina de arreglar las velas… por favor! — Se puso a colocar las bolsas que tenía en las manos.

El cipote se fue sin decir palabra pero, dentro de sí, temblaba; aunque, no sabía: si aquello era de miedo o de alegría. Se acomodó en aquel rincón, un poco oscuro, porque el mueble de madera que estaba entre los clientes y los estantes de mercancía colocados en la pared, dejaban poco espacio.

La muchacha que no se explicaba aquel enojo, comprendió que su amigo no tenía la culpa. Ella sintió un poco de malestar por haberlo tratado bruscamente, pero, no sabía, cómo actuar para reparar aquel daño.

En los minutos siguientes, ambos se pusieron a trabajar en las tareas, manteniendo un silencio raro. Luego, la cipota, nuevamente, abrió la conversación con otra pregunta de las suyas.

— ¿Por qué te quedaste clavado mirándome, como si nunca hubieras visto unos senos? ¡Según, supe! Pasaste la primera prueba y, si no me equivoco, no estaba vestida. —Lo dijo mientras cerraba la ventana que daba a la calle. Luego, se dirigió hacia unos cartones de huevos con la intención de colocarlos junto al resto.

— ¡No es lo mismo! Para ser sincero, casi me arrepiento en el momento.

— ¿Qué pasó? Según dicen, la mujer se maneja buenas tetas y grandes nalgas. ¿Qué, descubriste que no te gustan las mujeres?

— ¡No digas tonterías! Si no me gustaran no me clavara con tus senos. Pero… ¡No sé! Lo que pasó fue que después de ver desfilar a varios, me sentí como un tonto; luego, la mujer estaba completamente desnuda y, con las piernas abiertas; sin más emoción que una sonrisa hipócrita. Para colmo de males, estaba comiendo, algo. ¡Te juro que ni se me paró! — La chica al escucharlo, casi se pone a reír, pero hizo el esfuerzo en mantener la seriedad del caso.— El chico continuó — Tuvo que sentarse y comenzar a acariciar mi cosita, hasta hacerla revivir. Al estar listo, sólo me dijo: ¡Súbete rápido que hay más esperando afuera!

— ¡Te comprendo! —Lo dijo, con sonrisa, a medias, entre dientes y sin mirarlo. ¡Pero qué querías! Estabas pagando, solamente, para meterla y nada más. Ahora bien, sí tú querías: besitos, caricias y una amontonada. ¡Eso, no lo obtendrás ahí!

— ¡La neta! Al final, sólo, quería que todo terminara lo más pronto posible. ¡Creo que, ni termine! Cuando me dijo: ¡bicho baboso, no te hagas, el, vivo! Vos, ya acabaste. Solamente me di media vuelta y, con la misma, me vestí para salir corriendo de aquel lugar.

— ¡Pero te lavaste bien la cosita! Mira que podrías agarrar una buena enfermedad.

— ¡Claro! Con limón, sal, jabón, paste y, hasta, alcohol con agua.

— ¡Qué bruto! Te la vas a joder.

— Ni te cuento el ardor que me tuve que aguantar. ¡Las pendejeadas que hacemos los de cipotes!

— ¡Consuélate que no eres el único! La ignorancia en ese tema es común en jóvenes y mayores. Necesitamos, una materia que, se llame: «educación sexual», en los países civilizados se lo dan a los niños desde la primaria.

— ¿De *verdá*? Yo me apuntaría a esa clase corriendo.

— Imagino que, más de alguno, por no decir, bastantes; tanto hombres, como mujeres.

— ¡Admiro todo el conocimiento que manejas! ¡Eres una chica muy inteligente!

— ¡Gracias, por lo que me corresponde! Leer ayuda a cultivarse.

— ¿Imagino que, lo haces, seguido?

— ¡Es mi pasatiempo favorito!

En ese instante, alguien tocó, con una moneda, las persianas que estaban cerradas. Luego una voz, preguntó si todavía estaban atendiendo, era la *Martona*. Como el foco todavía estaba encendido, era difícil negarlo. Le indicó, al chero que, se escondiera en la parte de abajo del mostrador. Un pequeño agujero de un metro cuadrado, ahí donde metía los pies al sentarse sobre un banco de madera. Aunque, casi siempre, lo hacía de pie.

En esa ocasión, el cipote se metió de retroceso y dobló sus rodillas para que no lo viera la compradora. Se quedó quieto, mientras la vendedora, hacía la pantomima de mostrarse ocupada.

La puerta de la calle, del negocio, no tenía llave. La joven mujer, de unos veinticinco años, dio vuelta a la manija y, abriendo la puerta, entró. De una dijo:

— ¡Necesito comprar: una libra de azúcar y otras cositas! ¡Por suerte no habías cerrado! De otra manera, hubiera tenido que ir hasta la calle. Caminar por esa calle oscura, no mucho me *gurrumiche*. En estos tiempos locos, cualquiera, se vuelve vivían y se aprovecha de uno.

— ¡Pero y, vos que, vas a perder, si ya te clavaron tres bichos!

— Eso no quita que, otra boca, te complica más la vida. Además, a la fuerza ni comer es bueno.

— ¡Eso sí! Dime ¿qué más vas a querer porque estoy a punto de cerrar?

— Aprovechando el viaje, dame: unos fósforos, una libra de frijol, una barrita de manteca «Nieve», unos chicles para el camino y unas velas. Con estos apagones, siempre, es bueno estar prevenida.

Mientras, la vendedora buscaba las cosas, el cipote la veía pasar de un lado para el otro. Entre ellos, simplemente, se echaban una mirada de cómplices. La joven para no pisarlo, levantaba su pierna sin mucha malicia. Del otro lado, el Roro, tenía una mejor visión y se inclinaba, un poquito, para ver lo que guardaba, la amiga, bajo aquella falda de vaquero.

Desde ahí, la prenda corta, se movía como una campana y, el calzón blanco, mostraba su rostro en cada movimiento. El bicho, bien clavado en aquel va y ven, gozaba como nadie. Estaba, en una posición privilegiada y envidiada, por muchos.

En una de ésas, la muchacha se percató de aquello; por eso, se inclinó sobre el mostrador y, bajando discretamente, la mano, se la puso en la cara en signo «te vi, mirón». El joven, sorprendido, reaccionó pícaramente; aprovechó, para chuparle los dedos suavemente. La mujer, al sentirlo, se sorprendió, a su vez, pero se los dejó, por unos segundos. Luego, se recostó, colocando sus codos sobre el mostrador, con la intención de alejar su cintura del mueble y del tocón.

Por unos instantes, el chico se calmó. Mientras tanto, la compradora aprovechó para sacar algún chambre, con la intención de sacar alguna verdad.

— ¡Oye Negra! ¿Es *verdá* qué te gustan las mujeres? —Se lo preguntó coqueteando, al mover su torso.

La joven, se le quedó mirando un poco seria, mientras le colocaba sobre la mesa el pedido. Luego, cambiando su semblante, le dijo, con una sonrisa pícara y con la intención clara de probar las intenciones de aquella preguntona.

— ¿Y vos, qué? ¿Ahora te ha dado por tortear?

— No, todavía me gusta *la moronga*, aunque la pupusa nunca cae mal en tiempos de guerra. ¡Uno no sabe! ¿Y entonces? —Le sonrió, como diciéndole, ahora la pelota está en tu campo.

La Negra se acercó a la compradora y estirando, su mano, le agarró el seno sobre el vestido. La chica, se vio un poco sorprendida, con aquella acción y, apenas, pudo retirase un poco. La tocadora, le dijo:

— ¡Veo que están hermosos! ¡Y tus cipotes, le han dado duro al pezón! —Se los apretó, suavemente, con los dedos.

La *Martona*, un poco *chiveada*, le contestó:
— ¡Veo que, vos, no juegas! —Se alejó un poco de ella.
— ¡Uno, no se mete al fuego; si no, se quiere quemar! — Le advirtió, como indicándole que, no la anduviera buscando, porque se podría encontrar con el diablo.

En aquel movimiento que había hecho la Negra al acercarse al cliente, su rodilla se dobló y golpeó un poco, al amigo que, estaba abajo del mueble. La mujer se dio cuenta pero no le quedó otra que seguir su charada.

— ¡Sólo estaba bromeando!
— ¡Con eso no se juega! —Le respondió y, con la misma, movió la pierna porque su chero se había dedicado a acariciarla suavemente.

La Negra se alejó, de nuevo, del mostrador para que su amigo se quedara un rato tranquilo. Mientras tanto, la visita, sonrió y, para cambiar de tema, le dijo:

— ¡Sabías que tus cheros estuvieron anoche con la «Tragamonedas»!
— ¿Con quién vos?
— Con la puta de moda. Creo que todos los hombres del pueblo han pasado por ahí. Es la novedad entre ellos.
— ¿De *verdá*?
— ¡Pobres cipotes! Dicen que ni siquiera pudieron acabar… con tanta cola detrás. Así les pasa a los principiantes… o se mojan antes o, no se les eleva.

La chica, le pegó suave con el pie, en la pierna, a su chero para que pusiera atención. El único problema fue que aquella patada fue a pegar en los testículos. Aunque el golpe no fue fuerte, provocó que el cipote se doblara para protegerse. Se apretó a la pierna de la mujer. Al verse sorprendida, dedujo la razón, pero no pudo hacer nada para aliviar el dolor.

— ¿Y qué más sabes? —Le preguntó para tratar de que su amigo se olvidara, un poco, del dolor.
— Nada, sólo que los pobres andan que no se aguantan. Y es normal, a su edad, las hormonas deben estar revueltas y alborotadas.

— ¿Y por qué no les haces el favor? Ellos te irían a buscar corriendo…
¿Qué dices?

— ¡Estás loca! Yo no estoy para seguir amamantando bichos. Además, si
ya me tratan de puta, imagínate si saben que me meto con uno de ésos. ¡Me
linchan! Si me meto con el Supo que, estoy seguro de que me puede dar algo de
lana, pero es más chismoso el mono.

— ¿Y con el Roro? ¿No te gusta? — Lo hizo con la intención que su
chero escuchara.

— Con él… está, un poco flaco, pero no pinta mal; pero pasa más
acabado, el pobre.

Aquella frase puso, un poco, incomoda a la Negra porque sabía que su chero
estaba escuchando atentamente. El chico, hasta, había dejado de tocarle las
piernas con tal de afinar el oído. Para cambiar de plática le preguntó:

— ¿Me decías que quieres unas candelas? — Con la misma se agachó
para buscarlas, de paso, le hizo una mirada a su chero que la veía, con el mentón,
apoyado en sus rodillas. Como lo vio, un poco *aguitado*, quiso levantarle la
moral jugueteando un poco. Se le puso enfrente, de espaldas, se agachó y, cómo
sabía que la veía, le movió el trasero para fre*garlo*.

En ese momento, la *Martona* le dijo:
— Si me decidiera por uno de tus cheros, creo que lo hiciera por el Roro.
Sin levantarse, le preguntó:
— ¿Por qué? — Mientras le preguntaba seguía molestándolo con sus
nalgas.
— Porque lo siento más centrado, discreto y callado. Los hombres
lenguas flojas no me gustan.

En ese momento, el tipo le metió, las manos, bajo la falda y se puso a acariciarle
las nalgas sobre el calzón. Al sentirlas, la cipota se enderezó, con una sonrisa
pícara, y dijo:
— Callado, tal vez; discreto, posible; pero centrado, lo dudo. Ése, es un
«mátalas callando». —Le pegó suave con tan mala puntería que lo hizo en medio
de las piernas, otra vez.
— ¡Quizás! Como dicen por ahí, «del agua mansa líbrame Señor que, de
la brava, me salvo yo». — Agregó la mujer.

La bicha sabía lo que había hecho porque sintió el apretón en su pierna. Entonces, para que se retirara la compradora, le dio el precio de los víveres. La mujer, al conocer, la cantidad le dijo:

— ¡Puta vos! ¿Tanto? ¿Qué caro? ¿Me lo das fiado?

— Lo siento, fiado ya murió; te pago mañana, no vendrá; y, pagas o se queda, es el único que está.

— No seas mala negrita. ¡Échame la mano! Si quieres hasta… podemos llegar a un arreglo entre cheras.

— ¿Con mis cheros o …? —Dejó en el aire aquella frase. Te propongo algo… te lo dejo, a la mitad de precio, si me consigues cigarros, de los que llevas a la capital, y piensas lo de los cipotes.

— Por los cigarros, no lo sé. Después de la última vez, no quedé muy encantada. — La chica servía de mensajera llevando paquetes de mariguana.

— ¿Qué pasó?

— El Fumarola, me envió a una casa dónde había tres tipos; y, éstos me cogieron hasta por dónde no te imaginas… y no sólo eso, un *carajo* estaba enfermo y me contagió el desgraciado, pero veré que puedo hacer.

— ¿Pero ya estás bien? Porque así, ni loca te los mando.

— ¡Te va a tocar ayudarlos!

— Yo ni loca… Además, todavía falta que maduren un poco… de seguro ni se les para bien todavía. —Le dijo para molestarlo poniéndose a tocarle con el pie las rodillas porque todavía se estaba sobando.

El chico volvió a acariciarle e intentó subir lo más alto posible. La bicha lo dejó ir para ver hasta dónde llegaba. Cuando le comenzó a acariciar el *blúmer*, con los dedos, se apartó, un poco, y cerró sus piernas. Aquella reacción, lo notó la visita y le preguntó:

— ¿Qué pasa?

— Nada. De seguro hay zancudos y me están picando las piernas. Se separó del mueble y se comenzó a sobar las piernas, mientras miraba al tipo, como diciéndole « ¡No te pases!»

En ese momento, la compradora sacó un poco de dinero y le dijo:

— Ten la mitad y luego te traigo el mandado. —La mujer le pagó y se marchó.

La Negra aprovechó para salir de aquella trampa y se precipitó a cerrar la puerta. Luego, apagó el foco de la calle para indicar que ya estaba cerrado. Después, volteando al Roro que, ya había salido de su escondite y, sonreía, parado detrás del mostrador, le dijo:

— ¡Eres bien bandido! Aprovechado, sólo, porque no podía moverme.

— ¡Vos, comenzaste el juego!

— ¿Qué te parece la Martona? —Le sonrió como aceptando una verdad.

— No está mal, pero enferma, ni loco.

— ¡Sí, *verdá*!

En ese momento, se escucharon unos pasos que se acercaban a la escena, y casi de inmediato se presentó la madre de la bicha. Al verlos dijo:

— ¡Escuché unas voces y pensé que me habías dejado solo el changarro! —Miró al chico que, se había corrido a la esquina con una candela en la mano — ¡Ah, no estás sola!

— ¡Es el Roro que me ayuda a guardar las cosas!

— ¡Ya veo! ¡Qué bueno! ¡Gracias! Venía a cerrar pero veo que están haciendo muy bien las cosas; entonces, como dijo Monchito, me regreso a mi ranchito a seguir viendo mi novela.

En ese instante, algo le atrajo la mirada al suelo, y observó que, en los ladrillos rojizos, había unos granos de frijoles. Frunció el ceño y le dijo con voz seca a la hija:

— ¡Mira cuánta basura hay en el piso, esto no se puede quedar así porque las hormigas y las cucarachas harán fiesta esta noche! ¡Ve a la cocina y tráeme la escoba! —Le ordenó a la hija con tono brusco.

— ¡Mamá, pero si sólo son unos cuantos granos!

— ¡Ve y no reniegues! Un día, aprenderás que la apariencia vende antes de comprar. De paso, apaga la luz del foco que la corriente es muy cara.

Un poco enojada, se marchó del lugar, dejando al chico con la madre. Al apagar la luz, el cuarto quedó un poco oscuro. Luego, agachándose y, poniendo una rodilla en el suelo, se puso *a pepenar* los granos. El Roro se precipitó a ayudarla y se puso delante de ella recogiendo con sus manos.

La mujer vestía un camisón, *guangocho*, flojo que llegaba hasta las rodillas y con tirantes un poco gruesos. Al arrodillarse, no tuvo de otra opción que, levantarse la prenda, y mostrarle las piernas en todo su esplendor. Sin contar que, en cada ocasión, al recoger los granos, le mostraba los senos.

La mujer, no era una sencilla, y sabía que no le había quitado la mirada. Quizás, porque estaba cerca de tener la menstruación, aquel gesto del muchacho la hizo excitarse.

Al Roro, por mucho que trató de retenerse, sus ojos los traicionaron. Los dones de aquella dama que, rondaba los cuarenta, se veían hermosos. Aquel juego de recoger y colocar, sobre la mano de la dama, los granos, provocó un entusiasmo inusitado.

Manteniendo su postura, y sin mostrar ningún signo de vergüenza, la mujer se puso de pie, poniendo sus manos sobre las rodillas del joven. Al levantarse, le regaló una fotografía de sus dos volcanes que, en esa ocasión, estaban exageradamente abultados. Inclusive, sus pezones se habían parado, tanto que, parecían dos aceitunas negras pidiendo ser devoradas.

Al quedar de pie, a pocos milímetros de distancia, la dama pudo ver que el joven había crecido, le sobrepasaba mucho. Puso, con una mano, los granos sobre el mostrador y, sin soltar, una de las manos del chico, le dijo: «veo que tienes manos grandes aunque tus dedos son de pianista, de seguro tocas muy bien. Tus hombros son anchos y ya comienzas a echar músculos. ¡Has mejorado mucho! ¿Cuántos años tienes? — Lo soltó y se dirigió hacia la refrigeradora.

    — ¡Este año cumplo los dieciséis! —Le mintió queriendo parecer más grande.
    — ¡Estás, cipote todavía! ¡Cuando cumplas los dieciocho, hablamos!

El Roro no captó de inmediato aquella frase, pero días después, encontraría, todo su sentido. Mientras tanto, la mujer abrió el aparato eléctrico y, al abrir la puerta, la luz blanca que salía, provocó una especie de rayos equis que dibujó por completo su cuerpo. La voluptuosidad del cuerpo de aquella mujer se impregnó en los ojos de aquel muchacho, sacándole un suspiro profundo y sentido.

La señora, cerró la puerta, con la paciencia del mundo queriendo darle todo el tiempo al joven para que no desperdiciara nada. Se dio, media vuelta, para quedar de frente y se le quedó mirando con una sonrisa suave. El comportamiento de aquel jovencito le provocaba mucha morbosidad y malicia.

Abrió la botella, de «Coca-Cola» que provocaba tomársela por completo; porque estaba helada. Unas gotas de sudor deslizaron por el vidrio y comenzaron a recorrer aquella figura de cristal. La mujer tomó, con mucho entusiasmo la bebida, dejando que varias gotas desbordaran sus labios gruesos. Aquella pequeña corriente de agua bajó suave por el cuello y se perdió por la pendiente de sus senos; mientras tanto, aquel joven, no le perdía paso.

En ese momento, la amiga regresaba con la escoba. Al verlos, con una sonrisa un poco coqueta, la mujer comprendió el asunto y, en un salto de celos, le dijo, de manera un poco tosca al joven: ¿Qué? En lugar de reír como tonto, ¡mejor ayúdame!

El Roro, se puso un poco serio, agarró el mango de madera y se puso a barrer. La chica se dirigió a la madre, diciéndole:

— ¿Qué, no tenías una novela pendiente? Vete y, no te preocupes que yo me encargo de cerrar todo. —Se lo dijo con el mismo tono.

La madre comprendió aquel salto de celos y sonriendo, le dijo:

— ¡Es *verdá*, mi novela! Sin embargo, cambia de actitud que correrás a los invitados.

La hija, cayó en la cuenta del error y, casi de inmediato, reaccionó. De mala gana aceptó aquella advertencia o recomendación.

Luego, la madre se dirigió a la puerta que daba con la sala. De pronto, se detuvo y mirando, al joven barrer, sonrió diciendo:

— ¡Ves que siempre es bueno tener un hombre cerca! Se nota la fuerza masculina. ¡Apuesto a que todavía es virgen! ¿Ya te llevaron con las muchachas? — Le preguntó sonriendo pícaramente.

— ¡Mamá! ¡Déjalo tranquilo! ¡Lo achicarás! ¡Eso no se pregunta!

El Roro, al escucharlas intercambiar frases, cambió de colores por vergüenza y prefirió centrar en el trabajo. Una breve sonrisa se le dibujó en la oscuridad.

— ¡Pero hija, esas son cosas normales! Un día, el va a tener que hacerlo, mira que la Manuela Palma provoca callos.

— ¡Sí, pero eso lo va a decidir él. Y cuando lo haga, no se lo contará a medio mundo!

— ¡Está bien! ¡Lo siento! Es verdad. Además, se está poniendo interesante. Mira sus hombros anchos y su calzado. ¡Vos, sabes… pies grandes…! — le hizo una mirada de broma subiéndole las cejas.

— ¡Madre! Mejor déjanos tranquilos. Sabes que ¡estás insoportable, verdá! — Miró al amigo y agregó: ¡Ven! Vamos al jardín o ¿ya te quieres ir?

— Sí, no le molesta. Puedo quedar unos minutos más. —Miró a la señora.

— ¡Por mí no hay problema! Yo veré mi novela, sólo que, al salir, verificas que la puerta quede bien cerrada.,

— ¡De eso me encargo yo! —Respondió la hija y, tomándolo de la mano, se lo llevó. ¡Sentémonos aquí! — Le mostró una banqueta de madera frente a una fuente con la imagen de una diosa sacando agua por sus senos.

El Roro todavía estaba sorprendido por haberlo tomado de la mano. Se sentaron, uno al lado del otro, sin decir nada. Luego, la chica le dijo al verlo clavado en la imagen de la fuente, le dijo:

— ¡Es una diosa egipcia!

— ¡Es hermosa! Y aquí en el jardín queda perfecta. No sabía que tenías una casa muy bonita y acogedora.

— ¿Te parece? Yo no la veo tan bonita.

— ¡Eso, porque no conoces las otras. Te juro que, quizás, es la más bonita de este pueblo, imagino que, la creadora de todo, es tu madre.

— ¡Cómo lo ves, tiene su talento! Además de otras cosas, claro. Es romántica y hasta demasiado inocente pero quién soy yo para juzgarla.

— ¿De *verdá*? Al verla uno no diría eso.

— Las apariencias engañan. Detrás de ese caparazón de piedra se encuentra una mujer. Lo que pasa es que en este país de machistas, dos mujeres solas pueden parecer presas fáciles para muchos. Ella trata de protegerse y de protegerme. Aunque a veces pienso que demasiado.

— Es mi imaginación o no se llevan bien.

— ¡Digamos que, pensamos diferente! ¡Digamos que ella viene y yo voy!

— ¡No entiendo!

— ¡Yo sí, pero dejémoslo para otra ocasión! Mejor, dime: ¿Qué te pareció lo que dijo el Supo de mí?

— ¿De qué?

— ¡Vos, sabes, no te hagas!

— ¿Qué te gustan las mujeres? No me va ni me viene, pienso que cada uno tiene el derecho a elegir su vida y yo no soy nadie para opinar sobre los demás; tengo suficientes problemas con mi vida para querer resolver, la de los demás. Si te gustan, no puedo opinar ni mucho menos, juzgarte. Lo importante es que eres mi chera y eso basta.

— ¡Eso, me gusto, te ganaste un abrazo! —La cipota lo abrazó fuerte por unos minutos. Luego, soltándolo, le dijo: ¡Me gustó mucho lo que dijiste!

— ¡Quizás, porque es la verdad!

El tipo se había quedado, otra vez, sorprendido por la reacción de la mujer. Un flujo, de corriente eléctrica, les recorrió los cuerpos. La Negra, igualmente, se sorprendió, pero en esta ocasión, lo tomó de otra manera. Se podría decir que, la invitó, a seguir averiguando la razón.

Para el Roro, esa noche parecía que tenía algo especial porque le estaban pasando cosas raras, pero agradables. Era, como si los astros se habían alineado en su favor.
Y eso no era todo, porque la noche, apenas, comenzaba.

— ¡Ahora acabo de confirmar, lo que dijo el Supo! — Lo dijo, dejando un poco de suspenso.
— ¿Qué cosa, vos?
— ¡Que las apariencias engañan! ¡Eres toda una mujer!—En el abrazo la había sentido muy bien.
— ¡Y eso que no has visto el resto! —Le bromeó golpeándolo con su puño suave. Luego agregó: ¿Quieres algo de tomar porque, yo sí? —La mujer se levantó sin esperar la respuesta y se dirigió a la cocina.

Mientras seguía mirando la diosa, un pensamiento furtivo, llegó suave: ¡Es muy guapa y quisiera robarle un beso! Sonrió pícaramente porque creyó que aquella idea era muy descabellada. Al ratito, venía con unos vasos de limonada, le dio uno y, con la misma, le dijo:
— ¡Creo que me pondré algo más cómodo! No aguanto el calor.

El chico en son de broma le dijo que estaba en su casa y, en ella, podía hacer lo que se le antojara.

La muchacha le sonrió y alejándose le respondió:
— Después, no te quejes, si no le gustaba mi atuendo. En mi casa siempre ando ligera. —Lo dejó desmenuzando el concepto de ligereza por unos segundos.
— Como dicen: en casa, todo se vale. —Le respondió pícaramente.
— ¡Está bien! No te atrevas a marcharte, porque mueres.
— ¡Aquí, espero, como buen soldado! — Se colocó la mano sobre su pecho.

La muchacha se marchó por un caminito que conducía a una puerta que servía de entrada para la otra casa. Mientras tanto, el Roro, pensó: «ni loco me voy, esto no se come todos los días».

La oscuridad de aquel lugar le permitía ver claramente aquel cielo estrellado que lo bañaba en silencio. Un grillo, con su canto melancólico, lo acompañó en aquel instante de placer.

A los minutos, escuchó el ruido de una puerta abrirse, entre las hojas de las plantas pudo ver un cuerpo que salía de una habitación. Luego, en menos de lo que pudo decir aquí estoy, la madre se precipitó hacia el lugar, vestida únicamente con un calzón blanco. Sus senos se balanceaban con mucha elegancia al caminar y, en menos de unos segundos, la dama se encontró de pronto frente al chico. Al verlo, dijo, poniéndose las manos sobre sus bondades:

— ¡Ay Dios! ¡Pensé que ya había nadie! — La madre se hizo la inocente pero, conociéndola, lo tenía todo planeado.

El Roro se había puesto de pie y, un poco sorprendido, le contestó:

— ¡Todavía no, pero lo haré pronto! Espero, no le moleste. — Volteó, su rostro, hacia otro lado para no parece demasiado indiscreto.

— ¡No lo digo por eso! Simplemente que me sorprendí y mírame en las fachas que estoy. Tenía mucho calor, salí a tomar algo y a echarme un poco de agua en el cuerpo. ¡Qué vergüenza!

— No se preocupe que con la oscuridad, casi no se ve nada.

— ¿Tú crees? Pero no me estás viendo.

— No quiero que se apene.

— Entiendo. —Le sonrió. ¿Qué tomas?

— ¡limonada! ¿Quiere? — Le ofreció mostrándole el vaso y tratando de no ver hacia abajo; se puso una mano en el rostro.

El chico luchaba por no mirar; pero, de reojo, lograba ver a la dama en calzón. Incluso, en la oscuridad podía imaginarse todo y, eso, lo puso más febril. Se comenzó a erizar y respirando profundo trató de contenerse. El suplicio era enorme y, la mujer, no hacía nada para evitarlo; hasta, parecía que gozaba con el asunto.

La doña colocó sólo un brazo sobre sus dos senos y con una sonrisa pícara agarró la bebida y se tomó un sorbo. No dejaba de mirarlo y estaba con el deseo de provocarlo.

— ¡Está sabrosa! Mejor voy por más, no te la quiero terminar.

Luego, viendo hojas secas, en el piso, dijo inclinándose para recogerlas

— Parece que no hubiera barrido. —La mujer lo hizo a propósito porque sabía que el cipote se quedaría clavado viéndole el trasero mientras se agachaba.

Las cogió y las puso en un basurero que estaba por ahí. Luego, se volvió hacia el cipote y le devolvió el vaso. El chico lo agarró y le sonrió. La mujer al ver aquella sonrisa, le preguntó:

— ¿Qué? ¡No me digas que me ves fea! ¡Estoy, un poco, gorda verdá! — Se echó un vistazo de pies a cabeza.

— ¡No! Para nada. —Se precipitó a responderle.

— ¿Y entonces?

— Nada que, pareciera que estoy soñando. Mis ojos no dan crédito a tanta belleza de mujer. ¡Le juro que se ve hermosa! Que digo, divina.

— ¡De *verdá*! ¡Qué lindo! — Se acercó y lo besó cerca de los labios. Al besarlo, le colocó sus dos enormes senos en el pecho y, el cipote, no supo qué hacer. Apenas pudo ponerle las manos en la cintura, pero con la misma la soltó.

— ¡Me has arreglado la noche! ¡Gracias! Ahora me voy porque imagino que mi hija vendrá pronto.

El joven no le contestó pero le regaló, una linda sonrisa; la vio desaparecer, por entre las plantas del jardín. Hasta ese momento, el cipote, pudo soltar la respiración, aquel portento de mujer lo había dejado casi en estado de shock. Ni siquiera tuvo tiempo de disfrutar la imagen, cuando, a los minutos, aquella hembra volvía con una sonrisa en su rostro. Siempre, con un brazo sobre sus senos pero, aun así, mostraba parte de sus volcanes porque no era capaz de cubrirlos completamente. Al verlo de pie y, mirándola, con cara de enamorado, le dijo:

— ¡Aquí estoy, de nuevo! ¿No ha regresado mi hija?

— ¡No, pero creo que pronto lo hará!

— Entonces, mejor me voy porque se puede enojar, al verme en estas fachas.

El tipo simplemente subió sus hombros y le sonrió, no supo que contestarle. Hubiera deseado que se quedara para siempre a su lado. Se veía, tan radiante que, hasta las estrellas se ponían celosas con su presencia. Como la tenía frente a él, se dio media vuelta; la mujer, de la misma manera, caminó y, al estar a unos centímetros, se detuvo y, mirándolo, le preguntó:

— ¿Te molesta verme así? ¿No te has ofendido, verdad? —La mujer trataba de seducirlo al hablarle de manera coqueta y esperando casi sobre él.

— ¡Ofenderme! Al contrario, ha sido un placer. No todas las noches, se tiene la oportunidad de ver a una mujer tan hermosa. Mejor, dicho: es la primera vez que veo un cuerpo exquisito como el suyo.

— ¿De verdad te gusta mi cuerpo? —Lo miró y respiró profundo.

Se sintió estimada y valorada como hembra. Un deseo inmenso de amontonarlo, le invadió su ser pero, se aguantó, las ganas.

— ¡Mucho! Si alguien le dice que es fea, no le haga caso que es muy hermosa; sin miedo a equivocarme creo que es la mujer más bella de este pueblo; que va de toda esta zona. Si alguien la trata como basura, me avisa porque la recojo y la pongo en mi repisa.
— ¡Sabes que eres un buen halagador! Te auguro mucho éxito con las mujeres, sigue por ese camino y verás. — Se le acercó un poquito más que casi lo tocaba.
— ¡Eso es fácil con alguien como usted! Le puedo pedir algo... —Le sonrió y aunque no supo de dónde le surgió aquella idea, se quedó a la espera. Un nerviosismo le invadió el cuerpo y se notó en la parte de abajo.
— ¿Qué cosa?
— ¡Regale una foto así cómo está!
— ¿No tenemos cámara?
— No, hace falta! Puedo grabar su imagen en mi mente por unos segundos. Y así, la guardaré para siempre dentro de mí.
— ¡No lo sé! —Se le quedó mirando dulcemente.
— Unos segundos.

Sin esperar la respuesta, el Roro se armó de decisión y alargando su mano le agarró suave la mano que cubría los senos. La señora se dejó admirar por más de unos segundos y luego, delicadamente, se volvió a colocar su mano para cubrírselos.
— ¡Espero que esa imagen sea de tu agrado!
— ¡Lo aseguro! Nunca la borraré.
— Más te vale, pero no le cuentes de esto a mi hija. ¡Ahora si me voy!

La tomó por la cintura y le dijo:
— Antes de marcharse, ¡regáleme un abrazo! Estoy que no aguanto.

La mujer, se le quedó viendo y descubrió una necesidad imperante. Quitó la mano de su seno y lo abrazó por el cuello. Se pegaron como hombre y mujer, dejaron sentir la fuerza que los invadía. Luego, de unos segundos, la señora se apartó delicadamente y, mirando la cintura del joven, suspiró fuerte y dijo, suave: mejor me voy antes de pecar.

Luego, con una sonrisa coqueta, le dio las buenas noches y se alejó a paso rápido perdiéndose bajo la luz tenue de la luna. El Roro, que no lo podía creer, se quedó como estatua y, suspirando fuerte, se dejó caer sobre la banqueta de madera. Tanta suerte, en una sola noche, no se lo podía creer. Trató de controlarse para que su chera no se diera cuenta.

En una especie de meditación y de control corporal estaba; cuando, a los pocos minutos, la Negra hacía su entrada vestida con una camiseta de basquetbol, traída de los *yunais*. La prenda parecía un vestido corto. La chica le había cortado los tirantes y, había vuelto a unirlos, para ponerlos a su altura. Esos jugadores son altos y sus atuendos van, de acuerdo, a su medida. El color amarillo le caía bien a la mujer.

— ¿Qué te parece? Me la trajeron de Los Ángeles. —Se la modeló, haciendo una vuelta, sobre ella misma.

Al dar vuelta, con el viento, la prenda se le subió por detrás y le mostró su prenda íntima.
— ¡Está, chula! Eso sí, la, modelo está... linda. ¡Estás, bella!
— ¡Gracias! ¿Me luce, *verdá*?
— Sí, pero no salgas a la calle así porque alborotas los perros.
— ¿Tanto así?
— Te lo juro, ¡estás bien bonita! Imagino que debe ser fresca esa tela.
— Sí, el aire se cuela bien. Aunque me queda un poco corto, ¿no crees?
— Para nada. Está, más larga que, la *falda* que tenías puesta. Sabes que tienes bonitas piernas.
— ¿Te gustan? ¿No son muy flacas?
— ¡No lo creo! Se ven sólidas y armoniosas.

La muchacha se acomodó a su lado. Se estiró, un poco, la camisa porque al sentarse se le subió, sólo que, al hacerlo, casi muestra los senos por el escote un poco pronunciado.
— El único problema, es esta pelea. Tener que decidir si dejo descubierto abajo o arriba. — Se subió la camisa para cubrirse los senos con una sonrisa coqueta.
— ¡Entonces, no pelees! Así, estás bien y muestras, sólo, lo necesario; dejando el resto, para la imaginación — Sonrió.
— No conocía, ese lado coqueto y poético de tu parte.
— Tengo algunos talentos escondidos.
— Eso, parece. —Sonrió. ¡Y otros por desarrollar, creo!

— Como todos. Imagino que también tienes los tuyos.

— Hay algunos por ahí, con el tiempo los irás descubriendo.

En ese momento, se acarició las piernas y agregó:

— ¡Creo que tengo que rasurarlas, siento los canutos de los pelos!

— ¿Te las rasuras?

— ¡Cómo todas las mujeres! ¿No lo sabías? ¡Toca! —Le agarró una de sus manos y la colocó, sobre una de las piernas, para que sintiera lo carrasposo. El tipo deslizó, suave, hasta depositarla sobre la rodilla.

— ¡No parece que estén mal! Inclusive, siento suave la piel.

— No creo, mejor me las raspo al rato. ¡Cómo quisiera que existiera, aquí, una manera parecida a la utilizada por las mujeres árabes! Utilizaban una especie de cera, la calentaban y la ponían sobre la piel; luego, la despegan llevándose los pelos desde la raíz. Según dicen, los libros, no vuelven a salir.

— ¡De verdad existe eso! Me suena a masoquismo.

— Si supieras las locuras que se hacen en nombre de la belleza.

Luego al ver que el bicho se quedó sin decir nada, aprovechó para sacarse una duda que tuvo desde que había llegado. Le preguntó:

— Dime, ¿Mi madre salió de su habitación?

— ¿Por qué lo preguntas? —Le respondió, con otra pregunta y alejando su mano de la rodilla.

— ¡No me sorprendería porque anda cerca de sus días y sus hormonas, están, algo revueltas!

— Ahora que lo mencionas, ¡si salió a tomar algo! —Dejó un breve silencio en el aire.

— ¡Aja! ¿Y cómo salió vestida? —La chica parecía que la conocía bien o tenía algún poder para adivinar los pensamientos.

— ¡Pues… vestida! La vi pasar por el pasillo, desde aquí no se aprecia bien— El cipote no quiso ahondar en el asunto.

La Negra comprendió que no deseaba, seguir hablando, sobre el tema y se quedó con las ganas.

— ¿En qué estábamos?

— En que, te raspas las piernas. —Sonrió

— A sí… pero cambiemos de tema porque puedes *alebrestarte*.

— ¡Sabes que me has sorprendido!

— ¿Y eso? ¿En qué?

— Te puedo ser sincero y sin rodeos.

— ¡Claro, lo prefiero así!

— Déjame buscar las palabras correctas porque no quiero que me interpretes mal. Veamos… No te creía tan … mujer.

— ¡Creo que soy mujer! A pesar de comportarme algo varonil. Eso lo sé y lo asumo, pero ¿dónde está el misterio?

— Algo es piropo. Más, creo que, tu propósito, es demostrarlo; quizás, para ocultar algo. ¡Y si estuvieras confundida y, en verdad, fueras una mujer, hecha y derecha!

El semblante de aquella chica cambió, pero trató de aguantarse.

— ¡No te equivoques!… El hecho que te haya estado coqueteando no quiere decir lo contrario. De igual forma, le coqueteé a la Martona. ¡Te diste cuenta, no!

— Sí, pero igual, lo que quiero decirte es que me ha gustado conocer ese lado femenino. ¡Allá, vos con lo tuyo! —Se lo dijo un poco serio y casi molesto.

La chica al ver el cambio de actitud, se dio cuenta de que la había regado y trató de desviar el tema. Ella sabía que, las palabras del amigo, habían tocado una cuerda sensible y que, él, no deseaba hacerle daño. Por eso, trató de dirigir, la conversación, hacia otro sentido.

— Pero no te enojes, mejor dime: ¿Estás de acuerdo con lo que está pasando? Digo, sobre esas muertes sin razón. ¿No te indigna? Me cuesta creer que, alguien, pueda llegar a atentar contra otro semejante. ¡No comportamos como animales, sin ofenderlos, porque ellos matan por necesidad!

— Sí, me causa tristeza pero como la mayoría. No queremos, ver de frente, ese problema. Quizás, para no asustarnos y morirnos del miedo.

— Presiento que esto se va a poner peor. Verás que, después de estas nuevas elecciones que, como siempre, ganará algún militar. La cosa se pondrá peor.

— ¡Espero que no, porque nadie quiere una guerra! ¡Eso nunca ha traído nada bueno!

— Yo pienso lo mismo.

Aquel tema cayó en un bache y la mujer quiso volver a algo más interesante para los dos. Sonrió de manera pícara y preguntó:

— ¿Así que no te gustó la visita con las chicas? Pero... ¿Volverás a ir, verdá?

— ¡Estás bien curiosita, he!... ¡Creo que no!

— ¡Te comprendo! Quizás, deberías intentarlo con alguien más. Digo... por ejemplo con la Pupu.

— ¡Y vuelve, la mula al trigo! Vos, sabes que, con ella, no quiero nada. Según, como se expresa, cualquier expresión de mi parte, la toma como una declaración de amor. A ese tipo de mujer, tan expresiva, no le creo mucho. Vos conoces mejor su manera de ser. Un día, lanza flores y, al otro, a otro.

— ¡Vos, no la quieres para casarte, sino para experimentar! De paso, le harías el favor, mira que le anda picando.

— ¡Me gustaría porque, no es fea, y tiene lo suyo! Sin embargo, en su caso, pienso que la medicina sería peor que la enfermedad.

— Entonces... ¿Qué tal con mi madre? — Lo sorprendió con aquel tiro directo.

— ¿Tu mamá? —Sonrió.

— No te hagas ilusiones que se te vio en la cara. A ella, le gustan, más maduritos y de maestra, no la haría. ¡Lástima!

— ¿Por qué?

— Así como anda, te come parado. Sólo tienes que acariciarle suavemente los pezones y cae rendida a tus pies.

— ¡Tanto así! ¡Tan fácil! — Pensó que, de haberlo sabido antes, lo hubiera intentado.

— ¡Ay muchacho! Si supieras por dónde llegarle a una mujer, las tendrías en la palma de tu mano.

— ¡No te creo! —Se le abrieron los ojos como dos luceros en plena noche oscura.

— Como reza, el dicho: «Conoce sus debilidades y conquistarás». Las mujeres, tenemos, muchas zonas sensibles que, en su debido momento, nos desarman las defensas.

— ¿Cómo quisiera poder tener ese conocimiento? ¿Eso lo has aprendido en los libros, imagino?

— ¡Entre otras cosas!

— ¡Sabes! Lo positivo de mi experiencia con las muchachas es que ya rompí el miedo y eso, es cosa del pasado. Lo que me causa un poco de frustración es que las cipotas, en general, siempre quieren que el hombre tenga experiencia... pero adquirirla de esa manera no mucho me gusta.

— ¡Eso es el machismo que las mismas mujeres apoyamos!

— Ustedes, como nosotros, deberíamos tener las mismas oportunidades. Un hombre con experiencia es tan importante como una mujer con experiencia; sobre todo en la cama.

— ¿Vos, crees?

— ¡Claro! Al menos eso he leído. Y los libros te enseñan mucho. Apuesto a que muy pocos saben que hacer el amor es más que penetración y que existen una multitud de posiciones para que ambos sexos se complazcan.

— ¡Los libros!

— Claro, no tengo mucha experiencia en el tema, si hablamos de la práctica pero en eso estoy trabajando.

— ¡Sabes que admiro y envidio tu saber!

— ¡Viene, de familia! Los franceses aman, mucho, los libros y otras cosas, claro. —Dejó escapar una sonrisa pícara dejando entrever un lado misterioso.

— ¡Por eso no comprendo que no quieras seguir estudiando! Amas los libros, como dicen por ahí, eres una cucaracha de biblioteca.

— Sí, pero por ellos mismos he llegado a la conclusión que la realidad te ofrece otra gama de cosas que los libros no te pueden dar. A veces, siento que, estoy pasando al lado de la realidad. La neta, sabes lo que quiero y deseo, es vivir la vida con todas sus bondades y defectos. Me gustaría viajar y, quizás, conocer un día Paris… la ciudad de la luz. He leído tanto de ella que me la conozco como la palma de mi mano. Me veo comiendo bajo la torre Eiffel, caminando por los campos Elíseos o sumergiéndome en el museo de Louvre. ¡Un día primero Dios!

— ¡Si es como el sope, ahí te quedarás! Sin embargo, sabes que te envidio porque sabes lo que quieres. Yo, en cambio, dudo lo que quiero ser; lo único que sé es que tengo que salir de aquí. No hay muchas alternativas, frente a mí; pero, lo que sé, es lo que no quiero hacer: quedarme a trabajar la tierra, a ser albañil o a terminar como chofer de algo. Y no es por desprestigiar esos trabajos, pero siento que no son para mí.

— ¿Por qué no estudias para ser profesor? Según, sé, un año de estudios y, luego, otro de práctica; el problema es que el gobierno cuesta que pague y, para colmo, se los están quebrando. O quizás soldado, pero no te veo de verde.

— Entre los dos, prefiero maestro. No lo había pensado, pero se ve accesible.

— ¡Interesante!

— ¿No tienes calor? Está seco el clima.

— Un poco, pero tienes la solución frente a ti. —Le mostró la fuente.

La mujer se le quedó mirando la estatua y sonriendo, dijo:
— ¡Es verdad, tienes razón!

Se levantó y se metió a la pileta con agua; se sentó sobre el borde y se puso a mojarse las pantorrillas. Luego, lo invitó a que la imitara. El cipote, sin pensarlo dos veces, arrolló el pantalón y se metió, colocándose a su lado.

La muchacha estiró sus piernas y comenzó a echarse agua en pequeñas cantidades en los pies y en la pantorrilla. Mientras tanto, el joven, simplemente se puso a mover sus pies haciendo pequeños remolinos.

— ¿Qué delicioso se siente el agua sobre la piel? — Le dijo, la chica, sin mirarlo, pero sin dejar de poner agua en gotas sobre su rodilla.
— Sí, aunque no esté muy helada. ¿Puedo? —Le pidió permiso el joven para ponerle agua delicadamente sobre una de las piernas, la más cercana a él.
— Si quieres. —Le respondió, sin mirarlo y sin dejar, de ponerse, el liquido.

Entonces, el Roro, se dio a la tarea de ponerle agua delicadamente en todo lo largo de la pierna. La chica, en su lugar, se puso a acariciarse la piel con una de sus manos. El silencio se hizo dueño de aquellos segundos hasta que la joven, dijo:
— ¡Así que, mi madre, estuvo aquí!
— ¿Cómo lo sabes?— Sonrió.
— Cuando llegué, estabas, erecto; y supuse que, no era por la diosa griega.
— Salió a tomar agua.
— En ropa interior, por lo que vi.
— algo así, pero en verdad ¿quieres hablar de ella?
— ¿Te molesta?
— Me incomoda hablar de alguien ausente. Pero, ¿qué deseas saber? Imagino que quieres compararte. Lo único que te diré es que cada una tiene lo suyo.
— Pero… ¿Te gustó? Digo, como hembra. Aunque la pregunta es tonta por el resultado, no.
El Roro, simplemente se puso a sonreír sin responderle. Luego, se puso a acariciarle unos centímetros arriba de la rodilla.
— ¡Voy a sonar un disco rayado, pero en verdad, eres muy bonita!

— ¿En verdad lo crees o, solamente, me estás dando garabato?

— Estoy seguro. Solo que, a veces, no te digo las cosas porque desconozco cuál será tu reacción.

— ¿Me tienes miedo?

— Miedo no. Quizás, no deseo entrar en conflicto contigo. Siento una necesidad grande de conocerte porque presiento que tienes mucho que ofrecer, digo como amiga.

— Entiendo. Una pregunta, ¿te gusto como mujer o como amiga? Contéstame con la verdad.

— No lo sé. Te he estado conociendo como amiga y cada vez, me encantas; te acabo de conocer como mujer y digo lo mismo.

— Creo que respondería lo mismo, con la misma pregunta. —Le tiró unas gotas de agua sobre el rostro.

El amigo le respondió de la misma manera, solamente que con un poquito más de agua. Ahí, comenzó una pequeña guerra que terminó cuando en el cuarto de la madre, un objeto se cayó al suelo, provocando un pequeño ruido.

— ¡Tranquilo! Nos puede escuchar. ¡Mira como me has dejado! Estoy bañada.

Se puso a estirarse la camiseta de nailon color amarillo porque se le había pegado a la piel mostrando su contorno. El Roro, sin mostrar vergüenza, se puso a sobarle los senos sobre la prenda. La mujer lo dejó hacer y se dedicó a secarse las piernas con las manos. A los segundos, le dijo:

— ¡No sigas porque me estás excitando! —Le retiró la mano y la colocó sobre la pierna del joven, sin quitar la suya.

Ahí, constató, que también estaba mojado, y le dijo:

— ¡Veo que terminaste mojado abajo! — Deslizó la mano por en medio de las piernas y medio se la apretó.

— ¡Creo que sólo es agua! —Le sonrió y quiso hacer lo mismo.

La mujer lo detuvo y le dijo:

— ¡No, no, caballero! Este privilegio, sólo es mío.

— ¡No es justo!

— ¡Esas son mis reglas! Las toman o las dejan. —Le sonrió alejando la mano.

No queriendo ser aguafiestas, agregó:

—Pero, puedes seguir dándome un masaje en las piernas, eso si me gusta. Si no te importa seguir mojándote.

En ese momento, subió una pierna sobre las dos del chico que, estaban estiradas; Luego, se dedicó a poner agua sobre la otra que, la tenía abierta y, un poco, de costado. Ambos se pusieron a echarse agua delicadamente. El tiempo se puso a observarlos y los grillos comenzaron a cantar melodías del corazón.

En un instante de picardía juvenil, el Roro, pensó y actuó, levantando la rodilla de la pierna más alejada de la joven. Esto, con la idea que abriera sus piernas y poder ver, más allá de lo que le permitiría. Él sabía que, con esa acción, el borde de la camiseta caería hasta la cintura.

La operación fue todo un éxito, e inclusive, sorprendió un poco a la compañera. Ésta, simplemente, sonrió y continuó regando su pierna derecha con suaves gotas de agua. El tipo, coloco la pierna en medio de la suya. Luego, se puso a meter la mano en el agua y, mojada, la deslizaba desde la rodilla hasta unos centímetros de la prenda. Al bajar, para meter la mano en el líquido, se agachaba un poco y lograba ver el calzón de color blanco de la muchacha. La mujer lo sabía y se prestaba al juego, sin inmutarse en lo absoluto. Después de varias agachadas, la chica dijo:

— ¡El agua está chévere! … y la compañía igual. — Medio volteó, su rostro para echarle un vistazo coqueto.
— En este momento, el agua del río debe estar deliciosa. ¡Lástima que no estemos ahí, de una, me metería con todo y ropa.
— Lo mismo digo, sólo que yo lo haría en pelota.
— ¡Me gustaría verte así! — expresó con una mirada que dibujaba la escena.
— Como le dije al Supo, ¡sigue soñando!
— ¡Lo, haré! Porque los sueños nunca mueren; alimentan y sostienen.
— ¡Es verdad! Y pensar que no están tan lejos de la realidad.
— Sí, a veces son tan reales que… pareciera que los estás viviendo. En este momento, me siento dentro de uno.
— ¿De verdad? Dicen que en los sueños todo es permitido.
— Eso, dicen.
— Entonces, mientras lo averiguas, sigue soñando.

Toda, la conversación, se había hecho sin mirarse y sin dejar de seguir acariciándose individualmente. Eso sí, el Roro, cada vez avanzaba unos centímetros hacia la cintura y ya estaba acariciando los bordes de la camisa.

— ¡Pobre de ti! ¡Debes estar, muriéndote del calor! Yo estoy mojadita, casi por completo, ¡pero tú!... sólo del pantalón. — La chica se enderezó, un poco, y se puso a sobar los senos, sobre su camisa, con la mano húmeda.

Ese gesto provocó que, su pezón, resaltara un poco bajo la prenda. Mirándola, de manera discreta, el chico respiró fuerte, apretó suave la pierna de la muchacha y, su excitación, aumentó, con cada roce que ella hacía.
— ¡No sabes cuánto… calor siento! —Lo dijo, en doble sentido.
— Entonces, ¡déjame refrescarte, un poco! — Le contestó, con unos ojos que brillaron en la imaginación.

Sin esperar permiso, la mujer movió su torso para quedar frente a él y, con la mano derecha, buscó los botones de la camisa. Los sacó del ojal, uno a uno, hasta dejar libre el pecho del muchacho. En aquel movimiento de la mujer, la mano que sobaba la pierna, se metió entre las piernas hasta tocar su parte intima. Por otro lado, el seno izquierdo de la chica, se pegó al antebrazo del joven. Mientras, la joven, le acariciaba el pecho con la mano mojada, el cipote mantenía su mano un poco tensa. Su *novatez* no le permitía ir más allá. El bicho se limitó a sentir el movimiento del cuerpo de la mujer y, con eso, la adrenalina comenzó a subir.

Al verlo y sentirlo, excitado. La Negra, volvió a su posición origina, pero por unos segundos. Era simplemente para darse un poco de alivio porque ella estaba sintiendo lo mismo. Sobre todo que, era ella, quien dirigía los movimientos. Volvió a repetir varias veces el mismo movimiento. A esas alturas, el joven, comenzó a mover sus dedos y a querer meter uno bajo la prenda. La mujer decidió bajar, a la cintura, metiendo la mano, bajo el pantalón. Al sentirlo fuerte, le dijo:
— ¡Se siente bonito!

Casi de manera automática, abrió completamente las piernas para dejar entrada libre a la mano del cipote. Lastimosamente, en ese momento, la voz de la madre, se escuchó fuerte. Como, alguien que, tiene tos y, luego, dijo:
— ¡Hija! ¡Creo que ya es hora que tu amigo se vaya a su casa! ¡Ya es muy noche!

Los juguetones pararon, de inmediato sus caricias, y se pusieron serios, como si no hubieran quebrado un plato. La hija le respondió, un poco contrariada que pronto, su chero, se marcharía. A todas éstas, el Roro se había asustado creyendo que los habían visto. Se había salido del agua y se puso, un poco nervioso, a desenrollar, el ruedo, de su pantalón; dejándose, la camisa, desabotonada.

La Negra, lo imitó saliéndose, a su vez, de la pila de agua. Al verlo, agitado y nervioso, le dijo:

— ¡Tranquilo que no pasa nada! Son, ladridos, de perro viejo. Eso sí, creo que es hora de marcharte. Suspiro fuerte y agregó: ¡Nos salvó la campana! — Sonrió suavemente pegándole despacio, en el hombro, para que cambiara de semblante.

— ¡Nos salvó! Sin embargo, ese sueño, estuvo delicioso. —Sonrió pícaramente.

— ¡Sueño! Entonces, esto te despertara. La mujer, le pegó más fuerte.

— ¡Tan bien que estábamos! —Le dijo, sobando su hombro.

— Para que veas que la realidad trae consecuencias. ¡Vamos! — se dirigieron hacia la puerta.

Mientras caminaban rumbo a la entrada, un silencio nació de improviso. La cipota que, iba a su lado, se puso a juguetear dándole golpes, con el hombro. El Roro siguiéndole el juego la atrapó por la cintura y se la pegó, a él, con seguridad. Su mano casi rozaba uno de sus senos, pero el otro se frotaba en las costillas del bicho.
La Negra apreció el gesto y se dejó apretar. Le colocó el brazo sobre el hombro y caminaron contentos. De ese modo, llegaron a la puerta y, la muchacha, se apresuró a abrirla sacando, su cabeza, para ver si no había «Moros en la Costa». Mientras sacaba la cabeza, el chico la agarró por la cintura y se la pegó a la cintura, por detrás. La bicha lo dejó, actuar unos segundos, pero, después, metió la mano por la cintura para sacarlo del hueco de la puerta, diciéndole:

— ¡Pareciera que, estás caliente! Eso significa que, esta noche, habrá sueños mojados

— ¿Y eso qué es?

— Así, se llama, a los sueños eróticos que terminan mojándote

— ¡De veras! No lo sabía. Sin embargo, esta noche, dormiré menos tonto. He aprendido mucho contigo.

— ¡Qué bueno!

— ¡Espero que no te haya ofendido al agarrarte por detrás! —Quiso saber la reacción de la chera.

— Si lo hubieras hecho, te lo hubiera hecho saber, rápidamente. Aunque, para ser sincera, eres el primer chico que dejo que me toque de esa manera.

— ¡De verdad!

— Tengo mis razones que quizás un día te cuente.

— Eso significa que soy *suertudo*.

— No lo sé, quizás sea al revés.

Otro silencio los volvió a interrumpir pero, en esta ocasión, fue él quien comenzó la plática.

— ¡Sabes que tenías razón!

— ¿De qué?

— Con los chicos dijiste que estamos en una sociedad machista. Que no es justo que, nosotros, podemos hacer unas cosas y ustedes no.

— ¿Eso, crees, o me quieres dar garabato?

— No, yo creo que tienes mucha razón. ¿Por qué nosotros, y ustedes, no? Según entiendo, una de las razones, es que pueden quedar preñadas.

— Sí, pero para eso están los anticonceptivos, el ciclo normal y los condones.

— Es *verdá*, pero entre *nos*. Esas cosas no son del dominio popular. Anticonceptivos,… sólo conozco su palabra y no he oído hablar de eso a ninguna mujer. Ciclo normal,… en las mujeres supongo y soy nulo en eso; y con relación a los condones, ni los conozco.

— No te preocupes que, como vos, hay centenares. No vayamos muy lejos, el Supo y el Sapo, imagino que, andan igual; la Pupu está un poco más avanzada porque ya le hablé, pero estoy segura de que la mayoría, de monas que andan en la calle, *no saben ni papas* del asunto. Por eso, salen preñadas a las primeras de cambio.

— ¿Y vos, utilizas pastillas?

— No las necesito pero, eso, es otro cuento que, en otra ocasión, sacaré. Quien, las toma, es la Pupu.

— ¡Pensé que, era virgen!

— ¡Era, del verbo fue! Aunque, eso, debe quedar entre *nos*. Si se sabe, mueres. No es secreto, pero, igual, hay que guardar esas cosas íntimas.

— ¡Ah! Eso cambia un poco la nota.

— Por eso te dije que se lo pidieras. Al rato, quizás, el hambre se junte con la carne; se pongan a bailar y, hagan, un relato no.

— ¡Al rato! Aunque haciendo cuentas, vos, me has tirado al campo, con: la Pupu y, hasta, con tu madre! Porque no me pides que, lo intente, contigo. Sé que, no te soy indiferente; hasta, puedo decir que, no te caigo mal.

— ¡Arrogante! Aunque, tienes razón. La respuesta es simple, por lo menos a esta altura de mi vida no lo haría con ningún hombre. ¡Tengo mis razones!

— Qué me contarás en otra ocasión... supongo.

— Te diré un secreto... si hay alguien con quien me gustaría poner en práctica mis conocimientos sería con... Julio Iglesias. —Sonrió porque lo había dejado en ascuas. Luego agregó: ¡Bueno, creo que, es hora ir marchándote! — Le puso la mano en el pecho y trató de empujarlo fuera de la casa porque se mantenía en el arco de la puerta. El cipote se resistió a salir y le dijo:

— ¡No te enojes pero me gustaría besarte! Me gustan tus labios carnosos.

— ¡Ni siquiera sabes besar!

— ¿Cómo lo sabes, si nunca te he besado?

— Porque es lo primero que aprenden los verdaderos amantes... ¡y vos estás en pañales!

— Puede que tengas razón pero podrías ser una buena maestra.

— No lo sé, pero, por ahora; tienes que conformar con esto. —La mujer puso sus dedos en los labios y, luego, en la boca del chico.

Aquel gesto fue, como, un primer salto hacia un mundo desconocido que, en cierta manera, gustó a las partes involucradas. Con la incógnita del gesto, la mujer, preguntó:

— ¿Te gustó?

— No mucho, pero, al más, no haber. ¡Creo que, hemos avanzado algo! Esta noche será parte de mis bellas memorias, vivas.

— ¿Por qué?

— Por muchas cosas, he aprendido muchísimo, como hombre, amigo y ser humano. Yo, sabía que eras hermosa, como mujer, porque lo intuía. Como, ser humano, lo imaginaba y, como amiga, tenía la certitud. Te he descubierto, un poco, y estoy fascinado. Me atrae, mucho, ese aire misterioso que tienes. Tu inteligente, junto a la sabiduría de la vida que utilizas, me tienen encantado. También, te he descubierto: seductora; coqueta, miedosa y liberal. En definitiva, me gusta lo que he visto y oído.

— ¡Guau! Tienes facilidad para la palabra; por eso, no me equivoqué cuando dije que traías para profesor. Y ¡qué bueno me ves así! Aunque, no has visto mucho. Y ojalá que no te defraude un día.

— No te preocupes porque todos cometemos errores. Lo importante, es saber que la persona posee lindos sentimientos hacia ti.

— Si ese el caso, puedes tener la seguridad que mi aprecio va aumentando. —Sonrió, para luego agregar. Aunque por tu lado, creo que se dirija en dirección, mi cuerpo; a pesar de no considerarme muy guapa y, tener un poco de miedo con los hombres.

— No te lo puedo negar, me gusta tu cuerpo; aunque digas que no eres guapa; según, mi punto de vista, sí, lo eres. Del miedo que hablas, conmigo no lo he notado; al contrario, te encuentro bastante atrevida, en el buen sentido, claro.

— ¡Sabes! Hasta, me sorprendí, al actuar de esa manera, contigo. —Se sonrojó tímidamente. Nunca, pensé, seriamente, dejarme tocar de esa manera por un hombre; muchos menos, hacerlo yo. ¡Creo que estoy en vías de curación!

— ¿Y, eso?

— ¡Yo sé de qué hablo! Ahora sí, es mejor qué te vayas.

— ¿y, mi beso?

— Y sigues con eso. ¿En verdad quieres besarme? Según, sé, no puedes mucho. Corres el riesgo de defraudarte.

— ¡Lo sé y tengo miedo de hacerlo! Sin embargo, tengo, unas, ganas de pegarme que no te imaginas.

— ¡Entonces, no es un beso lo que quieres! Tú quieres tocarme; estás atraído por mi cuerpo. Es algo carnal.

— Lo que, sea, pero quisiera hacerlo.

— Supongo que no te bastaría con la imaginación.

— Después de haber sentido, tus senos; palpado tu piel y olido tu aroma. Eso, es Imposible. Sólo con imaginarte, mi sangre se alborota.

— ¡Pero según recuerdo, ya me has visto en ropa interior!

— ¿Por qué dices, eso?

— Vos, crees que soy tonta. Me di cuenta de que me espiabas desde el árbol de mango.

— ¿Lo, sabías? —Abrió los ojos, tan grandes que, casi se le salían.

— Era imposible que no lo notara porque cada vez los pájaros, salían huyendo.

— ¿Pero cómo supiste que era yo?

— Un día dejaste caer una tarjeta de colección que sólo vos tenías.

— ¿Cuál? ¡No me digas que vos la tenías! Es la que me hace falta para terminar de completar el álbum.

— ¡Esa misma! Pero se queda dónde está porque forma parte de un tesoro de guerra. —Le sonrió con aire de juguetona.

— ¿Qué tengo que hacer para recuperarla?

— Lo siento, no tiene precio.

— ¡Todo tiene precio en la vida!

— ¡Quizás, pero es muy caro! Ni siendo mi esclavo te alcanzaría.

— ¿Quieres que sea tu esclavo? ¿Por cuánto tiempo?

— ¿En verdad la quieres recuperar? — Se vio sorprendida.

— Sí.

La chica se vio sorprendida por aquel deseo tan profundo sincero. Se le quedó mirando, con cierto aire de incredulidad. Y cambiando de parecer, le dijo:

— ¡Es broma! Un día, de éstos, te la doy. Pero antes, contéstame: ¿Por qué no seguiste subiéndote al árbol para espiarme? De seguro, como ya habías logrado tu objetivo; te aburriste.

— ¡Para nada! La *verdá*, fueron varias razones: la primera porque de lejos es difícil apreciarte, casi no se veía nada. Después, pusiste mucha ropa en el tendedero y no se veía nada; y, por último, te conocí y me dio pena, pensar que me podías ver. —Luego, sonrió y su mente lo traicionó.

— ¡Ajá! ¿Y esa sonrisa por qué fue? ¡Suéltala!

— Te lo digo, pero no se lo cuentes a tu madre.

— ¿Qué pasó?

— A ella, si la vi desnuda. Y se veía espectacular de lejos.

— Ni se lo cuentes porque no te la quitas de encima.

— ¿Crees que, si nos besamos, nuestra amistad cambiará?

— ¿Por qué tiene que cambiar? A menos que te encules porque te mandaría a *cocinar monos lejos de aquí.*

— ¿Y vos?

— Yo estoy curada de ese mal.

— No hay que decir: «De esa agua nunca tomaré porque la vida da tantas vueltas y, uno, no sabe con qué broma te saldrá».

— ¡Creo que ahora si tienes que irte! Además, creo que pronto me vendrá, la regla; por lo general me pasa después de mi madre. ¡Es extraño, no debería venirme! —Dejó planeando cierta duda misteriosa.

— ¡Eso significa que tus hormonas están de fiesta! —Le subió las cejas y se puso a sobarle uno de los pezones delicadamente.

— ¡Veo que aprendes rápido! —Le agarró la mano para detenerlo y agregó: No sigas, si no vas a terminar.

— ¡Soy buen alumno!

— Mejor vete antes que tu padre te castigue.

— Sí, pero, antes, quiero mi beso.

— No te importa besar a una lesbiana. —Quiso hacerlo desistir con aquella palabra extraña.

— Yo, lo único que, veo, es una chica con unos hermosos labios carnudos. —Se acercó para besarla pero, la mujer, colocó la mano entre los labios para detenerlo.

— ¡No lo hagas! — Lo miró serio y lo retiró suavemente. ¡Creo que, este juego, ya se está pasando de la raya! ¡Es mejor que, te vayas!

— ¿Te has enojado?

— No, pero prefiero dejarlo así. Y no te hagas palomitas en la cabeza, no eres tú, soy yo. ¡Tengo un problema que debo resolver!

— ¡A lo mejor puedo ayudarte!

— Ni siquiera sabes de que se trata.

— No me importa, si puedo ayudarte, lo haré.

— ¡Gracias! Lo, pensaré. ¡Ahora sí, vete! Pero, antes, déjame echar otro vistazo afuera.

La muchacha, sacó el rostro para ver. Ese gesto, hizo que, se topara al muchacho que lo tenía enfrente. Entonces, el Roro, aprovechó para tomarla de la cintura y, pegarse al cuerpo, con la intención de que notara su virilidad. Al hacerlo, la chica sintió una fuerte punzada que provocó un pequeño grito de dolor; y con la misma, lo apartó bruscamente.

— ¿Qué pasó? —Le preguntó un poco asustado.

— ¡Algo me *puyó*! — Buscó, con las manos, y encontró, rápidamente, la razón. — ¡Es la hebilla del cincho!

— ¡Lo, siento!

— ¡No es, nada! Viste, hasta las cosas están en contra lo que quieres hacer. —Le sonrió.

— Eso, lo podemos remediar muy rápido. —Se quitó la correa y se la mostró.

— ¡Está, grande!

— ¿Qué cosa? —Se lo dijo en doble sentido.

— ¡Presta *pa'acá*! Vos, sabes, a lo que me refiero. — Le quitó la prenda y, quiso, ponérsela en su cintura pero, le quedó grande.

— ¡Vos, *tenés*, una cintura de avispa! ¡Creo que hasta no amarra a los dos!

— ¡A ver! —La mujer pasó sus brazos atrás de la cintura del chico.

La joven lo abrazó y apretó, *jalándolo*, hacia ella. Luego, le dijo:

— ¡Así, querías estar, *verdá*!

El Roro, la agarró, por las *nalgas* y le contestó.

— ¡Exacto! Ahora sólo falta, el beso.

— ¡Pero, uno, pequeño! —Le dijo, la mujer, buscándole la boca.

Lo besó y se hizo eterno. Las manos entraron en acción y subieron hasta lo más alto. Cuando el joven explotó, lo demostró apretándose a la chica y, con la misma, la mordió un poco. La Negra, se separó y le preguntó:

— ¡Estás bien!

— ¡De maravillas!

— ¡Ahora sí, vete. ¡*Mordelón*! ¡*Chupa cabras*! — Hizo referencia a un animal que mordía a los animales, por las noches.

— ¡Ahora, si me puedo ir, tranquilito!

— ¡Sólo, espero que, esto, no traiga cola!

Al cerrar la puerta, ambos se quedaron con una sonrisa, *babosa* en su cara. Uno, agradecido con la vida, por haberle regalado, tan bonita noche, llena de experiencias nuevas; la otra, con cierta preocupación por haber abierto una puerta que creía cerrada y, al mismo tiempo, con cierta emoción reprimida, de una faceta, de mujer que desconocía.

Ese día, el Roro sintió que entraba, a otro mundo, por una puerta grande. El universo de los adultos comenzaba a pintarse en el horizonte y, por lo visto, el panorama se mostraba alentador. Aquella sonrisa, le duraría toda la noche.

Al día siguiente, al *nomás*, caer la noche. Como gallinas subiendo al gallinero, estaban cuatro de los cinco, *cheros*, reunidos. Aquella esquina servía, como cada noche, de convenciones juveniles. Eso sí, el Supo, brillaba por su ausencia. En ése, primer encuentro, después de la experiencia de la noche anterior, ambos se mantuvieron un poco distantes. Como, teniendo miedo a que, su mirada, los delatara. En ambos, todavía estaba, aquel bello recuerdo en la superficie de la piel.

Al inicio, los cuatro, se pusieron a hablar de generalidades, pero la *cosa* cambió cuando el quinto miembro llegó. Como siempre, repleto de novedades porque *le gustaba masticar mucho el chicle*, de los chismes y curiosidades.

Desde que se acercó al grupo, les soltó el asunto:

— ¿Saben la última? Dicen que el Zorro se levantó a otra bicha; e incluso, se la llevó a una casa. Lo mejor de todo, fue que cuando, el tata quiso quitársela; la cipota, no quiso marcharse. A la mujer, le había gustado, el *meneadito*. — Lo dijo con cierta admiración y sonriendo *de oreja a oreja*.

— ¿Por qué lo dices con esa sonrisa de tonta? — Le reclamó la Pupu enojada.

— ¡Ese cabrón es un desgraciado, machista! ¡Ojalá se lo quiebren! — Argumentó, la Negra, con cierto rencor en su tono.

Ambas mujeres habían reaccionado de manera violenta a aquella noticia. Los chicos se quedaron extrañados Y el Sapo, queriendo salir en defensa de su *chero*, *saltó al ruedo*:

— ¿Por qué dices eso? —Le preguntó, sorprendido. Y agregó: el tipo es *plantoso* y, parece, ser que, a las mujeres, les gusta que les haga el favor.

— ¡*Vos, sos o te haces*! ¡Cómo puedes pensar que, a una mujer, le gusta que la cojan a la fuerza! Me gustaría que te la metieran sin vaselina y, verás, lo que duele. —La Negra, arremetió de manera ofensiva.

— Y a ésta, ¿qué pulga le pico? ¡Cómo, si hubiera sido ella la víctima! — Reaccionó el Supo.

— No es necesario, ser víctima, para ser solidario con el dolor ajeno — argumentó el Roro.

— ¡Ningún hombre, debe abusar de una mujer, por humilde que sea! ¡Qué, no es capaz de conquistar a una mujer… el hijo de sesenta mil p…! —Replicó la Negra, *enojada a morir*.

Los otros escuchaban y preferían, no argumentar más, para no seguir en esa polémica que parecía tocar algunas cuerdas sensibles en las mujeres del grupo.

— ¡Eso de abusar de una mujer, no está bien!— Volvió a insistir el Roro.

— No quiero imaginarme una cosa de esas conmigo… mato, a ese desgraciado, y, como, de la misma carne. — Siguió sacando chispas, la Negra, sin poder calmar su molestar.

— ¡Y es capaz! —Agregó, la Pupú, con cierta admiración. ¡Ésta, lo que dice; lo cumple!

Los otros amigos se le quedaron viendo y trataron de suavizar la situación; por eso, el Sapo dijo:

— No te apures que todo aquel que la hace, aquí, mismito, las pagas.

— La gente que tiene el poder en sus manos hace lo que quiere con el indefenso. Me pregunto ¿qué haría este tipo, si hicieran lo mismo con su madre, su hermano o su hija? — Reflexionó el Roro.

— ¡Qué va a hacer! Agarra su pistola y se quiebra al implicado; luego, aquí no ha pasado nada. —Replicó la Negra.

— ¡Eso es *verdá*! Todos sabemos que por estos lugares, sin mencionar nombres, existe un grupo que se dedica a exterminar a todo ladrón, asesino y subversivo. Y bien sabemos que todo se hace por puro dedo. Ellos toman la justicia en sus manos. —Agregó la Negra.

— ¡Yo, les doy la razón! Si no fuera por ellos, estaríamos llenos de maleantes. De todas maneras, la policía nunca hace nada; siempre, llega tarde cuando se le necesita. Son más corruptos que puta sin *chamba*. — Puso su grano de arena el Supo, para seguir metiendo sal en la herida.

En esta ocasión, la Negra no quiso seguir con el juego y se quedó *calladita*, pero en sus ojos se veía la rabia que se manejaba. El Roro, aunque no sabía que le pasaba, se limitó a observarla porque le parecía curiosa aquella actitud. Eso sí, no se le quitó de la mente que algo raro había detrás de esa reacción.

    — Pero, la neta en todo esto, es que ninguna bicha está segura. —Agregó el Sapo queriendo volver a meter agua en aquel fuego.

    — Dicen que son varias y que, la lista, continúa aumentando. —Murmuró el Roro.

    — ¡Ustedes, los hombres, son, todos, iguales! — Volvió a opinar la Pupú, con cierto lloriqueo en su acento.

    — Mejor cambiemos de tema porque, esto, se está poniendo vinagre. Argumentó el Sapo dirigiéndose al Supo.

La Negra, les echó una mirada que crucificaba. El Roro, les hizo señal, con el dedo en la boca, para que no siguieran. Luego, dijo, en general:

    — La *verdá*, sólo las víctimas de ese atropello conocen el calvario que se manejan dentro. — Queriendo airar aquel momento, quiso cambiar de tema. Y Agregó, con tono entusiasta: ¡Yo les tengo una noticia! Ayer, hablando con la Negra, tomé una decisión.

Lo dijo con tanto, entusiasmo que, hasta la Nagra, se quedó boquiabierta El chico, al ver el impacto causado, y, sobre todo, la mirada que hizo su *chera*; quiso matizar aquello. La amiga pensaba que iba a contar algo de lo que había pasado entre los dos, la noche anterior.

    — ¿Y? —Dejó algo de suspenso… ¡Sácalo ya! —Se apresuró, el Supo, a preguntar.

    — ¡Me convertiré en profesor! Ayer hablando con la Negra, me sugirió esa profesión. Hoy, hablé con el *profe* Chipilín y, luego, con mi padre. Ellos están de acuerdo y me apoyan. El maestro me dijo que, inclusive, me podría recomendar en la escuela donde él, estudio; creo que dijo que quedaba en «Ciudad Arce», cerca de Santa Ana. Mi padre, por su parte, me habló, de una hija, de una prima que vivía en Santa Ana. Así que, si todo va bien, estudiaré profesorado.

    — ¡Qué chivo! Así que en este pueblo tendremos un maestro y una enfermera. —Exclamó el Sapo.

— ¡Me gusta! Pero… Ojalá que no te quieran *quebrar el maicero*, mira que les llevan hambre. — Lanzó en son de advertencia el Supo.

— ¡No seas ave de mal agüero! — Le crispó, la Negra, dándole un manotazo en el hombro.

— ¡Esta, tiene mano pesada! — El chico se sobó en el golpe.

En ese momento, la madre de la Negra, la llamó y los dejó solos. La conversación se volvió desabrida y el grupo se desintegró porque, el Supo y el Sapo, se marcharon para ir a jugar billar. Cuando la Pupu, se quedó, a solas, con el Roro, la chica le contó entre lágrimas que ella formaba parte de la lista de bichas abusadas por el Zorro. Aquella confesión dejó sin palabras al cipote y, cuando, la amiga decidió marcharse, éste se ofreció a acompañarla en un salto de compasión.

En el camino, la cipota pícara, desde que entraron, a lo oscuro de la calle, se le colgó del brazo y comenzó a sobarle con el seno. Ni lento ni perezoso, el joven se prestó a aquel juego de seducción donde las palabras sobraron. Todo aquello, terminó, en una, tremenda amasada, a unos cuantos metros de la casa de la bicha.

Como a la media hora, el chico regresó y, al pasar frente a la tienda de la Negra, ésta, lo llamó para preguntarle la razón de haberse marchado tan rápido. El chico le contó, a grandes rasgos, lo sucedido y que luego, decidió acompañar a la Pupú, para que no se marchara sola.

La Negra, como, se sabía, las de ella y la de los demás, cachó enseguida que algo había pasado. Y sin mucho, tapujos, le preguntó:

— ¿Qué le pasó a la Pupu? Ya sé, seguramente te contó lo que le pasó con el Zorro.

El Roro se limitó a confirmar aquello con un simple, gesto.

— ¡Y por eso la acompañaste porque se puso a llorar! Luego, en el camino antes de llegar a su casa, te pidió que, le abrazaras… Entonces, cómo, buen chero que sos, le abriste los brazos y la consolaste. La mujer siguió llorando y, vos, le secaste las lágrimas; luego, sin saber cómo ni cuándo, la besaste. Se amontonaron un rato y, después, reaccionaste. Ella, te dijo que, no sabía lo que había pasado y, te pidió que no lo contaras a nadie. Luego, se marchó. — Todo eso, lo dijo, poniendo una cara de boba e inocentona.

El Roro que la escuchaba asombrado porque le estaba diciendo exactamente lo que había sucedido, se quedó algo incrédulo y le preguntó:

— ¿Nos seguiste o eres bruja?

— Ustedes los hombres son cortados con la misma tijera, unas lagrimitas de cocodrilo y caen derechito en la trampa.

— ¿Qué? ¿Era mentira? ¡No te lo puedo creer!... Mira la Pupu... me la hizo bien.

— Ella te traía hambre y utilizó algo, verdadero, para robarte unos besos, porque es verdad que abusaron de ella.

— ¡No lo puedo creer!

— ¿Qué cosa? ¿Qué, la violó el Zorro o qué te domó?

— Las dos cosas. —Lo dijo un poco decepcionado.

— Pero ¿cuál es el lloriqueo? ¿Gozaste o no? Dicen que en el amor y en la guerra, todo se vale. Lo bueno es que ya te va a dejar en paz.

— ¿Vos, crees?

— ¡Ya lo verás!

— ¿Y qué? ¿Vas a cerrar temprano?

— Sí.

El Roro se quedó magullando todo aquello que le había ocurrido con la amiga y le costaba dar crédito porque había caído muy fácilmente sin haberse dado cuenta. Mientras tanto, la Negra, continuaba poniendo todos los artículos de venta, en su sitio correspondiente. Ya había preparado la mayoría de las cosas para que estuvieran listas, para la venta del día siguiente.

El Roro, la veía, con cierto asombro, ayudándole, en lo que podía, para terminar de arreglar. Agarró la escoba y se puso a barrer, como la noche anterior. Aquel gesto, no pasó, desapercibido; cayendo, en las buenas gracias, de la amiga. Eso sí, durante todo ese tiempo, no dejó de *tragar* lo que se le ponía frente a ella: dulces, galletas, *chocobananos*, *charamuscas*, *tortrix* y otras golosinas.

— ¡Hoy me toca cerrar porque mi madre está con la *Colorada*, la regla! Yo, no entiendo la razón de querer cerrar tarde; sí, después de las siete, casi nadie viene. Por un pelón, no vale la pena quedarse, dos horas, abriendo la boca; pudiendo hacer otras cosas más fructíferas, cómo leer un buen libro. — Lo dijo sin mirarlo.

— ¡Pues no parece muy lógico el asunto! — Igualmente, le contestó mirándola de reojo.

En ese momento, la bicha se dispuso a cerrar la puerta de entrada del negocio. La casa tenía otra puerta que daba entrada a la sala. Luego, al darse vuelta y, verlo, mirándola con una sonrisa de tonto, le dijo:

— ¡Perdón! Te he dejado dentro y no sé, si quieres quedarte un rato.

— Si no te molesta, ¿por qué, no? —Le sonrió. Imagino que tu madre mira la novela.

— ¿Qué comes que adivinas? — Le sonrió.

— ¡Tengo hambre! ¿Quieres que compartamos un pan con pollo?

— ¡Bueno, si no es molestia!

Ambos se fueron a la cocina que estaba al lado de la sala pasando por un pequeño corredor entechado. Él, caminaba detrás observándola al caminar. El pantalón que tenía puesto, le moldeaba muy bien su trasero. La chica, como si tuviera ojos en la espalda, le dijo:

— ¡Deja de verme tanto el trasero que vas a caerte!

— ¿Cómo haces eso? —Le preguntó un poco asombrado porque se la había vuelto a hacer.

— ¿Qué cosa?

— Adivinar lo que pasa.

— ¡Ah, eso! Es simple lógica humana. No has dejado de posar los ojos en mis pechos desde que llegaste, y supuse que, la Pupu, te había dejado picado. El resto es simple, cómo sumar dos más dos.

A los segundos, llegaron a la cocina y, mientras, la chica preparaba los panes; el tipo se sentó a observarla. Al verlo tan campante, la cipota se enojó y lo sacó de aquel estado, diciéndole:

— ¡Vos, crees que soy tu criada o qué ondas! Ven y ayúdame; corta, unos tomates y algo de lechuga. ¡Ah! Y de paso, saca la mayonesa.

El Roro se levantó de inmediato y se puso a trabajar. Con una sonrisa sarcástica, pensó: «Ésta, no cambia, pero sin embargo, se ve guapa enojada»: La bicha se le quedó mirando, con unos ojos de coqueta, y le dijo:

— Quieres que te adivine, ¿lo que estás pensando?

El chico, rápidamente, le dijo que no. Eso provocó una risa en ella. Luego, el joven dijo:

— ¡Tu talento de bruja me asusta! — Le bromeó.

Al terminar de preparar los panes, se pusieron, frente a frente, alrededor de una mesa redonda. Mientras comían, ambos se negaban a tocar temas personales, por alguna razón huían el enfrentamiento. Casi parecía que caminaban sobre un camino lleno de huevos.

El Roro para romper el breve silencio, entre los dos, le dijo:

— ¡Así que tu madre tiene visitas! ¿Y siempre se pone así?

—Solamente el primer día; segundo, día más o menos; a mí, los tres, pero el segundo es el peor. No quiero ver ni oír a nadie. ¡No va a tardar en venirme!

— ¡Imagino que, si a tu madre le da por ser coqueta; a ti, por la comida!

— ¿Cómo lo sabes?

— Como lo decís, sumo y sacó el resultado. Pronto te vendrá y no has dejado de comer durante todo el tiempo.

— Tienes razón, lo malo es que despúes me siento gorda.

— ¡Gorda! No friegues, ni panza tienes. Pero hay algo que no me explico... —el chico no concluyó la frase.

— ¿Qué cosa?

— Nada, tonterías.

— Dímelo, verás que todo tiene una explicación.

— No, qué desde que, te vi, siento cierta atracción.

— Ah, lo había notado. No has dejado de verme los senos desde que entraste. Y tu mirada, me ha desvestido todo el tiempo.

— ¡De *verdá*! No dejas de sorprenderme. Lo siento, espero, no incomodarte.

— No te preocupes, ya estoy acostumbrada. Ahora, dime: ¿Por qué has estado indiferente? ¿Lo de ayer?

— Lo siento, no supe, cómo comportarme.

— Ahora entiendo tu alejamiento. Te recuerdo que, lo de ayer, no fue nada; y, no quiero que te hagas pajaritos en el aire. Fue un, simple, beso.

— Lo sé y por eso no quería tocar el tema.

— Pero todo tiene una explicación lógica. Ves, las perras. Cuando andan en brama; los machos, andan detrás de las hembras. Según los científicos, cuando están listas para concebir; éstas, emiten un olor especial. A lo mejor, las mujeres hacen eso y por eso, esa atracción.

— Lo extraño de esto, sabes: me pasa sólo contigo. Te juro que es la primera vez que lo noto.

— Quizás, no te habías dado cuenta.

— Posible.

— ¿Y qué sientes?

— Que te quiero tocar y sentir; tu aroma me atrae, me pican las manos deseando tocarte. ¡Estoy grave! ¿Es normal lo que me pasa?

— No, lo sé; pero lo cierto en todo esto. Según veo, hay una conexión entre los dos. — Sonrió ligeramente.

— ¿Te molesta qué esté así contigo?

— Para nada, si no me molesta. Aunque, es curioso, no.

La mujer, se sacudió la camisa a cuadros. Se tomó todo un vaso con agua y le preguntó;

— ¿No tienes calor? Estoy quemándome.

— ¡No! Pero ¿por qué no te cambias? Estás en tu casa. ¿Quieres que me vaya?

— ¿Quieres irte? Porque yo no te estoy echando.

— No, era por simple cortesía.

— Ah, entonces vámonos para el jardín; ahí, debe estar más fresco.

— Me parece una idea estupenda. Esa diosa griega está preciosa.

— ¡Para que fuera verdadera, no! ¡Pervertido!

Mientras se dirigían al lugar, la mujer dijo:

— Pensándolo bien, es mejor que vayamos a mi lado; mi madre nos puede escuchar y se puede molestar. En ese estado, cualquier ruido, por pequeño, molesta. No hables y sígueme.

Lo tomó de la mano y lo dirigió, en la oscuridad, a través del jardín. Llegaron a una puerta de madera que dividía las dos casas y pasaron a su santuario. Le mostró, una hamaca, para que la esperara. Aquel rincón de la casa le parecía familiar porque en sus aventuras de mirón, cada cosa la tenía bien memorizada. Algunas, plantas, habían cambiado de lugar y otras habían crecido; pero, en general, se mantenía igual.

La muchacha, no tardo mucho. A los minutos, llegaba con un camisón de dormir de color blanco que, en la oscuridad, parecía tomar vida. Se acercó y, sin pedir, permiso, se hizo espacio en la red de colores vivos, quedando frente a frente. Aunque le sonreía, algo en ella no andaba bien. Quiso disimularlo diciéndole que era la segunda persona que visitaba su espacio personal.

El chico se le quedó mirando, con cierta seriedad, y le preguntó:

— ¿Qué te pasa? Desde que estábamos en el grupo, supe que algo no andaba bien. Al principio pensé que era por el beso, pero ahora veo que no es eso. Sobre todo, desde que el Supo, nos anunció la noticia del atropello.

— ¡Nada! ¿Por qué preguntas eso?

— ¡Te conozco, mosco! Saca ese bocado que te atraganta.

— ¡Te dije que no es nada! — Pero apartó la mirada.

El Roro dejó un silencio galopar suave y luego, le dijo:

— La neta, me sorprendió tu reacción al escuchar aquella noticia.

— Parece que me sobresalte un poco, no.

— Lo del gasto nada más. ¡Parece que te tocó fuerte y hondo! ¿Quieres hablar?

— ¿Se notó tanto? ¿Los otros, también, lo notaron?

— ¡No sé! Pero yo, sí. Desde que te conozco, es la primera vez que reaccionas así.

— ¡La *verdá*! Ese tema me pega fuerte, pero creo que no es el momento de hablar; quizás, en otra ocasión. De todas maneras, ¡gracias por el ofrecimiento! ¡Créeme, lo tomaré en cuenta!

La mujer se guardó para sí, la experiencia desagradable que, en su niñez, le marcó la vida para siempre. Luego, para salir de aquel momento, un poco desabrido, él le dijo:

— Tienes toda una casa para ti sola. ¡La había visto de lejos pero, de cerca, es otra cosa! Yo comparto mi cuarto con mi hermano menor.

— Sí, es algo grande… tengo mi propia biblioteca, un corredor techado, una especie de sala comedor y un jardín con árboles frutales. Éste, es mi territorio. Aquí paso la mayor parte de mi vida.

— ¡Está, bonito!

— Sí, pero le hace falta un baño. Tengo que hacerlo en la otra casa y, ése, es muy pequeño. Apenas, me puedo mover.

— Al menos tienes uno. Conozco otros que ni, eso, tienen.

— ¡Es *verdá*! ¡Quiero mostrarte algo! Es mi lugar prefirió, en toda la casa. ¡Ven!

La cipota, lo agarró, nuevamente, de la mano y, jalándolo, lo levantó de la hamaca. Uno detrás del otro, caminaron hacia un cuarto. La chica, abrió la puerta de madera y encendió la luz.

— ¡*Voilá*! —Lo dijo en francés. Si preguntabas, ¿cuál era el tesoro que escondía? ¡Aquí está! La mayoría de preguntas que he tenido, me las he respondido aquí.

— ¡Guau! Te imaginé rara, pero no al extremo. —Bromeó. Te juro que no hay nada igual en los alrededores, ni en la escuela que debería ser el mayor centro de cultura. Ahí no tenemos ni diccionarios, menos libros en otros idiomas.

El joven, con mucha curiosidad, comenzó a recorrer aquella pared repleta de libros ordenados por orden alfabético. El lugar estaba muy bien cuidado y limpio, se podría decir sin miedo a equivocarse que hasta el polvo tenía prohibido entrar. Un escritorio mediano con su silla, un foco pegado a otra pared, varias mecedoras, un ventilador y una lámpara que parecía un farol pegado en una esquina del cuarto.

El Roro comenzó a leer en voz alta algunos títulos y cuando se topó, con libros en otros idiomas, se quedó como impresionado. Intentó leerlos españolizando la pronunciación, pero no pudo. La amiga, intervino haciendo, la lectura correcta del título.

— ¡No sabía que tenías libros en otros idiomas! ¿También los has leído?

— ¡Toditos! Inclusive, algunos de ellos, varias veces. Aunque parezca difícil o hasta imposible, el francés, el italiano y el portugués son fáciles de leer porque son lenguas con un mismo origen. El inglés es más fácil porque lo vivimos más de cerca, la música y las películas no lo hacen más accesibles. Todo esto que ves aquí, ya pasó por las manos de mi madre; ella es la que me motivó a leer tanto. Desde pequeña, siempre me leía algo antes de dormir.

— ¡Ahora comprendo tanta inteligencia babeando por tu cerebro! Ahora sí, puedo decir, sin miedo a equivocarme que tengo la amiga más inteligente y culta del mundo.

— ¡Aah! ¡Qué lindo! Me has dicho, el más bello piropo que alguien me hubiera podido decir — Se acercó al bicho y lo abrazó con mucha ternura por detrás. Aquel gesto fue muy sentido y puso, hasta, nervioso al visitante.

— ¡Qué bueno porque es la verdad! Pero, hoy, descubrí otra cosa; eres bastante sensible.

La chica retirándose un poco del cipote, le respondió:

— ¡Lo siento! Hasta yo me sorprendí. Pero es *verdá*, por mucho que quisiera ocultarlo no puedo ocultar que soy mujer; que tengo todos los atributos necesarios y que, a veces, me flota ese sentimiento que no mucho me gusta mostrarlo. Sobre todo en estos días.

— Para ser sincero, eres más mujer de lo que quisieras ser. Lo digo, viéndote como hombre.

— ¡Lo sé! Pero prefiero que no me mires así, me gusta tu amistad.

— Va a ser difícil pero lo intentaré. —Cerró los ojos y dijo, como queriéndose convencer de algo con voz alta: ¡Es fea! ¡Es fea! ¡Es fea! Luego, los abrió nuevamente y, mirándola con una sonrisa de pícaro, los volvió a cerrar, repitiendo lo mismo. Su rostro reflejaba una burla descarada.

La reacción de la *chera* fue instantánea. Le propinó un puñetazo en el hombro que provocó abrir los ojos tempestivamente. La miró, se sobó, puso cara de dolor y, luego, volvió a cerrar sus ojos, agregando: ¡Es fea y brusca! ¡Es fea y brusca! — Y se puso a reír.

— ¡*Bayunco*! Estoy hablando en serio.

— Lo sé, pero es como decirle al cielo que deje de llover; a las estrellas de brillar, al sol de calentarnos y a ti, de mirarte. No pidas peras al guayabo porque siempre te dará guayabas. Trataré de ser, el mejor amigo del mundo. Ojo, trataré, pero eso no quita que seguiré siendo un hombre, hecho y derecho. — Abrió los ojos y se puso a verla, de punta a punta, para molestarla.

— ¡Ya, en serio! Me interesa tu amistad y no la quiero perder.

— Y no pasará. Pase lo que pase.

— ¡Pase lo que pase, seremos amigos!… Es un trato. —Le ofreció la mano abierta.

El tipo, agarró la mano y le dio, un buen apretón.

— ¡Ay, brusco! No olvides que sigo siendo una mujer. —Apretó, a su vez y dijo: ¡Trato hecho, nunca desecho! — Era el refrán popular que se utilizaba para sellar un acuerdo oral. Retiró, la mano, para sobarla y, con la misma, le amagó un puñetazo. El joven, simplemente, se agachó, en reacción al golpe, para protegerse.

— ¡Hubiera sido mejor cerrar el trato con un besito! — Le dijo, uniendo los labios a unos metros de distancia.

— Y sigues, no me quieres tomar en serio, verdad.

— ¡Está bien!—Lo dijo un poco resignado. ¡Cambiando de plática! Yo nunca he visto a tu madre leyendo un libro, tal vez una revista o quizás, el *trompudo* del «Diario de Hoy». ¿Acaso se aburrió de leer? Me dijiste que fue, ella, la que te inició en el hábito de la lectura.

— Antes, lo hacía, pero desde que llegó ésa, *mentada,* televisión y sus novelas; todo pasó a segundo nivel. Y, cuando, digo: todo, es todo.

— ¡Sabes una cosa! Estando aquí me siento extraño. Un sentimiento de pobreza intelectual me invade fuerte. Me siento, tan ignorante que, hasta, me asusta.

— ¡Es normal y es bueno! Normal porque te das cuenta de que en el mundo hay mucho que aprender y vos estás en pañales; y bueno, porque significa que lo reconoces y, ése, es el primer paso para avanzar intelectualmente. La curiosidad mueve el mundo. ¡Aquí tengo algo que creo te va a interesar!

La mujer se dirigió a la biblioteca y sacó varios libros. Mostrándoselos, le dijo:

— Algunos están en otro idioma pero las imágenes dicen todo. Éste habla de la diferencia entre el cuerpo del hombre y la mujer; éste, de las relaciones sexuales y sus consecuencias; éste, otro, de las posiciones más comunes realizadas en todo el mundo; y éste, es de preguntas y respuestas sobre la sexualidad. Hay otros, pero con éstos, seguramente saciarás, un poco, tu curiosidad sobre el tema.

— ¡Creo que voy a tener que visitarte más seguido! Tienes cosas muy interesantes.

— ¡Este que sólo tiene imágenes! —Le mostró la portada con una pareja haciendo el amor. ¡Te va a fascinar! Es muy buscado en los países europeos. Se llama: «Kama Sutra» y te muestra, de forma gráfica, muchas posiciones sexuales. Aunque, te diré que, algunas de ellas, me parecen cosa de contorsionistas, muy difíciles a practicar.

El tipo agarró el libro con mucha curiosidad y lo hojeó, rápidamente. Mientras tanto, la cipota, lo veía con cierta picardía y satisfacción; porque, en ese momento, estaba ofreciendo a su amigo, la entrada a un nuevo mundo.

— ¡Cómo dije antes!... Merece otra visita con más calma. Mejor te lo devuelvo antes de que me queme las manos y otra cosa. ¡Pero, tal vez, puedes prestarme algunos!

— ¡Estás loco! No has oído la ocurrencia popular que dice: «los libros y mujeres no se prestan porque no vuelven…». Si quieres, tienes que venir.

— ¡Eso quiere decir que me invitas a venir en otra ocasión!

— ¡Claro que sí! Bajo ciertas condiciones y restricciones. Acuérdate que es mi santuario y la privacidad, la protejo con uñas y dientes. Ni mi madre puede entrar cuando se le antoja.

— Entonces, ¡gracias! Por ésta visita.

— ¡Es un placer! Ahora, es mejor que nos vayamos, como dicen: para evitar las tentaciones.

— ¡Tengo una duda! Veo todo, tan limpio y bien arreglado que me preguntó: ¿Quién hace la limpieza? ¡Que, sepa, no tienen sirvienta! Y, quizás, estoy equivocado pero tú eres hija única, como dicen, por ahí: la princesa de la casa.

— ¡Muy buena pregunta! Mi madre la hace en su casa y, yo, en la mía. Si no lo sabías, soy dueña de esta parte. Claro que, un día por semana, la Chepa, nos viene a trabajar para barrer y trapear. Eso sí, tratamos de mantener todo en orden y limpio para no dar mucho trabajo. Las zonas comunes, la hace la persona que la ocupa. Si te fijaste, utilicé la cocina y, luego, dejé todo cómo estaba.

— ¡Sí! Entonces, no eres la *princesita* de los ojos de *mami*.

— ¡Ese concepto barato, ya quedó en el pasado! Desde pequeña, mi madre evitó decirme así, y la comprendo. Tampoco me gusta. ¡Eso que, los padres traten a sus hijos, como una princesa o un príncipe, no hace bien a los bichos! Crean niños reyes, *guevones* y prepotentes. No colaboran en nada en la casa, sólo piden. Para ellos, es cómo, un hotel de cinco estrellas. No son capaces de levantar un plato de la mesa, lavarlo, secarlo, pasar la escoba, el trapeador, hacer un huevo y, no digamos, lavar su ropa. Ni siquiera, han aprendido a dar gracias por el servicio brindado. Claro que ellos no tienen toda la culpa, son los padres alcahuetes que crían esos cuervos. ¡Cómo cuando pequeño, mi madre nunca me lo dio! Es una frase tonta que utilizan para tratar de justificarse. ¡Quiero que mi hijo, sólo se dedique a estudiar! —Dice la mayoría de mamás. Mientras, ellas se levantan antes de que cante el gallo y, se acuestan, hasta que todos están dormidos. Son unas esclavas con consentimiento. Claro, y sus hijos: bien, gracias. Eso sí, cuando mueren, ahí están llorando con *lágrimas de cocodrilos*. Se les fue la sirvienta o la consentidora. Todos, éstos, príncipes y princesas, cuando se van de casa sólo a dar con la cara, van. Porque son unos inútiles. Eso, sí, andan bien *tiperías*, probando lo que no deben y haciendo *berrinchada* y media.

— ¡Pues, qué te puedo decir! Hasta, me fui en ese mismo costal. Me pintado ahí. No he barrido en mi vida, trapeado, cocinado, lavado, pero siempre doy las gracias. Además, ayudó a mi padre en el campo.

— ¡No te sientas tan culpable! Al menos, ayudas la mano a tu padre. En nuestra sociedad machista, el hombre no es para la cocina. ¡Hasta se ve mal, si alguien lava los platos! Les dicen *mandilones* o afeminados. ¡Gente más bruta! ¡Cómo sí, lavar un plato les va a quitar la hombría! Y ahí, las madres tienen mucha culpa, he.

En ese momento, el Roro, se quedó, callado. Y la chica lo notó:

— ¡Halo! ¡La tierra llamando a la luna! ¿Hay alguien por ahí?

— ¡Lo siento! Me fui. Tus palabras me han hecho reflexionar. Sabes, deberías de postular para presidente, tendrías los votos de las mujeres y, de muchos hombres, con pensamiento menos machista.

— ¡Éstos me fusilan antes de llegar! Ajá, dime: ¿Qué te preocupa? Aunque, pienso que sé por dónde va, el asunto. Te asustó la idea de irte y no saber hacer nada. Míralo por el lado positivo, tienes tres meses para prepararte. Si quieres, hasta, puedo ayudarte a lavar la ropa, los trastes, pasar la escoba, el trapeador. Todo lo que nunca has hecho, pero que, tu vieja, hace todos los días. ¡Así, querido!

— ¡Fíjate que me gusta la idea! Como dices: El, lavar un plato, no haría que perdiera mi hombría. ¡Acepto tu propuesta!

— ¡Hecho! — Volvieron a darse un apretón de manos para cerrar ese otro trato.

— Te quiero mostrar mi cuarto que, solamente, lo he mostrado a una persona!

— ¡La Pupu, por supuesto!

— ¿Cómo lo sabes?

— ¡Lógica pura! Tienes mucha curiosidad sobre el sexo femenino y, ella, está deseando conocer todos los caminos.

— ¡Es *verdá*! ¿Espero que no te moleste?

— ¡Es tu vida y puedes hacer lo mejor que te parezca con ella! Si tu madre que, en cierta manera, tiene algún derecho a decirte algo, no lo hace; ¿Por qué tendría que hacerlo yo?

— ¡Sabes! Cada vez me gustas más. Digo, tu manera de pensar… ¡Por las dudas!

— Lo sé, no te hagas bola por eso.

— ¡Antes, de que lo veas, quiero hacer algo para saber qué tanto me conoces!

— ¿Qué invento traes ahora?

La *cipota*, agarró un chal que estaba cerca y, haciendo una especie de faja, se la puso en los ojos. Luego le dijo:

— ¿Quiero que me describas cómo piensas que está decorado mi cuarto?

El Roro sonrió y le dijo:

— ¡Eso que me pides es fácil! Haber… tu cama está arreglada porque eres alguien que ha sido educada con otra cultura; debe haber más de algún libro por esos lados; una lámpara de noche, algún póster en la pared, un ventilador porque el calor no es tu amigo, el armario con poca ropa, un espejo porque sigues siendo mujer, nada de flores, y más de alguna prenda íntima en el suelo porque sigues siendo joven.

— ¡Guau! ¡Me sorprendiste! Casi diste en el clavo, salvo por algunos pequeños detalles. ¡Ahora que me acuerdo!… ¡Espera! No entres antes de que yo te lo diga.

La mujer entró al cuarto y, a los segundos, salió sonriendo.

— Ahora, sí. ¡Entra!

El joven entró y se quedó mirando el cuarto, como deseando memorizar cada rincón del lugar. Luego dijo:

— ¡Casi cómo me lo imaginaba! De repente, se puso de rodillas y vio, bajo la cama. — ¡Lo sabía! —Ahí, se encontraba: calcetas blancas, blusas, sostenes y calzones, todos, amontonados.

— ¡Curioso! ¡Arrogante! — La chica le pegó un empujón y el muchacho se dejó empujar, cayendo de frente sobre la cama. Con una sonrisa pícara, dijo:

— ¡Qué diera porque, esta camita, hablara!... ¡Cuántas cosas me contaría!

— ¡Cuántas...! — Le respondió la mujer tirándose, a su vez, sobre la cama pero de espaldas.

— ¡Es bonito tu cuarto! ¿Estás segura de que tu madre no le molestará que esté aquí! —Se dio vuelta.

— ¡A lo mejor sí! Yo, no se lo voy a decir... ¿Y vos?

— Menos.

— De todas maneras, en este momento, sólo piensa en ella y su dolor.

Entre ambos se dio un silencio, un poco incómodo; luego, ella abrió el diálogo en un tono misterioso.

— ¿Te puedo contar algo?

— ¡Claro!

— ¡Cuando pequeña fui violada por mi padrastro!

La mujer dejó caer, aquella la bomba, sin penicilina y ni previo aviso. El chico, que no se esperaba aquella confesión, se quedó sin saber que responder, helado. Y quizás fue la mejor respuesta, porque, enseguida, la chica decidió sacar aquel trago amargo y traumatizante. El Roro, apenas pudo decir, dentro de sí: « ¡miércoles! » y se quedó esperando el desenlace de aquella triste confesión.

— Fueron varias veces y, honestamente, no sabía lo malo de todo aquello. Yo simplemente seguí un juego que me propusieron. Mi madre, lo supo, al bañarme y descubrir que me dolía. Me hizo varias preguntas y luego, me secó de ahí sin decir palabra alguna. Se fue para su cuarto, preparó una maleta y cuando llegó el susodicho, me encerró en un cuarto. Desde ahí, escuché la discusión y el pleito. Supe que lo trató de matar con un cuchillo porque terminó en el hospital. Mi madre y yo, salimos de la casa, enseguida. Tampoco volvimos a hablar del asunto. Al principio, me sentí mal porque creí que todo fue por culpa mía. Hasta, hace poco, he podido aceptar aquello. Comprendí que no fe mi culpa. Sin embargo, la herida y el trauma siguen vivos. No los he superado. Quizás, ahora, comprendas mi reacción ante la noticia del Supo.

La joven estaba, hecha, un mar de llanto y, su compañero, no sabía qué hacer ni qué decir. Inclusive sus ojos estaban llenos de lágrimas al ver y sentir el dolor de su amiga. La única palabra que le salió de sus labios fue: ¡Lo siento!

La chica, sentada al borde de la cama, se comenzó a secar el llanto, con las manos y, éstas, con su camisón.

— ¡Me gustaría tener la palabra correcta o el gesto necesario para calmar tu pena!... Pero me siento un inútil y lleno de rabia por dentro. ¡Quisiera tenerlo presente para matarlo a golpes! ¡Quisiera gritar de rabia, al imaginar todos esos años de tristeza, soledad y amargura, en los cuales has vivido!

— ¡Gracias! ¡Gracias por estar aquí y escucharme! ¡Con eso me basta! Con decirlo y, quizás, con escucharlo de mi boca, ya es un buen comienzo. ¡Eres el único que lo sabe por completo! No sé ¿por qué te lo dije? ¡Quizás, no podía más con este peso!

— ¡Gracias por la confianza! ¡Créeme que no te defraudaré! Si puedo hacer algo sólo tienes que decírmelo.

— ¡Creo que si puedes hacer algo! ¡Abrázame fuerte! ¡Quieres!

— ¿De *verdá*? —El chico, no sabía, cómo hacerlo; y, el pensamiento sobre lo que había pasado con la Pupu, lo traicionó.
La chica le dijo, cómo leyendo su mente:

— Éstas, no son lágrimas de cocodrilo y sí, necesito que me abraces. — Le pegó sobre el estómago suavemente. ¡Tonto!

El chico sonrió y se dio media vuelta. Luego se puso a secarle las lágrimas con los dedos y, luego, se acercó para abrazarla con mucho cuidado. Tenía miedo de tocarla, no sabía cómo reaccionaría; pero, ella, le dijo:

— ¡Te dije un abrazo fuerte, no que me acariciaras! ¡Yo necesito que me abraces! ¡Hazlo por favor! —Se lo dijo con voz firme y casi rogándole, pero con enojo.

En un momento dado, fue ella quien metió sus manos y forzándolo, lo colocó encima. Ahí, ambos, se unieron en un abrazo fuerte y sentido. Un poco, *chiveado*, el Roro, no quería pegarse mucho por miedo a que sintiera su fuerza varonil. En ese instante, su cuerpo lo traicionó y no tuvo otra opción que caer sobre la amiga.

La cipota había abierto sus piernas y se había agarrado a él, con fuerza. Lloraba como una Magdalena sacando todo su dolor. Mientras tanto, el chico, luchaba y esperaba que no lo sintiera pero, el llanto, dobló aquella resistencia masculina. La abrazó con todas sus fuerzas por varios minutos. En ese lapso, ninguno, dijo nada.

De repente, la chica le dijo, un poco en broma:

— ¡Creo que no voy a aguantar mucho tiempo tu peso! ¡Parece mentira pero pesas! ¿Qué comes? Pupusas con hierro o qué.

Le puso sus manos sobre el pecho y, el joven, colocó sus manos en la cama para apartarse. La mujer, le desató el nudo que le había hecho, con las piernas; luego, las juntó. El tipo, colocó sus rodillas en ambos lados y quedó, en cuatro patas, sobre la mujer. Se le quedó mirando, con mucha ternura, y le preguntó:

— ¿Estás bien?

La muchacha, secándose las últimas lágrimas, le dijo que sí. Luego, queriendo cambiar de tempo, lo empujó hacia adelante con mucha dulzura. Todo ese movimiento, provocó que él cayera, sentado sobre la cintura de la mujer, quedando con las rodillas dobladas. La Negra subió, sus piernas, para que quedaran como el respaldo de una silla.

Se miraron y sonrieron, casi hablándose con los ojos. El muchacho, en un impulso de caridad, se puso a secarle las lágrimas con los dedos. La chica se quedó observando fijamente y un suspiro salió de lo profundo de su ser. Luego, elevó las manos poniéndolas, abiertas, sobre el pecho y le dijo:

— ¡Qué vergüenza! — Cerró sus ojos y agregó: ¡Creo que no había llorado tanto en mi vida! — Sonrió y le dijo, en son de broma: ¡Y todo por tu culpa, malo!

— ¡Y yo que hice ahora! ¡Todo yo! ¡Todo yo! —Le tomó las muñecas de ambas manos y las quiso unir.

— ¡No hiciste nada! Simplemente eres un hombre. — Se puso a jugar queriendo zafar sus manos.

Ahí comenzó un juego de fuerzas entre ambos. Él tratando de retenerla y, ella, queriendo zafarse. Entre risa y risa, aquello se fue poniendo interesante. Aquel juego, los llevó, poco a poco, a entrar en un combate amoroso.

La oscuridad del cuarto y el deseo, de jugar pícaramente, los metió en una escena para adultos. El chico, deseoso de ir un poco más allá, en su relación con su amiga, perdió el control de sus emociones. Se dejó llevar por un río desbocado, sin salvavidas ni barca de salvación.

En un momento dado, el tipo, para dominarla por completo, colocó sus pantorrillas sobre las piernas de la joven y, con las manos, la puso manos arriba sobre la cama. Aquel juego, se intensificó entre ambos contrincantes. Por un lado, el cipote trataba de acariciarla y, por el otro, la Negra trataba de zafarse de las garras del supuesto atracador. Pero algo sucedió en la chica, de repente comenzó a cambiar de semblante mientras luchaba por soltarse. Un respirar inesperado, creció, en fuerza e intensidad, hasta llevarla a perder el control. Un miedo profundo la invadió por completo. Sus gestos y movimientos bruscos provocaron una reacción en cadena que explotó al ponerse a llorar y arañar, fuerte, al cipote. Aquel dolor intenso en sus costillas, trajo al acosador a la realidad y, sorprendido, descubrió a su amiga con cara de horror y miedo. Se detuvo de inmediato poniendo sus manos sobre la cama y, levantando su torso, la vio con cierto miedo en su rostro. La joven no dejaba de retorcerse y, hasta, parecía una loca. El Roro, al verla, se asustó mucho y saltó del cuerpo de la mujer para caer a un lado. Asustado, le dijo:

— ¡Lo siento, no te quise hacer daño! —Se colocó las manos sobre sus rodillas sin saber qué hacer y, un poco nervioso, se levantó para colocarse a uno centímetros de distancia. Se quedó, paralizado, esperando la reacción de la mujer.

Mientras tanto, la muchacha que, poco a poco retomaba el control, no decía nada. Como, su camisón había quedado arriba de los senos, trató de desenrollar la prenda para ponerlo en su sitio. Hasta ese momento, la mujer no había dicho una sola palabra ni lo había mirado. El Roro, ahí de pie frente a ella, no sabía qué hacer ni que decir. La oscuridad del cuarto maquillaba su incomodidad.

Él sabía que no se podía marcharse dejándola en ese estado. Respiró y agarró valor, se acercó y se colocó, a su lado. Luego, le dijo suave:
— ¡Creo que debo irme! ¡Verdaderamente, lo siento de todo corazón! —Se lo dijo casi murmurándolo, sin verla, por temor a volver a ver aquella mirada.

Un deseo inmenso de tocarla, le invadió el alma; pero, el temor pudo más que la necesidad del contacto. Se aguantó y, pensó: ¡Quizás, es mejor que me vaya! Sacó valor para salir de aquel lugar. La chica había cerrado sus ojos queriendo controlar su cuerpo. Entonces, cuando hizo el intento de ponerse de pie, la mano de la amiga, sobre el hombro; lo retuvo. Le dijo:

— ¡Por favor no te vayas! ¡No es tu culpa! ¡No has hecho nada que me dañe! ¡Por favor! — Se sentó a su lado y agarrándose, al brazo, agregó: ¡Me sentiría muy mal, si me dejas así! — Buscó el pecho y metió su cara entre el hombro y el cuello.
— ¡Estás segura de que no te hice mal! ¡Me dio mucho dolor ver la expresión en tu rostro! Por favor ¿dímelo?

— ¡Vos, no *tenés* la culpa! Es el pasado que me atormenta. ¡Estoy jodida mientras no supere este trauma! Por eso mi relación con los hombres no es muy buena... bueno, hasta ahora; porque contigo algo cambió. —Le dijo voz baja y, casi, hablándole al corazón.

— ¿Me permites que te abrace?

— ¡Claro tonto! ¡Hasta mucho te has tardado! ¡Qué no ves que estoy mal! ¡Necesito cariño pero, por favor, no me preguntes más!

En ese momento, ambos se abrazaron por varios minutos; luego, la cipota queriendo darle un cambio al momento, quiso hacerlo con una broma. Sin separarse del joven, le dijo:

— ¡Vaya rollos en los que te meto! ¡Lo siento por meterte en este asunto! ¡Creo que se me salió de las manos!

— ¡Para eso son los cheros, no! Si sólo fueran alegrías no *tuviera gracia* la *cosa*. Además, todo pasa por algo. A lo mejor, este era el momento adecuado para que comenzaras a retomar el camino.

— ¡Quizás, tengas razón porque no fue planificado! Por favor no vayas a pensar mal.

— Fue demasiado real para ser broma. Parece que te jodieron muy mal.

— Este ha sido mi calvario desde que sucedió.

— ¡Pobre de ti! ¿Y no hay cura?

— ¡Tal vez, con un buen psicólogo! Pero los que he visto están más locos que yo. —Soltó una breve sonrisa hipócrita.

— ¡Sabes! En este momento, me gustaría ser tu psicólogo para poder ayudarte.

— En cierta manera, lo has sido y, por lo visto, no has sido tan malo. Mira, estoy con un hombre en mi cama, en sus brazos y no me he puesto como loca. A lo mejor, por ahí va, la curación.

— ¿Vos, crees?

— No creo; pero, tampoco, dejo de creer. Los milagros pueden ocurrir en cualquier momento y, como, dicen: « de poeta, médicos y locos, todos tenemos un poco».

— Entonces, con gusto seré el médico personal. ¡El *sicoloco*! —Le bromeó y ambos rieron.

— Entonces, yo me convertiré en tu maestra.

— ¿Qué tipo de maestra? —Abrió los ojos, y subió las cejas, en signo de picardía.

— ¿Qué tipo de médico? —Sonrió haciendo los mismos signos. Lo importante, es ayudarnos mutuamente.

Aquel acuerdo, lo firmaron con una sonrisa. Ellos, no sabían, la importancia de aquel consentimiento. Después de varios minutos, para salir de aquella situación, le dijo una broma, blanca, pegándole suave sobre la pierna:

— ¡Parece que, *andas,… cargado, verdá*!
— ¡Parece que, mi Negra, ha vuelto al redil! —Se puso a sobar para suavizar el golpe. ¿Por qué lo dices?
— ¡Porque se te puso bien dura!
— Pensé que no te habías dado cuenta. ¡Perdóname porque no pude retenerme! ¡Sé que no era el momento!
— No te preocupes que no me molestó. Al menos puedo decir que no eres del otro bando. —Se apartó sonriendo y golpeándole suavemente en el hombre.
— ¡No friegues! ¿Qué? ¿En algún momento tuviste dudas? ¿O andan diciendo algo por ahí? — Se enojó un poco y, poniendo sus codos sobre la cama, se le quedó mirando.
— ¡Tranquilo, Camilo! Era una pequeña broma sin maldad. Nadie dice nada, aunque para decir verdad: un día, nos hicimos esa pregunta con la Pupu.
— ¿De verdá?
— ¡Cómo no hablas de mujeres, ni tienes novia ni quieres nada con ella? Tienes que aceptar que las dudas salen al aire.
— ¡Sí, pero eso no me gusta! ¡Yo soy y me siento hombrecito! ¡Cuándo, quieras; te lo pruebo!
— ¡No te sofoques que, a mí, no tienes que probarme nada! ¡Yo te conozco, más de lo que crees! —La chica quiso desarrugar el camisón planchándolo *con la palma de la mano.*
— ¡Bueno! Pero conste que no lo soy. Eso debe quedar bien claro.
— ¡Está bien! No hagas de eso todo un drama.

La chica se volvió a tirar de espaldas sobre la cama y le dijo sin mirarlo:
— ¡Gracias! Gracias por estar conmigo en este momento.
— ¡Está bien! Y no tienes nada que agradecerme. Si está en mis manos ayudarte, te juro que no lo dudaría en hacerlo. — El chico la imitó, tirándose de espaldas para quedar a su lado. Sus manos se agarraron con mucho cariño dándose un apretón de manos, eso sin mirarse.

Ambos se quedaron por varios minutos mirando el techo del cuarto. Luego, la bicha sacó una pregunta de la nada que, como siempre, lo dejaba saltando en puntillas.
— ¿Cuántas veces, en un día, te has masturbado hasta reventar?
— ¿Qué? — Se quedó muy sorprendido por la pregunta.

— ¡Apuesto a que, no más de cinco! Yo, en cambio, lo he hecho más de quince veces.

— ¿De verdá? — La volteó a ver muy sorprendido.

— No te asustes que es normal. Una mujer puede hacerlo muchas veces, tiene orgasmos múltiples y seguidos. Usted los hombres lo hacen una vez y para que vuelva a repetirse; hay que esperar un buen rato para que se vuelvan a cargar. Algo así, cómo, tener un fusil de una bala y dispararlo. Nosotras somos como una ametralladora. —Se puso a reír suavemente. Al menos eso es lo que he leído y he probado.

— ¡Creo que cuatro o cinco veces! Si mal no recuerdo.

— ¡Yo lo hice para el día de mis quince años! No hubo fiesta, ni nada. Me bañé, me metí al cuarto, saqué unas revistas y comencé a imaginarme algunos episodios.

— ¡Imagino que eso lo has leído en tus libros y lo quisiste poner en práctica!

— ¡Claro! Que comes que adivinas.

— ¡Lógica pura, querida!

— ¿Verdad que, alguna vez, lo hiciste, pensando en la Pupu o, en mí?

— ¡Varias! ¿Cómo lo sabes?

— ¡Bueno! Recuerdas que antes de ser buenos amigos, te *caché* vigiando desde el árbol de mango. El resto es cuestión de sumar.

— Cuando, *nomás*, llegaste al pueblo, me atrajo mucho tu personalidad fuerte. *La bicha* rebelde y tosca. Los comentarios de los *chero*s decían que seguro tenías un cuerpo muy bonito y que, seguramente, andabas desnuda en la casa. Al principio fue para tratar de verte desnuda; pero, desde arriba, apenas podía observar el torso. Después, descubrí que te gustaba andar en *ropas menores* y, la curiosidad, me mató.

— Eso sin contar que no dejabas de verme las piernas. Pero luego, dejaste de hacerlo; la amistad cambió todo, supongo.

— No deseaba hacerte sentir mal.

— Entonces, en tu concepto, las amigas se mantienen siempre a distancia.

— Sí, al menos eso pensaba porque a partir de ahora creo que voy a tener que hacer una nueva consideración de mis convicciones.

De repente, ambos se quedaron callados y fue ella quien comenzó la plática.

— La oferta de ayudarme a salir de mi problema, ¿todavía está en pie?

— ¡Por supuesto! ¿Dime que tengo que hacer y lo haré?

— Estaba pensando… en una teoría que, dice: los miedos y los traumas solamente se pueden sanar enfrentándolos, en su territorio.

— Y eso en palabras simples, ¿qué quiere decir?

— ¡Qué para superar mi problema, tengo que volver a vivir lo que me pasó y, de esa manera, superarlo conscientemente!

— ¡Barájala, más despacio porque *no entiendo ni papas*!

— ¡Pensaba que, si fingía una escena de violación, tal vez, podría ayudarme! Lo ocurrido antes me puso a pensar porque lo sentí tan real. Además, la reacción, me sorprendió.

— ¡Debes estar desesperada para pensar eso! Si bien comprendo, ¿quieres que te viole?

— ¡No tonto! Sólo, fingir una violación. De todas maneras, no te dejaría hacerlo. ¡Ahora me puedo defender!

— Entiendo, pero no estoy tan seguro.

— ¿No te atreves a ayudarme? O ¿quieres que busque a alguien más?

— No es eso. Temo que la medicina sea peor que la enfermedad.

— ¿Se te ocurre otra idea?

— ¡Puedes ir a un médico! ¡Qué sé yo!

— ¡En esos tipos no creo! Además, dime dónde encuentro uno por estos lados. ¡Y en verdad, estoy al límite! No te imaginas cuantas noches he llorado; hasta, me he querido suicidar.

— ¿De *verdá*? —El chico sintió miedo de perderla.

— ¡Sí! Para qué te lo voy a negar. ¡No sé qué hacer!

Un silencio se instaló de nuevo en la pareja y, en esta ocasión, fue él, quien rompió la pausa.

— ¡Está bien, lo haré! Pero conste que no quiero hacerte daño. Puesta las cosas claras, dime: ¿Qué has pensado para superar ese maldito, trauma?

— ¡Cómo te dije, meterme en aquel momento, vivirlo de nuevo y superarlo!

— ¿Qué tengo que hacer?

— Casi lo que hiciste cuando me puse mal. Retenerme las piernas y las manos con fuerza y, quizás, algo más, qué sé yo. Lo veremos en el camino.

— ¡Está bien! Me tengo que subir de nuevo.

— ¡No te veo muy convencido!

— Lo sé, no te preocupes que pronto entraré en materia. —Respiró profundo. Pero... ¿Estás segura?

— No lo estoy, pero tengo que probar todas las avenidas. ¿Me ayudas: sí, o no?

— ¡Está bien, probemos!

Se pusieron en la misma posición: uno, en cuatro patas y, el otro, acostado con las piernas cerradas. Luego, la chica le dio las indicaciones para que la inmovilizara de manera eficaz. Cuando todo estaba, supuestamente, correcto, le dijo:

— ¡Comencemos! — Se quedó esperando que la agarrara a la fuerza.

El Roro, la miró y se sintió, un poco cohibido. Luego, le dijo:

— ¿Puedo hacer una pregunta? Si se me despierta el deseo sexual, ¿qué hago?

— No creo que suceda pero, si pasa, sigue con el juego que no me molesta. —Lo dijo con una sonrisa ligera.

— ¿Otra? ¿Hasta dónde puedo llegar? ¿Debo tocarte los senos, quitarte la roca, besarte?

— ¡Acuérdate que estamos tratando de escenificar una violación! Si no lo haces bien, no me ayuda. ¡Además, estoy yo! Trataré de zafarme con todas las fuerzas y, evitar, todo eso —Lo dijo un poco exasperada.

— ¡Lo siento! Nunca lo he hecho y no sé ¿cómo actuar?

— ¡Está bien! ¿Estás listo? ¿No hay más preguntas?

— ¡No! ¡Ahí voy! ¡Escena uno!

La Negra se le quedó mirando casi queriéndolo crucificar. La falta de convencimiento la mataba. El Roro la tomó de las muñecas de las manos y, en un primer momento, quiso dominarla pero, a las primeras de cambio, se soltó y, hasta, lo tiró a un costado.

— ¡No lo estás haciendo bien! ¡Pon un poco más de intensidad! —Le reclamó por la falta de entrega.

— ¡Está bien!

Lo hicieron de nuevo pero, solamente, se quedaron como en una, simple, pelea de amigos.

— ¡Parece que, no has comprendido la idea! ¡Es una violación, no un juego! Veamos… imagínate que yo soy una chica que te gusta y que desearías tenerla en tus manos; que, desearías robarle un beso, acariciarle sus senos, meterle la mano, bajo el calzón, abrirle las piernas y penetrarla. ¡Comprendes! Tienes que pensar y actuar de esa manera.

Un silencio pesado cayó en aquel momento. Luego, la cipota volvió a la carga; esta vez, más condescendiente. Lo miró, a los ojos, y pegándole en las piernas con las manos, le preguntó:

— ¿Crees que podrás hacerlo? Si no, aquí la paramos porque no me sirves. Quizás, si piensas como un ladrón. Alguien que se mete a una casa a robar, pero que al verla a la chica en la cama, cambia de parecer. ¿Qué dices?

— ¡No sé! Pero quiero ayudarte. ¿Lo puedo hacer a mi manera?

— ¡Claro! ¿Qué ideas tienes?

— Me gustó cómo me lo planteaste,… entraré por la puerta como un ladrón. Luego, me intentaré una escena más misteriosa. —Sonrió. ¡Creo que si me meto en ese ambiente, lo puedo lograr! ¿Te parece? — Se quedó pensativo esperando la respuesta.

— ¡Ven! ¡Acércate! ¡Quiero decirte algo!

Como él, estaba de rodillas sobre la cipota, acercó su rostro a ella. La mujer le dijo: « ¡Cierra los ojos! » Y cuando lo hizo, lo besó en plena boca. Luego, al dejar de besarlo, le dijo, pegándole unas *palmaditas* en la cara:

— ¡Fue para darte un *empujoncito*! ¡Quiero que me veas como una mujer no como una amiga! ¡Anda y demuéstrame que puedes ayudarme! En este momento, no te quiero como chero, sino como médico, como violador. Ah, pero antes quítate el cincho porque me molesta.

Un poco sonrojado, el Roro se marchó hacia la puerta y quitándose la prenda, la lanzó a un costado de la pared. Se salió del cuarto cerrando a su paso la puerta y las luces para quedar en completa oscuridad. Mientras tanto, la chica respiró profundo y cerró sus ojos para fingir dormir. Pensó en algo para ayudarlo, se subió el camisón hasta la cintura y el calzón lo enrolló quedando como un bikini. Todo eso sin abrir los ojos y pensando en quedar atractiva para el abusador. Ella estaba tratando de actuar muy bien.

A los segundos, el ruido de la puerta indicó que alguien entraba. El ruido, como chillido, de la puerta al abrirse, le dio un poco de temor. Trató de controlarse pensando que era una escenografía. El Roro, metió su cara en el cuarto y apenas la pudo ver, la claridad de la luna le mostró a la mujer acostada. Afinó, los ojos para que se adaptaran a la oscuridad y, desde ahí, pudo ver más claramente a su amiga. La descubrió muy sensual y no pudo dejar de admirar aquel cuerpo. En ese momento, un deseo carnal le subió súbitamente pero trató de controlarse, diciendo que era su *chera*. Pero a su vez, se decía: debo actuar muy bien para ayudarla. Respiró profundo y se concentró en la escena.

Entonces, avanzó sigiloso y, con la misma, se quitó el pantalón, dejándolo en el suelo. La Negra, por su parte, esperaba inquieta, ansiosa y, algo, nerviosa, al intruso. De repente, sintió que alguien la tocaba con mucha determinación y entusiasmo. —Su cuerpo reaccionó extrañamente. Cuando quiso reaccionar y moverse, ya era tarde. La tenía completamente dominada en todos los aspectos.

El Roro, en su papel de bandido, lo estaba haciendo muy bien. Se colocó de tal manera que se puso en estado de dominación. La chica comenzó a forcejear con intensidad, pero apenas se podía mover. Buscó el cuello para besarlo con vehemencia y vigor. Luego, bajó a los senos y, con los dientes, rompió la camisa; al sentir el aroma de los senos, se puso a mamarlos. A todas éstas, la mujer se forzaba por zafarse del captor sin resultados.

Al verse, inmovilizada, la mujer comenzó a sentir un miedo que subía como la espuma. Un volcán a punto de explotar se erigió sin control. Las caricias, *pujidos* y el manoseo de aquel invasor, la convencieron espiritualmente. Desde ese instante, una fuerza sobrehumana comenzó a crecer dentro de ella. Trató de defenderse con todas sus fuerzas pero parecía que aquel actor lo estaba haciendo de maravillas. El ruido del camisón desgarrándose provocó que un temblor corporal la sumergiera en un abismo. La pelea por no dejarse quitar el *blúmer* echó más leña en el fuego. Los gemidos, gestos y respiraciones, le ponían más drama a la escena.

Se volvió tan real que, la mujer, cayó como piedra en la poza de su pasado. Se sumergió en aquel momento fatídico y comenzó a defenderse con uñas y dientes. El Roro, metido en su papel, al cien por ciento, no claudicaba y seguía, al pie de la letra, con su rol de malhechor. En un momento dado, la camisa estaba rota y el calzón, en medio de las piernas.

Todo estaba en su lugar para terminar de amarrar el tamal. La idea de hacer una penetración, vino por primera vez a la cabeza a aquel abusador de película. En ese momento, soltó una mano para bajarse el calzoncillo y la mujer encontró, por fin, una luz en su camino. Su deseo de sobrevivencia, provocó que se doblara y lo mordiera cerca de las costillas. Lo apretó tan fuerte que, el dolor, provocó que el joven calmara su ímpetu. El dolor lo volvió a la realidad y, en cierto sentido, vio lo que hacía, desde otro ángulo. Se asustó de nuevo y se detuvo en seco. Un poco nervioso, le pidió que dejara de morderlo. La mujer no reaccionaba y no aflojaba su presa. Él, tuvo que apartarle, con cierta fuerza, la cara con las manos. Los dientes estaban clavados en el cuerpo del muchacho.

Al final de cuentas, la chica se calmó pero siguió gimiendo como un animal en rabia. El joven se levantó de la cama, se alejó hacia la puerta y encendió la luz. Se dio media vuelta para buscar a su amiga, con la mano, se detenía la herida que sangraba. La supuesta víctima, estaba enrollada en sí misma. En posición fetal, la Negra, no daba signos de vida. Casi desnuda porque había quedado con los senos descubiertos y su calzón mal colocado. Entre ambos se instaló un silencio perturbador. Luego, él le preguntó:

— ¿Estás bien?... ¿Te hice mal?... ¿Lo siento mucho? ¡Perdóname negrita! ¡Creo que, se fue la mano! Sobreactué, me sobrepasé, ¿verdad? Por favor, ¿contéstame? ¿Dime algo?

La mujer se volteó para verlo y, haciendo un esfuerzo, se sentó sobre el borde de la cama.

El chico se había quedado a la expectativa, y seguía, con mínimo detalle, cada movimiento de la joven. No sabía ¿qué hacer? Sí, correr o quedarse. Todo eso, lo dejaba inmóvil y un poco asustado.

La Negra, medio se arregló su camisón y unió, los retazos, con una mano para taparse. Luego, con la otra hizo lo mismo con la otra pieza de ropa íntima.

Todo esta escena, la hizo sin levantar la mirada y en silencio. Luego, respiró profundo queriendo retomar sus espíritus que se habían alborotado, *alebrestado,* con el ajetreo. Alzó su rostro, como alguien que busca salir de un mar de hojas secas o que se encuentra bajo una tonelada de basura. Musitando una breve sonrisa, lo miró con una ternura que provocó que todos los fantasmas que, el cipote, tenía en su entorno, salieran huyendo despavoridos.

— ¡Tranquilo! ¡Estoy bien! ¡Quizás, más de lo que imaginó! —Le regaló una bella sonrisa.

— ¡Mira cómo te deje! ¡Creo que *la regué*, no! ¡Sobreactué demasiado!

— Por la ropa no te preocupes. Como dicen, son parte de los efectos colaterales en una guerra. Todo eso se puede reponer, no hay vidas que lamentar. — Le regaló otra sonrisa.

— ¡Lo siento! —Le volvió a repetir el chico.

— Como te dije: ¡No hay nada que, lamentar! No te preocupes pero, por lo que veo: ¡El que salió mal parado, fuiste vos! ¡Ven, muéstrame a ver!

El Roro, que al ver la reacción, sintió que un peso se le caía de las espaldas, se acercó lentamente como alguien que camina sobre algo delicado y frágil. Al ver aquella parsimonia, la sacó un poco de sus cabales y le dijo:

— ¡Más rápido hombre que no te voy a comer! — Le ofreció, la mano, para que se acercara.

— ¡Ya te salió, lo brusco!

— ¡Pues sí! Esa lentitud me mata. ¡Déjame ver! —Le quitó la mano del mordisco.

La chica unió sus piernas para que entrara abriendo las de él. Por unos segundos, la mujer se puso a observar su obra y, dijo:

— ¡Pues sí! Fuiste vos el más dañado en esto. ¡Cómo dice, mi madre: uno de estos días, mis locuras me meterán en problemas! ¡Espero que no se te infecte!

— ¡No te preocupes por eso que no es nada! Lo importante aquí es saber si todo este rollo, te ayudó en algo. Si es así, me puedes seguir mordiendo todo lo que quieras: una, dos, diez, cien, mil veces si con eso te puedo ayudar a salir de ese problema.

— ¡Si me ayudó, lo sobremos con el tiempo! Pero eso que me acabas de decir es lo más lindo que alguien me ha dicho en la vida. ¡Me has matado! Te juro que mi alma se ha rendido a tus pies. ¡Esto siempre te lo voy a agradecer! — Se abrazó cálidamente a él.

— ¡No seas tonta! *Vos*, no *tenés* nada que agradecerme. ¡Esto, no es nada! Pero si tienes un poco alcohol podría ayudarme. — Dejó unos segundos de suspenso y agregó: ¡Pensándolo bien, unos besitos no caerían mal! —Sonrió de manera pícara.

— ¡No hay problemas! Te puedo dar las dos cosas. Creo que te los has ganado con creces.

La cipota se puso a darle unos besitos sobre las huellas y este gesto puso nervioso al bicho. Luego, la mujer se salió del cuarto para buscar el medicamento. Al rato, volvió con un bote de vidrio, algodón y una *curita*. En ese momento, el Roro ya se había vestido aunque su camisa carecía de botones porque todos habían salido volando en la actuación. La muchacha, por su parte, se había puesto un gancho de metal para detenerse las partes rotas de su camisón. Su rostro mostraba signos de tranquilidad y hasta cierta paz espiritual.

— ¿Ya te vestiste? —Le dijo al verlo de pie.

— ¡Sí, me estaba sintiendo un poco desprotegido! —Le sonrió y le mostró la camisa sin botones.

— ¡Déjame curarte entonces! ¿Acostado o parado?

— ¿Cómo prefieres? —Se lo dijo en doble sentido y subiéndole la ceja.

— ¡Yo prefiero acostado para subirme pero creo que es mejor parado! De ese modo, puedo tocarte, mejor… digo, la herida. — Sonrió dulcemente.

La chica se sentó sobre el borde de la cama, colocó todo lo que traía a un costado y agarrándolo de ambos costados de su cadera, lo acercó para quedar igual a la posición anterior. Se puso a trabajar, mientras el cipote la veía desde su altura. Desde ahí, su mirada bajaba hasta depositarse sobre el borde de los senos.

Mientras la enfermera hacía su labor, el bicho se puso a acariciarle el cabello con mucha ternura.

— ¡Gracias por curarme!

— ¡Es lo menos que puedo hacer por lo que hiciste!

— De todas maneras gracias, creo que a pesar de la herida, hoy he aprendido bastante, no me voy a morir ignorante.

— ¿Qué aprendiste?

— ¡Qué a las mujeres hay que tratarlas con amor!

— ¡Yo diría a todas las personas!

— ¡Y que la mujer, no es el sexo débil!

— ¡Eso si es verdad!

— Además que, bajo esa caparazón, hay una gran sensibilidad humana, social y espiritual.

— ¡De *verdá*, lo piensas!

— ¡Claro! Cada vez te admiro más y … —No quiso terminar aquella frase por miedo a meter la pata.

— ¿Y qué? ¡Termínala!

— ¡Bueno! Que, la mujer que veo me gusta mucho.

— ¡Imagino que haces referencia a mi cuerpo! Eso es fácil de explicar: no has visto ni conocido a muchas mujeres desnudas, no puedes comparar con justeza. ¡Vieras a la Pupu!

— ¿La has visto desnuda?

— ¡Sí! Entre mujeres es más fácil hacer esas cosas que entre hombre… ¡Creo!

— ¡Creo que sí!

— ¡Bueno, creo que la curación se hizo! ¡Espero funcione!

— ¡Funcionará!

— ¡Lo sé! Pero de todas maneras no la descuides. —Lo separó un poco de su lado.

— ¡Está bien!

— ¡Todo esto me ha dado mucho calor! —La chica agarró con la punta de sus dedos la parte del camisón cerca de sus senos y se puso a *jalar* para provocarse un poco de brisa. Ese gesto provocaba que en cada jalón le mostrara los senos. La mujer sintió aquella mirada y pegándole, suavemente en las caderas, le dijo sonriendo:

— ¡Siempre de mirón!

— ¡Porque no aprovechar, si es gratis y son hermosos!

— ¿En verdad, te gustan? ¿No son muy pequeños? —Le preguntó sin dejar de hacer el movimiento.

— ¡Me encantan! —Le detuvo la mano para admirarlos unos segundos. Luego, respiró profundo y agregó; ¡Tanta carne y yo, hambriento!

— ¡Entonces aprovecha porque no sabemos si volverá a suceder! Pero sólo mira, sin tocar.

— ¡Créeme que lo estoy aprovechando y disfrutando! ¡Gracias por ser, cómo eres! Al ofrecerme la oportunidad de entrar en tu vida.

— ¡Al contrario! Gracias a ti, por todo. No sabes que bien me hace esto.

— ¡Entonces que se repita!

— ¡Sí! Que se repita pero cuando las aguas se calmen, porque ahora tengo un mar revuelto.

— Entonces, si me necesitas sólo tienes que llamarme y aquí estaré. ¿De acuerdo?

— ¡Gracias! ¡Créeme que lo haré! Por el momento, me apetece un trago de agua, bien halada. ¿Quieres?

— ¡Creo que sí, gracias!

— Entonces vamos a la cocina.

Al salir del cuarto, la Negra cambió de opinión porque recordó que, a veces, la madre salía *en pelotas*. Le dijo que mejor, la esperara, en la hamaca. El chico, no puso, objeción y se acomodó. Se acostó y se quedó en una *dulce espera*, hasta se negaba a pensar en lo que había vivido por miedo a despertarse y comprobar que no era realidad.

.

A los minutos la muchacha regresaba con un *pichel* de limonada y unos vasos. Al verla llegar, se sentó y agarró, los vasos que, traía. Llenó los vasos de plástico y colocó cerca, el recipiente con limonada. Mientras bebían, la mujer se quedó mirando unos trapos que colgaban en una cuerda que servía de tendedero. Luego, esbozó una sonrisa pícara, de esas que salen cuando uno planea algo raro. El Roro, lo notó, y conociéndola, le preguntó:

— ¿Qué locura estás tramando ahora?

La muchacha sonrió y dijo:

— ¡Espera y verás!

Se alejó del lugar dejándolo con una interrogante en la cabeza. Entró a la habitación y, rápidamente, regresó con la misma sonrisa pícara. Se las mostró y le dijo:

— ¡Tengo una idea de genio!

El Roro al ver las tijeras, se asustó; la idea del suicidio, le atravesó como un rayo su mente.

— ¿Qué harás? ¡No vayas a cometer una locura! —Se lo dijo con un tono preocupado.

— ¡Deja de imaginar *pendejadas*! — Le replicó, como si hubiera leído su pensamiento.

Se dirigió al tendedero y agarró dos prendas: un pantalón nuevo de algodón «jeans» y una camiseta blanca. Se sentó sobre el borde de un muro de cemento y colocó la camisa a un lado. Agarró las piernas del pantalón y se puso a cortarlas, dejando la prenda como si fuera una *calzoneta*. Mientras hacía la tarea, el tipo le preguntó:

— ¿Por qué lo vas a arruinar? Es nuevo y el otro, está roto y viejo.

— ¡No me gusta cómo me queda! El otro, en cambio, lo adoro.

Al terminar la operación, se puso de pie y se lo puso para medírselo. Se lo metió, un poco a la fuerza, y moviendo su cadera, lo ajustó.

— ¡Y! ¿Cómo me quedó?

— Bastante corto, se te ve el borde del calzón.

— ¡Ah! Entonces está perfecto de largo, aunque aprieta las piernas. —Se quedó pensando y, luego agarrando de nuevo las tijeras, agregó: córtame los lados para que abra, sin dañar el *blúmer*.

— ¡Si vos lo decís! — El tipo agarró el instrumento y con la precisión de un sastre, le metió tijera por los dos extremos.

— ¡Así quedó perfecto! —Dijo, la chica, modelando la prenda por todos los lados. Después, se le quedó mirando y observó un poco de incomprensión en sus ojos. ¡Ahora viene la segunda parte! — Agregó con ojos emocionados.

La Negra agarró la camiseta blanca y la midió, *a ojo de buen cubero*; luego, le metió tijera, cortándole casi la mitad. Puso, la herramienta a un lado y, quitándose el camisón roto, se desnudó frente a él. Aquel joven no perdía segundo de la escena. Se la puso y se puso a modelarle; aquella minúscula camisa, apenas, le sobrepasaba los pezones. Al verlo, le preguntó:

— ¿Te gusta? ¿Quedó bien para tu gusto? —Le movió los senos para que le bailaran.

— ¡Estás…! —Respiró fuerte y sonrió con mirada que decía: para comerte *enterita*.

— ¡Muy bien! — Se apresuró a completar la frase la mujer.

— Pero te aconsejo que no salgas así a la calle porque no caminas una cuadra cuando ya te han... — no quiso mencionar la palabra por miedo a resucitar viejos demonios.

— ¡Estás loco! Esto sólo lo utilizaré aquí, en mi santuario.

— y claro, si quieres darme placer, cada vez que venga.

— ¡Veremos de qué humor estoy! —Le respondió con una bella sonrisa.

Luego, la mujer le pidió sitió a un costado de la hamaca. El chico se acostó y abriendo un extremo le ofreció el puesto. La chica se acostó pero al hacer la maniobra, la hamaca le jugó una pasada. La tiró sobre el bicho y ambos se pusieron a reír, como si nada. La chica quiso acomodarse de nuevo pero pasó lo mismo. Al final, la mujer dijo:

— ¡Para qué voy a seguir peleando!

La joven decidió acostarse sobre el cuerpo del cipote de espaldas a él. Éste abrió las piernas para que se acomodara mejor. Lo único que hizo fue, subir la camiseta por la parte de la espalda para poder sentir la piel. Subió sus piernas sobre las de ella y se entrelazaron, colocó sus manos sobre el estómago y, la mujer, puso las suyas sobre las de él, casi como amarrándose. Al final dijo:

— ¡Así, estamos, perfecto! — Y mirando, al cielo estrellado, agregó: ¡Hasta las estrellas nos están envidiando!

— ¡Sabes! Espero de todo corazón que la experiencia haya funcionado, aunque sea un poquito. ¡No sé, sí, podría volverlo a hacer!

— ¡Creo que funcionó! De lo contrario, no estaría aquí. Pero, ¿por qué lo dices?

— Por dos motivos: el primero, porque fue muy fuerte, emocionalmente hablando y segundo, porque no sé si me podría contener. Me gustó mucho tocarte, sentirte y desearte. Perdí el control porque me sentí cómodo haciéndolo.

— ¡Entiendo! Y en verdad fue muy fuerte que, hasta, me hizo caer en mi pasado, por eso reaccioné de ese modo. Lo, otro, ¿quién sabe? A lo mejor, desee que sigas; o quizás, por el contrario, sea yo, quien lo haga. ¡Mírame aquí! A gusto en tus brazos.

— ¿Estás, cómoda? ¿No te ofenden mis manos?

— ¡Me siento bien! Y tus manos... son dos palomas volando en el universo de mi cuerpo. Libres, atrevidas, juguetonas, amorosas y, sobre todo, caritativas.

— Entonces, déjalas volar por un rato. Muéstrales, el camino hacia tu felicidad. Enséñales a tocar la música que, a ti, te gusta. Permíteme ser, el violinista en este concierto, de luna llena. —Se lo dijo tan suave al oído que tembló por dentro.

Aquellas manos, comenzaron a recorrer el cuerpo de la diva que las guiaba divinamente. El silencio se hizo de la partida y se limitó a acompañar, a aquellos juguetones, por un sendero que, no sabían hasta dónde los llevaría.

El Roro, por su parte, se limitó a sonreír. A los minutos, la mujer comenzó a moverse con cierta incomodidad.

— ¿Y ahora qué pasa?

— ¡Qué el pantalón me queda apretado! ¡Espera!

La chica se desabotonó la prenda y se bajó el *zíper*. Luego respirando fuerte dijo:

— ¡Ahora, está, mejor!

Volvió a colocar sus manos sobre las manos del cipote que continuaban tranquilas sobre el vientre. Luego, la bicha comenzó a acariciárselas suavemente. Después, las agarró para ponerlas cerca de su boca. Las besó con mucha dulzura y, luego, metiéndose un dedo, se lo comenzó a chupar.

— ¡Me estás poniendo nervioso! —Le dijo suave y se puso a morderle delicadamente una oreja.

— ¡A mí me estás excitando! Tengo miedo pero no quiero parar ni que pares.

— ¡Entonces muéstrame tus límites!

— ¡Está bien! Te diré como deseo que me acaricies.

Desde ese momento, la chica tomó el mando de la situación y llevó las manos del cipote por sus partes más sensibles hasta hacerla explotar varias veces en su compañía. Al final, como a la hora, ambos estaban mojados de pies a cabeza, como si se hubieran metido en una sauna.

Ambos no deseaban que aquello terminara, pero cuando el gallo cantó, al otro lado del muro, supieron que era la hora de separarse.

— Creo que llegó la hora de marcharte, ¿*verdá*?

— ¡Creo que sí!

— ¡Tendrás que saltar el muro para no dar sospechas! — Se lo dijo en tono de recomendación, casi tirando a una obligación.

— ¡Creo que es lo mejor! Utilizaré esa escalera para subir y me bajaré por el árbol.

— ¡Gracias! —Le dijo apretándole las manos.

— ¡Gracias! — Le respondió y la abrazó fuerte pero de manera cálida como deseando guardar aquel calor en su cuerpo. Ambos se amarraron por la última vez.

Al rato, como si nada hubiera pasado, se despidieron al pie del muro. La mujer, sostuvo la escalera al pie para que no se moviera. Sin más palabras que un «nos vemos luego», ambos se despidieron con la simplicidad de una amistad. Aunque ambos sabían que habían atravesado la línea, ninguno de los dos quería verlo de otro modo para no estropear lo que había nacido. La Negra, por su parte, sabía que le debía una porque en esa ocasión solamente ella había podido disfrutar; él había terminado mojado, sin ninguna oportunidad de ir más allá. El cipote había respetado las reglas impuestas por la amiga y, al parecer, tuvo que conformarse solamente con las caricias.

Desde ese día, su relación como amigos tomó otro rumbo. Su complicidad se volvió envidiable y profunda. La Negra, por su parte, sabía que estaba superando el trauma y que, en el fondo, le gustaba mucho la ayuda de su amigo. Atravesar ese desierto, en el cual llevaba mucho tiempo caminando, no era fácil. En su mente, su *chero* tomaba la imagen de un oasis terrenal donde había verdadera fuente de vida.

Para mala suerte o quizás buena, la menstruación llegó al día siguiente y, eso, la forzó a estar *encuartelada* los siguientes tres días; luego, por razones distintas ambos no coincidieron en las reuniones de la esquina y cuando lo hicieron, apenas se saludaron. Eso sí, aunque no se dijeron muchas cosas, ambos sabían que el otro estaba cerca y, eso, era suficiente.

En la capital, una manifestación había terminado en un baño de sangre cerca de la Catedral. Los periódicos y noticieros apenas mencionaron el hecho, pero la voz del pueblo corrió más rápido porque en el exterior aquello había sonado fuerte. Las cosas se estaban calentando mucho.

TESTIGO DE UN ASESINATO

Esa semana pasó volando, las preparaciones para los exámenes finales comenzaron a comerse el tiempo. Los muchachos apenas pudieron reunirse en la esquina de la casa de la Negra porque cada uno andaba en sus quehaceres. El Supo se había metido a querer aprender el manejo del negocio del padre y había aceptado, en su tiempo libre, hacer el papel de supervisor de algunas *naves*. El Sapo, por su parte, deseando obtener algo de plata y contribuir con la casa, había logrado *chamba* de *mandadero, con el padre del Supo*. La Pupu, por su parte, andaba metida en los arreglos para ir a estudiar a la *capirucha*. La Negra, pasó, casi toda la semana, encerrada a causa de la menstruación; luego, salió con la madre por varios días. El Roro, metió su tiempo en los cuadernos para sacar buenas notas y no tener problemas a la hora de la inscripción para estudiar profesorado.

El fin de semana se presentó a pasos agigantados y la noticia de una verbena en la ciudad de los cocos provocó gran entusiasmo en los alrededores. La cantidad de orquestas y grupos nacionales e internacionales que se harían presentes ese sábado, garantizaba el éxito del *parrandón*. Así que *la mara* del pueblo, amante de la música y la *gozadera*, se organizó para ir, en esa ocasión no llevaron a las bichas porque iban en son, de conquistar, a ver que cazaban.

Ese sábado, antes de que cayera la noche, se marcharon bien perfumados y con sus trajes de domingo. Las bichas apenas supieron de la salida unas horas antes. Claro que a la que más le *encachimbó,* fue la Pupu; porque le fascinaba mover *la colita.*

La aspirante de enfermera, era *ducha* y en su lucha, no escatimaba los recursos para avanzar. Ella se fue por su lado a una fiesta de quince años y, según contaría después, le iría de maravillas al conocer un bicho chapín que supuestamente tenía plata. Por su lado, la Negra, la salida de *los monos* no le ocasionó mayores problemas, la muchacha prefería meterse en sus libros y, en ese momento, se estaba echando «Cien años de Soledad», de García Márquez.

Los jóvenes, que estaban con sus hormonas revueltas, habían decidido echarse *una canita al aire* con la esperanza de cazar algo en el vuelo. La celebración organizada por la Cruz Roja jalaba a *chinche y telepate*; gente con billetes y *muertos de hambre, pobretones*. Por supuesto, *habría mucha carne fresca en el comedor* para disgustar con los ojos y con el tacto, si se daba la oportunidad. Era la opinión de los cheros del Roro.

El Supo que ya se atrevía a manejar sin tener licencia de conducir, había conseguido que su viejo le prestara el *picachito*. De ese modo, los tres amigos, con varios *colados* del lugar, se fueron alegres, y *en jodarria*, al *reventón* en la ciudad cocotera.

El tiempo estaba perfecto, sin lluvias a la vista, sin vientos fuertes y con un *calorcito* que daban ganas de andar en ropa interior. Estaba un poco húmedo, pero la brisa que llegaba del mar al caer el sol, refrescaba las noches en aquella ciudad costera.

El Supo que era el de los contactos por ser el más sociable y aventado, se había puesto en comunicación con algunos *cheros* para encontrarse en dicho evento. Según les había comentado, habían suficientes hembras para pasarla bien la noche.

Tal como lo había indicado el amigo, al llegar a la *pachanga*, encontró a sus *cheros* y algunas acompañantes. Lastimosamente no todo el mundo pudo conseguir pareja porque las amistades del Supo se pusieron un poco quisquillosos con eso de las clases sociales. Aquel desprecio social, no mucho le gustó al Roro y al Sapo; por eso, prefirieron buscar, por su cuenta.

El Supo, un poco *aguevado* por el comportamiento de *las cheras*, se unió a ellos y, al rato, encontró a una amiga con sus acompañantes. No eran de la alta sociedad, sino simples trabajadoras de algunas casas del lugar. Muy agradables y con muchas ganas de pasarla bien. Las parejas se armaron de inmediato y se pusieron a *mover el esqueleto*. Lastimosamente, en el caso del Roro, su pareja le dijo, *a las primeras de cambio* que, solamente, bailaría algunas canciones. La chica *tenía cocinando* un enamorado y esperaba *amarrar el tamal* esa noche. Como dicen: *soldado avisado no muere en guerra*. El chico aceptó y decidió aprovechar el tiempo que le ofrecía. Eso sí, cómo era buen bailarín, le puso sabor y ritmo a cada movimiento.

Al inicio, El Roro con su pareja, no casaron muy bien porque la *cipota* se puso muy huraña. No le gustaba mucho que la topara al bailar; quizás, porque apenas se conocían. Al pasar algunas canciones, la cosa se puso más interesante. Hasta, la cara de la mujer cambió y una sonrisa se dibujó en su rostro. La habilidad en el baile y la sutileza del contacto hicieron mella en la resistencia femenina.

Cómo dicen: la paciencia hace milagros. Lo cierto fue que cuando el ambiente se puso más interesante, a partir de las once, y, aquello, estaba a punto de reventar. Los cuerpos se pegaron por simple inercia. Al rato, ambos estaban bastante encendidos y, sin decir nada, se dieron al placer del juego de la seducción.

Se movieron casi toda la noche al ritmo de la cumbia y el merengue. La muchacha, al principio, siempre anduvo *tirando lentes* por todas partes para tratar de *guacha*r a su *disque* enamorado. Mientras tanto, El Roro hacía lo suyo bajo la sombra de la música.

Con el paso del tiempo, los cuerpos se adaptaron y agarraron gusto al baile. Tanto así, que la muchacha hasta se olvidó, por un instante, de su pretendiente. Cómo la mujer le dijo que no sabía bailar muy bien, el Roro gustoso se ofreció para enseñarle. El chico n*o quiso forzar, el tornillo, para que no se sobara.* Luego, la canción de moda hizo el resto. Así que, pudo más, las ganas que el pudor; y la carne se puso al asador.

Cuando las cosas iban encaminadas por el buen camino, apareció del supuesto enamorado. Lo descubrió bien acaramelado y el semblante de la mujer cambió por completo. Aquel golpe le bajó los ánimos por completo, hasta unas lágrimas salieron de su rostro de chica traicionada.

El Roro trató de ayudarla y la alejó de aquella escena. Después de algunas lamentaciones, *la cipota* comenzó a retomar la cordura. Su semblante cambió y diciendo, cómo pensando en voz alta: el que pierde, es él. Desde ese momento, la tortilla dio vuelta. Aquella chica, bajo el embrujo de la traición se puso a bailar con más ganas, pegándose al cuerpo del joven. Parecía que deseaba demostrar que seguía siendo mujer. Ella estaba herida en su orgullo y buscaba recuperar su autoestima pisoteada.

El pecho del cipote se había convertido en almohada de aquel corazón dolido. Sin más palabras que una sonrisa acogedora, el joven se ganó la simpatía de su bailadora. La voz varonil, cantando al oído la melodía preferida, hizo camino en aquel vino a compartir. Un susurro, bien musitado, sirve de alimento al ego de un corazón necesitado. De ese modo, entre versos y rimas, la compañía se hizo una dulce sinfonía que, poco a poco, se olvidó del día para perderse en la felicidad de una melodía.

El despecho hizo el resto y, en cada gesto, subían directo a la cima de un supuesto. Un manoseo discreto comenzó a mostrar su cara y, en la callada, complacencia de la amada, se disfrazaba de comparsa aquella pequeña farsa. Los consejos y lecciones de su chera aparecieron por vez primera en su quimera. «Mostrar cierto dominio y seguridad es lo esencial para comenzar a conquistar», pensó con aires de conquistador. Ése era un buen momento para empezar a utilizar aquello que en una ocasión había sido una breve lección. De una, la puso en práctica y su táctica, al parecer, le dio resultado como algo bien aprendido. Después de unas cuantas canciones de forcejeo para tratar de tomar el mando en la relación, el chico salió con la bandera en alto. Dominar el arte del baile, ayudó un montón porque bajo el pretexto que le enseñaría a bailar pegado, le comenzó a robar el corazón.

Después, cuando el camino fue hecho, era la conquistada que buscaba sola el regazo de su acompañante. La muchacha amaba la música en inglés, aunque *no sabía ni papa* de la letra. De esa manera, ambos bailadores se entregaron al coqueteo sexual y, para no hacer largo el cuento, aquel encuentro se convirtió en un teorema matinal. Pero la hora del final, llegó sin previo aviso. Supuestamente, cuando la cosa se había puesto interesante y los cuerpos armonizaban sin calmante. Para no quedar como un tunante, el muchacho se ofreció a ser su acompañante. La diva de aquella noche, encantada por la velada, no dudo un segundo en aceptar aquella llamada.

Salieron del *pachandongo* cansados pero contentos. Caminaron, lado al lado, por los andenes medio levantados y, casi siempre, desproporcionados. Las casas de adobe y con una capa de cal, mostraban sus edades. Sin ahondar más allá de lo necesario, la conversación se hizo interesante y, hasta se puede decir que reconfortante. Sin pedir permiso, el cipote en un salto de hombría, le agarró la mano y se la apretó suave en signo de cariño y sentimiento. Aquella moza bien dotada, al sentirse querida, se le pegó al costado y al contacto se amarraron; uno poniendo el brazo sobre el hombre y, la otra rodeando la costilla.

Caminaron como dos enamorados, descubriendo que en el silencio el presente se vuelve eterno. Las suaves caricias de ambos lados, las sonrisas coquetas y las frases de poeta se unieron a la fiesta de aquellos dos pequeños gorriones enseñoreados. La caminata no fue larga porque después de varias cuadras, la casa donde trabajaba la cipota se presentó al final de una curva. Unos jardines floridos con rosas y claveles, aromatizaban la entrada. El chico pensó que era ahí el final del camino, pero la bicha le indicó que era por detrás de aquella casona su pasaje secreto. La servidumbre entra por la puerta trasera le dijo suave queriendo mostrar su realidad.

El cipote, haciendo caso omiso, de aquellas palabras. Simplemente murmuró que el trabajo siempre enaltece a la persona. El piropo calló como anillo al dedo y terminó de conquistar a la enamorada de una velada. Un deseo, fugas, de sentimentalismo provocó que la mujer lo abrazara con emoción y realismo. Luego, le invitó a entrar por un pequeño portón de hierro, la entrada estaba un poco escondida. Un jardín de rosas ocultaba aquella puerta de hierro que cobijaba moza.

Sin andar con tantos cuentos, ahí bajo la sombra de un arbusto, se despidieron como lo habían planeado ambos. Después de calentar motores, la cipota sacó de su cartera un condón y se lo colocó de capuchón; que por cierto, era la primera vez que utilizaba aquel plástico con sabor a melón. El resto *fue pan comido* aunque al final se quedó con un gusto desabrido por el plástico y su acento desconocido. Se sintió raro y, hasta, irritable. No era rentable aquella cosa maleable. Pero como dice, la gente: «o lo usaba o se quedaba cantando en la calzada».

A la hora, estaba, de nuevo en el *bailongo,* muy orgulloso de su proeza, y con el sabor del mondongo gravitando en su cabeza. Se unió al grupo sin mencionar nada, la sutileza de callar y guardar una osadía era la mejor ofrenda que se le podía dar a una bella compañía. A eso de las cuatro de la mañana, estaban volviendo al cantón de sus amores.

Al día siguiente, los chicos llegaban, uno a uno, a la esquina de la casa de la Negra. En ese momento, el único que faltaba era el Roro. Ese día, había sido especial en el pueblo porque a eso de las doce en punto, las mujeres del grupo habían dado todo un espectáculo. Ellas habían hecho las delicias de los mirones al protagonizar una pelea.

Por esa razón, en ese momento, los chicos se *la estaban montando* a la Negra por la manera como se había introducido en aquella riña. En otras palabras, había sido espectacular porque sin pensarlo dos veces, se había metido a la pelea con puños, patadas, *trompones* y palabras soeces. Su única preocupación, era salvar a su amiga que estaba recibiendo una corrección. Mientras, la contrincante de la Pupu la tenía mordiendo el polvo, la Negra entró con patada en las costillas y, luego, la remató con un garrotazo en la *chontoca.* La vieja ni siquiera la vio venir y cayó *redondita* al suelo. Todo el mundo creyó que se la había *quebrado,* pero sólo había sido el susto; a los minutos estaba respirando tranquila con el *chindondo* en la cabeza.

Entre orgullosa y temerosa, la Negra aceptaba que, quizás, se le había pasado la mano con el golpe; pero, al mismo tiempo, explicaba que no lo podía hacer de otra manera; de lo contrario, corría el riesgo de recibir la misma medicina. En peso, las doblaba por mucho pero en mañas, quizás no, expresaba sabiamente. La Negra era flacucha pero era conocida por su carácter indomable y rebelde. Ahí demostró a todo el mundo que *era de armas a tomar* en cualquier segundo.

Por suerte, aquello, no había pasado a más: un poco de alcohol y unas pastillas para la cabeza y todo entró en la normalidad, aunque tarde o temprano sabía que aquel tiro le cobraría intereses. Desde ese día, no se bajó de su bolsillo una pequeña navaja de peluquero que sin ser caudillo manejaba como buen naranjero.

La Negra ya *se la había cantado* a la Pupu. Le había dicho que no anduviera coqueteando con el *marinovio* de la susodicha. Y por eso, decía, un poco encabronada con la amiga: «*el que es burro, a palos aprende; y el que por su gusto muere, que lo entierren parado*».

Además, de estar enojada con la *chera;* igualmente, la tenía mordiendo grueso el hecho de ser el chisme del pueblo. Odiaba ser chicle de convento. A partir de ese episodio callejero, comenzaron a decir que las dos amigas eran amantes. El tabú del lesbianismo calaba muy hondo en aquel mundo machista. Aunque, a la Negra, no le quitaba el hambre ni el sueño, le molestaba que su nombre anduviera de boca en boca.

En plena discusión estaban cuando se presentó el Roro que ya sabía de aquel hecho. Así que desde que llegó comenzó a atizar el fuego.

— ¿Imagino que están hablando de pelea? —Lo dijo con voz parsimoniosa y una sonrisita pecaminosa.

— ¡Claro Rorrito! ¡No sabes de lo que te perdiste! Hubo de todo... calzones, *chiches*, mordidas, jalones de pelo y hasta garrotazos. ¡Esta mujer! Es cosa seria. ¡A ésta, no hay que tenerla de enemiga! —Respondió alegre el Supo.

— ¡Ya saben! ¡Quién se mete con mis amigos, se mete conmigo! —Argumentó la susodicha.

— ¡Por ahí dicen que ustedes dos son queridas! —Volvió a sacar el Supo, que era el más chismoso, cómo queriendo informar al Roro de algo que, quizás, él desconocía.

— ¡La gente que, diga lo que quiera! De todas maneras nos vale. ¿Verdá, vos? — Miró a su amiga que, no decía nada, parecía muy preocupada.

— ¡Parece que, a ésta, le cortó la lengua el perico! ¡Eso te pasa por menearles la *colita* a los hombres comprometidos! ¡Mejor fíjate en los *solteritos* y dispuestos! —Le dijo el Sapo subiéndole las cejas.

— ¡Deja de decir *pendejadas* vos, qué ya sabes que contigo no pasa nada! ¡Amistad y nada más! —Le replicó punzante la mujer.

— ¡Eso te pasa por bocón! —Le respondió el Supo. Luego, queriendo levantarle la moral después de aquel golpe bajo, agregó. ¡Mejor vamos a ver aquellos *culitos* que aquí la sopa está caliente!

— ¡Está bien! —Volteando, al Roro, lo trató de tocar en las costillas diciéndole: ¿Nos acompañas? ¡Te tenemos una, cómo la de anoche!

Cuando le tocó las costillas, el chico hizo un gesto de dolor y quiso evitar el contacto. Todos se quedaron sorprendidos y, el Supo, preguntó:

— ¿Y qué te pasó?

La Pupu que estaba cerca, se apresuró a levantarle la camisa. El chico trató de evitarlo pero fue imposible porque la *cipota* fue muy insistente.

— ¿Y eso qué es? ¡Una mordida! ¿Quién te mordió? —Le preguntó extrañada.

La Negra, por su parte, se mantenía a la expectativa y, rápidamente, *la cazó en el aire*.

— ¡Ajá picarón! ¿Con quién andas acostándote! ¿Qué loba te mordió? —Dijo el Supo y todos, se pusieron a reír.

— ¡No me jodan! ¡Ya me van *a agarrar de pato*! ¡Y todo por culpa tuya! —Señaló al Supo queriendo buscar una salida.

— ¡No jodas! ¿Y yo qué *tengo que ver en ese entierro*? — Preguntó medio enojado.

— ¡Ayer! No te acuerdas de las chicas con quienes bailamos en la verbena. *La mona* con la que baile, la amiga de tu chera. Me pidió que la acompañara hasta su casa y yo no me hice el de rogar.

— ¿Y qué pasó?

— Todo iba bien hasta que entramos en la recta final de la despedida. Cuando los motores de la bicha se comenzaron a calentar, ni se lo imaginan. Qué le agarró por arañarme *el lomo* y terminó mordiéndome, la desgraciada. Así que aquella que apuntaba alto, se vino abajo y cayó de pique, *como gallo cuando pica a tierra*.

Al oír aquel chascarrillo, el grupo se puso a reír. Luego, los otros comenzaron a contar lo que les había pasado durante aquel viaje entre *cheros*. Al final, el Sapo le dijo al Roro:

— Por lo menos, la tuya estaba pasajera pero la mía parecía *bagre*.

— ¡Miren lo que dice este Adonis! — Exclamó la Negra.

— ¿Y eso con qué se come, vos? —Replicó el Supo.

— Déjalo así, porque para el cerebro de chorlito que manejas, es mucho.

— ¡Ya habló la *tufosa*! Sin ofender negrita que no sos una eminencia.

La mujer se aguantó porque sabía que, en cierta manera, la había regado.

— ¡Así que te salió brava la mona! —Le lanzó la indirecta la Pupu al Roro.

— Les juro que, si no hago fuerzas, todavía la tuviera a mi costado. Pero palabra que se movía rico, como las diosas; lástima que solamente la noche y las estrellas fueron mis testigos. Una cosa les digo, de esa mujer me dejaría morder hasta el alma, sino la vida.

La Negra, al escuchar aquella última frase, se sonrojó un poco. Pero en ese momento, la Pupu soltó un pequeño golpe en las costillas lastimadas y el resto se puso a reír porque entendieron que tuvo celos al escuchar aquellas palabras.

— ¡*Hey*! *No te mandes* que me duele. — Le recriminó un poco feo el chico.

— ¡Las mujeres celosas son bravas, cuidado! —Le aconsejó la Negra.

— Ni con lobas… que muerden. — Agregó el Supo.

Todos se pusieron a reír y, el Roro, dijo:

— ¡No me sigan *jodiendo* porque no me puedo reír! —Se tocó las costillas en signos de dolor mientras reía sin hacer mucho esfuerzo.

Aquel gesto provocó que una gota de sangre, mezclada con pus, le pintara la camisa. La Negra, que hasta ese momento no había dicho gran cosa, le abrió la camisa y observó la lesión. Luego le dijo:

— ¡Se te ha infestado! Debes curarla, mira que los animales tienen rabia, no vaya a ser. —Le clavó la mirada como diciéndole te lo dije.

— ¡Así que te salió loba la bicha! Cuenta ¿qué más te hizo? ¿Te mamó? —Volvió a chingar el Supo.

— ¡Ya cálmala, Supo! Si mis viejos se enteran, me cortan las salidas con ustedes.

— ¡Está bien! ¿Qué dices? ¡Nos acompañas a la calle! ¡Mira que ahí no hay lobas! —Le dijo el Supo suave para continuar molestándolo.

— ¡Ve, acompáñalos! — Le dijo la Negra con son de enojo.

— ¡No puedo! ¡Estoy castigado porque llegué de madrugada y manejé sin permiso!

— ¿Y eso?

— ¡Este pasmado se emborrachó y ni modo, el único que había tocado una nave era yo! No sé quién contó el chisme y llegó a oídos de mi padre.

— ¡Y casi nos mata! ¡Se salió del camino en plena carretera!

— ¡Ah! Si no lo hago, me tiro la vaca, y ahí; de plano que no la contamos más. — Y este dundo ni siquiera se despertó. —Señaló al Supo.

— ¿De veras? Eso me lo perdí. ¡Pero la salida fue buena, no! — Mostró signos de alegría.

— ¡Vamos! —Dijo el Sapo.

— ¡Yo también los dejo! Sólo vine a saludarlos. —Respondió el Roro.

— ¡Yo también me voy! Mi madre me advirtió que si esa *tipa* me vuelve a agarrar sola, me mata; así que mejor no *tiento al diablo*—Dijo la Pupu, un poco decepcionada de marcharse.

El grupo se desintegró y, cada quién, agarró el rumbo antes mencionado. La Negra, apenas dejó que sus *cheros* se alejaran un poco y se apresuró a alcanzar al Roro. Al estar cerca, le dijo:

— ¡Párate ahí baboso! ¡Creías que me tragaría lo de la loba!

El chico se dio media vuelta y, con una sonrisa que decía que se imaginaba la pregunta, se le quedó mirando como un tierno gatito.

— ¿Por qué no me dijiste que se te había infectado? ¡Eres tonto o qué! ¿Por qué no te has curado? ¿Me hubieras buscado?

— ¿Por cuál comienzo? —Le sonrió.

— ¡Por cualquiera, tonto! —Le pegó en el pecho.

— ¡Atención que nos pueden estar viendo! ¡Mejor te respondo en otro momento! —Le sonrió de buena manera y hablándole entre dientes.

— ¡Lo siento! No me había dado cuenta. ¡Ven a la casa más tarde! — Lo dijo más calmada y dócil.

— ¡No sé, si podré! Recuerda, estoy castigado.

— ¡No sé! ¡Arréglatelas cómo puedas, pero ven! ¡Te voy a curar! —Volvió a ponerse enérgica.

— ¡Si patrona! ¡Veré si puedo! —Le dijo entre dientes y burlándose.

— ¡Ven! —Le sonrió con cierto aire de arrogancia y se dio media vuelta para volver a su casa.

Dos horas después, el chico estaba bajando en silencio por la escalera del muro. Entró al lugar como un ladrón sopesando sus pasos. En el otro lado de la casa, todavía se escucha ruido. En el cuarto de la amiga, una luz tenue salía por la rendija de la puerta de entrada indicando que la bicha estaba ahí. Se dispuso a abrirla despacio porque sabía que, ésta, crujía si se abría de golpe, el chico quería darle la sorpresa pero no contaba que el sorprendido sería él.

Cuando la abrió, se quedó como pasmado y sin saber qué hacer, no dijo nada. La Negra estaba concentrada leyendo un libro, ni se dio cuenta de la llegada del amigo. La mujer, como hacía mucho calor, se había puesto cómoda; es decir, solamente tenía el calzón.

Cuando el Roro respiró profundo para tomar fuerzas, la muchacha se volvió hacia él y una cara de susto, se dibujó, grande como una luna llena. Se le quedó mirando fijamente y se tapó los senos.

— ¡No te asustes! ¡Soy yo! — Se apresuró a decirle para calmarla al ver su reacción.

Como la pieza estaba en penumbra y el chico estaba vestido formalmente, de entrada no lo había reconocido. Sin contar el efecto, sorpresa, de aquella entrada sigilosa.

— ¡Qué susto me diste, tonto! ¿Qué haces aquí y vestido así? —Le preguntó un poco molesta.

— ¡Vos me pediste que viniera, no! — Abrió sus manos en signo incomprensión.

— ¡Sí, pero te esperaba hace ratos! ¡Pensé que no vendrías! ¡Déjame poner algo encima! —Se levantó teniendo el cuidado de taparse sus senos.

— ¡No! ¡Mejor quédate así, estás bien buena! —Le hizo una cara de pícaro.

— ¡Ganas te dan! ¡Dundo! Mejor date vuelta.

— ¡Ni loco! Hoy me aguantas la mirada.

— ¡Aprovechado!

La mujer se puso a buscar rápido, en un mueble con gavetas, algo para ponerse; se inclinó para hacerlo. El cipote no le quitó la mirada porque se veía muy linda de esa manera y, al agacharse, le mostraba algo mejor. La dama encontró una especie de camisa blanca y larga; la miró y se la colocó. Aquella prenda llegaba unos centímetros debajo de las nalgas. Solamente se colocó unos botones, lo necesario para no mostrar más de la cuenta. Al levantar la mirada, lo vio, clavado, mirándola fijamente. Ésta, le sonrió y pareció decirle: me la vas a pagar al rato. Ella sabía que aquel mirón, gozaba de lo lindo y le dijo:

— ¡Deja de mirarme tanto que se te va a caer la baba!

— ¡Estás loca! Déjame gozar un poco, lo merezco; despúes de todo lo que hice, para estar aquí.

— ¿Cuéntame? ¿Qué pasó? —La chica se fue a sentar sobre el borde de la cama para quedar frente al cipote que permanecía recostado sobre una pared.

— ¡Nada qué cómo estaba castigado, tuve que inventarle una historia a mi viejo para que me diera permiso para salir!

— ¿Y qué le dijiste?

— ¡No se me ocurrió otra cosa que llegarle por el lado machista! Le dije que me diera permiso de ausentarme una hora porque había quedado de verme con una chica que me interesaba.

— Y él ¿qué te dijo? —Se quedó a la expectativa muy interesada.

— Comenzó a preguntarme cosas: ¿Es bonita? ¿La has besado? ¿Te gusta? Etcétera.

— ¿Y vos que le contestaste?

— Tuve que seguir con la mentira. ¿Qué crees? Le dije que sólo era una enamorada que todavía no había llegado a eso y qué esta noche, tenía la esperanza de darle un beso.

— ¿Y eso fue todo? ¿Qué más te dijo? —Lo dijo con un poco de decepción; quizás, quería escuchar otra cosa.

— Se puso a darme una retahíla de consejos que ni te imaginas. Que la respetara y que fuera despacio; si no, quería darme nada que no la obligara; hasta, terminó diciéndome que con las mujeres tenía que presentar mi mejor postura. Cómo venía en *calzoneta*, me mandó a bañar y a ponerme ropa decente, según él.

— ¡Me sorprende tu viejo! Tirado a la antigua pero dio en el clavo. Debes escucharlo y poner los consejos en práctica. Si hay algo que no me gusta del Supo es su aliento, pareciera que come cucarachas y el Sapo se manda un *olorcito* a sudor que, no sé cómo, quiere que le presten bola las mujeres.

— ¡Por suerte son tus *cheros*! ¡No quiero imaginar lo que piensas de mí, a solas! — Se lo dijo en tono sarcástico.

Dejó unos segundos antes de contestarle.

— De ti, yo no hablo nada. Y si hay algo que me molesta, te lo digo de frente, en tu presencia. Si quieres saber lo que pienso de ti, te lo diré: me *encachimba* la tardanza en responder o reaccionar.

El chico puso cara de desagrado y la mujer reaccionó en el instante. Ella comprendió que la había regado y quiso enmendarlo.

— Pero a tu favor puedo decir que eres buen amigo, fiel y hasta buen mozo.

— ¡Mejor déjala así que *calladita* se ve mejor la *monita*!

La mujer sonrió por la frase y quiso cambiar la plática.

— ¡Está bien! Pero acércate y sígueme contando. Así que tu padre te dio algunos consejos de macho.

— Sí, pero la que se enojó fue mi madre y lo trató de alcahuete. Al final, me dio permiso: dos horas y, hasta, me dio dinero para que la invitara a algún refresco.

— ¡Ah! ¿Y dónde está?

— ¿Qué cosa?

— El refresco. ¿Qué, no ibas a visitar a una chica bonita, pues? — Le bromeó.

— ¡Ah! ¡Te lo debo!

— ¡Está bien! Déjame ver la mordida de loba, como dice el Supo. ¡Parece que se te infestó un poco! Pero no creo que sea grave. Déjame buscar las cosas para curarte.

Se retiró para buscar los medicamentos y, al regresar, el chico estaba sentado sobre el borde de la cama. Al llegar, le dijo suave:

— ¡Pareciera que hay alguien con tu madre!

— ¡Entonces, no hagamos bulla!

Le puso la mano sobre la frente y lo empujo para que cayera de espaldas. El joven se dejó caer, juntando sus piernas y, de inmediato, la *cipota* se subió sobre él, sentándose sobre la cintura. En son de broma, se le movió y le dijo, con una voz pícara:

— ¡Qué bien estoy aquí!

— ¡Desde aquí la vista es espectacular! —Le puso las manos en la cintura e hizo el movimiento para colocarla mejor.

— ¡No te muevas tanto! —Le dijo, poniendo las cosas a un costado pero sin apartarse.

Para ayudar, el Roro quiso desabotonarse sólo, pero la joven le pegó en la mano, diciéndole:

— ¡Deja eso, es mi privilegio de enfermera! ¡Mira! ¡Así se desabotona una camisa de hombre!

— ¡Mi enfermera personal! ¡Me gusta mucho! — Subió las manos por los costados de su cintura y trató de seguirle la silueta.

La mujer se dio el placer de hacerlo suave, moviendo la cintura y acariciándole el pecho. Al ratito, lo tenía como ella quería. Luego, pegándole unas *palmaditas* en el pecho descubierto, le dijo:

— ¡Calma caminante que no hay que correr porque el camino es largo!

— ¡Eres mala! Me insolentas y luego me pides que me calme.

— ¡Tómalo cómo una práctica! Eso te ayudará para que aprendas a contenerte. —Se lo dijo sin mirarlo y, con la misma, se deslizó hacia las piernas para dejar de provocarlo.

Se puso a curarlo con especial cuidado y, mientras lo hacía, le preguntó queriendo sacarlo de contexto, para que no se *empilara*.

— ¡Así que *andabas de puto anoche*! ¡No me habías contado, ni me habías pedido permiso! ¡Eso te pasa por traicionero! Ojalá que te hubiera arrancado todo el pedazo esa loba, a lo mejor estaba furiosa.

— ¡Ni te lo imaginas! Es de cuidado. —Le siguió el juego. ¡Y por lo que supe, vos andabas de defensora de los pobres y desnutridos!

— ¡Si vos! Si hubieras visto, le estaba dando una. Es, más doble y fuerte que ella. Hasta cierto punto era una pelea entre peso pluma y peso pesado. Por eso no lo pensé dos veces para meterle el garrotazo. ¡Yo ya se lo había advertido a la Pupu! Pero es necia. Le dije que no anduviera dándole alas a ese baboso, todo el mundo sabe que es el marido, como si no hubiera otros hombres. Si tantas ganas tiene; pues que se lo ofrezca al Sapo.

— ¡Espero que no haya consecuencias! — Musitó el Roro.

— ¡Yo también! Cuando estás en el macho, sólo te queda jinetear. ¡Ya pasó y solamente hay que esperar! Mejor... ¡Cuéntame lo de anoche!

— Nada, qué tuve que inventarme algo con los muchachos para despistarlos.

— ¡Eso, lo sé! Ahora ¿cuéntame la *verdá*?

— No pasó nada. La fui a dejar y apenas nos dimos un beso.

— ¿Y qué pasó? Normalmente, eso no se queda así. ¿No pusiste en práctica mis consejos de maestra?

— ¡La neta! ¿Sabes con qué me salió, la bicha? Me dijo que no sabía besar. No quise seguirle rogando y la dejé ahí plantada. —Le mintió. Pero lo positivo fue que durante el baile, pude aplicar algunos de tus consejos, como: mostrar seguridad, mirar los ojos cuando se habla, rozar suave las partes íntimas y otras cositas; sin contar que me había perfumado bien y masticado chicle de menta, para el aliento. Sin embargo, no te lo voy a negar, a la hora de la verdad… no le gustó mi manera de besar y eso… me pegó fuerte.

— ¡Pues sí, te jodió!... un poco la hombría, no.

— Algo así, pero, ¡es la *verdá*! Eso sí, tengo que buscar la manera de aprender.

— ¡Así se habla! Ése es mi chico. ¿Por qué no le pides a la Pupu? Aunque a decir verdad, no es muy buena que digamos… — Lo dijo pensando en voz alta.

— ¿Ya se han besado? —Lo dijo con mucha admiración.

— ¡No preguntes, lo que no quieres escuchar! ¡Curioso! Acuérdate que la curiosidad mató al gato. —Le dio unas *palmaditas* en el costado de su torso.

De repente, los resortes del cuarto de la madre comenzaron a cantar su melodía preferida. La chica le levantó un dedo y le dijo que pusiera atención. Se puso a imitar a un maestro de música delante de su orquesta.

— ¡Ésa es mi madre! ¡Cuando una mujer se acerca a los cuarenta piensa que el mundo se le va a acabar! ¡Piensa que, deja de mujer y nadie, le va a amar! ¡Hoy está con alguien más joven! — Lo dijo, como hablándose sola.

— ¿Cómo lo sabes?

— No hay, música; el ritmo es más fuerte y verás que serán varias veces.

— ¿Y no te hace ningún efecto eso, porque a mí…?

— ¡Algo! Antes, hasta, la vigiaba. — Se subió hasta el estómago del cipote para no provocarlo, sentía el miembro endurecerse.

— Y con lo tuyo ¿cómo vas?

— ¡Creo que la experiencia ayudó porque si no, no estuviera aquí, sentada sobre ti! Ahora, toca la otra parte: tener un verdadero contacto y, quizás, hacerlo de verdad.

— En eso, a lo mejor también pueda ayudarte. —Intentó tocarle los senos.

— ¡No lo hagas! Prefiero que no entremos en ese tema.

— ¡Está bien! ¡Cómo, quieras! — Se cruzó ambos brazos por el pecho en signo que intentaría sostenerse.

— ¿Te cuesta tanto? — Lo miró con aires de nobleza.

— Lo que pasa es que se ven bonitos; además, siento un deseo dentro. ¡Aunque no te guste oírlo! Eres muy bonita como mujer.

— ¡Gracias!… ¿Lo siento por no poder hacerlo?

— No te preocupes, ya se me va a pasar.

El rechinido comenzó de nuevo en el cuarto de la madre.

— ¿Y esos dos que no se calman?

— Debe ser ese rechinar o mi imaginación. Eso sí, cuesta concentrarse.

— De seguro estás cargado. —Le agarró las manos y las puso sobre sus piernas. ¡Tócalas y verás que no tengo tanto canutero! ¡Ayer me rasuré! — Intentó sacarlo por otra vía.

— ¡Me gustan! Pero creo que mejor cambio de posición. —Se enderezó y la empujó un poco más abajo. De esa manera, quedaron frente a frente.

— ¡No hagas mucho esfuerzo porque te desangrarás, la herida está abierta... por no ser cuidadoso! — Se le quedó mirando con aires de investigador— ¡Um...! Para mí que lo de anoche, fue más interesante de lo que me contaste. ¿Dime la *verdá*? No me voy a enojar por lo sucedido, sino por tu falta de confianza.

El chico guardó unos segundos de silencio y luego, la miró un poco avergonzado diciéndole:

— ¡La neta...! Si pasó algo. ¡No sé cómo lo haces para sacarme la verdad!

— Es mi lado femenino. ¿Te la cogiste? ¡Qué más podía pasar!

— ¡Casi! —No quiso confírmale aquel hecho por respeto a susodicha.

— ¿Y por qué no me lo contaste? ¡Es buena noticia, no! Obtuviste tu primera experiencia fuera de las putas.

— ¡No sé! En el fondo, sentí miedo que te resintieras que te sintieras engañada o algo así.

— ¿Y por qué piensas eso? Nosotros somos solamente amigos y, lo que hemos tenido, es algo que no tiene que ver con los sentimientos... ¿O sí? ¿Estás enamorando de mí? ¡No lo hagas!

— ¡No lo creo pero... me sentí incómodo! La *verdá*, me gusta esta relación y no la quiero dañar.

— ¡Entonces, no te hagas bola con eso! A ver, ahora saca la verdad, ¿cuéntamelo *con pelos, uñas y dientes*?

— ¡Está bien! Te lo cuento con detalles, con una condición.

— Te recuerdo que no es una negociación, pero ¿qué quieres saber?

— Te lo digo, si me dices ¿por qué no necesitas cuidarte para no quedar preñada?

— ¡Imaginé que, un día, me saldrías con eso!... ¡Está bien! ¿Cuenta?

— Bueno... me la presentaron y la bicha, al inicio, se hizo la interesante. Yo, *me hice el loco* y me dispuse a bailar. Como no soy tan malo, la comencé a mover con soltura y tono. Cuando llegaron las románticas, no quería bailar porque me dijo que no podía. Le propuse que le enseñaría y accedió. A todas éstas, a cada momento, me acordaba de tus consejos. La agarré de manera, la moví a mi antojo, le di varias vueltas y, hasta, le incliné un poco. A la *cipota* le encantó mis movimientos y al rato, era ella quien se pegaba a mi cuerpo. Después, salieron algunas canciones que, precisamente, me habías dicho lo que decían; ahí comencé a cantárselas cerca del oído. Desde ese instante, eso fue pan comido y, después de la medianoche, la mujer fue dócil como una paloma. La calenté tanto que, fue ella, quién me pidió que la llevara hasta dónde trabajaba... pero ayudó que su enamorado, le pusiera los cuernos.

— ¡Ah! ¿Era una sirvienta? Y además estaba dolida. Una mujer traicionada es como una fiera herida, tienes que tener cuidado con ellas.

— Pero no parecía. El caso fue que la llevé a una casa enorme que, por supuesto, la servidumbre entraba por la parte trasera. Entonces, a la hora de despedirme, me acordé que vos me decías que cuando la mujer está caliente, no hay que andar con tanto rodeo. La tomé por la cintura y la comencé a besar, nos arrimamos detrás de unos arbustos hasta que la bicha me detuvo porque la tenía con el calzón en las rodillas. Me preguntó: ¿Tienes un condón? Y cómo no uso esa cosas, la historia quedó escrita, hasta, ahí. No quiso hacerlo sin protección — le mintió.

— ¡Por lo menos no *era pendeja*, la *mona*!

— ¡Y yo qué voy a saber de condones! Ni los he visto, ni sé cómo se usan.

— ¡Pues parece que,ésa, será otra lección a aprender! Si no quieres tener una mala sorpresa.

— ¿Y vos los conoces? ¿Los has usado?

— ¡Claro! Claro que los conozco porque yo no los necesito. ¡*Baboso*!

— ¡Ahora cuéntame lo tuyo!

— No hay mucho que contar... simplemente que después de una enfermedad, me descubrieron algo en la vagina y me tuvieron que operar. El caso es que el doctor me dijo que, las posibilidades de quedar preñada son casi nulas. Y la verdad, no me interesa tener hijos. Como dicen: «Dios sabe lo que hace». Sin embargo, lo que hubiera deseado que me quitaran, es la menstruación; porque me noquea, la desgraciada.

— ¡Lo siento!

— ¿Por qué? Si me favorece y estoy viva. Además, piensa en las locuras que se pueden hacer... —Le subió las cejas en forma pícara fingiendo una sonrisa para no darle importancia al hecho.

En ese momento, la cama de la madre volvió a cantar de alegría. Y ambos se pusieron a reír.

— ¿Parece que en ese cuarto la están pasando bien? — Le comenzó a sobar con el borde de uno de sus dedos uno de los pezones.

— ¡Así parece! Y por lo que veo, te gustaría jugar un poco.

— No puedo negarlo si es *verdá*. Me cuesta tanto quitarme la imagen de cómo te encontré. Tus senos me gustan mucho.

— ¡Pero no son tan grandes!

— Tienen el tamaño perfecto para mis manos. — Le puso las dos manos sobre cada de ellos, sin apretarlos.

— ¡Parece que la *cipota* de ayer, te dejó, caliente! — La mujer se acomodó para sentir la virilidad.

— ¡Estoy que me quemo por dentro! —Le comenzó a desabotonar la camisa para destaparla. Sus senos se lo estaban exigiendo a gritos.

La Negra, por su parte, le acariciaba el pecho con mucha delicadeza y cómo le había cruzado sus piernas, lo apretaba para toparse al joven. En un momento dado, le dijo:

— ¡Te propongo un juego! Pero… ¡cierra los ojos y déjate llevar! Ella los cerró igualmente.

El chico obedeció, cerrando los ojos. La muchacha, con una sonrisa seductora, se desabotonó la camisa por completo. Luego, le dijo: «abre las manos completamente». Las acercó, suavemente, hasta el punto de tocar los pezones de manera delicada. Le pidió que hiciera círculos sin presionarlos demasiado, lo justo para sentir su presencia. El muchacho obedeció la orden y se pusieron a jugar.

Lo dejó trabajar tranquilo, sin presionarlo. Mientras tanto, ella hacía lo necesario para mantener la llama encendida. Al llegar a cierto nivel, lo detuvo y agarrando las manos, lo hizo que abarcara cada uno de sus senos. Le dijo, suave: «ahora hay que pasar al segundo nivel. A partir de este momento, debes apretarlos con dulzura hasta que yo te detenga. Déjate guiar por mis manos». La mujer agarró el mando y le guió hasta subir muy alto. Los movimientos con su cadera ayudaban a poner al estudiante en órbita. Ambos subieron el ritmo hasta que explotaron. Al terminar, ambos, se abrazaron quedándose quietos, sin decir nada.

En ambas habitaciones predominaba el silencio y la noche se volvía mágica porque aquellos seres volaban libres por el universo. Hasta, eran capaces de escuchar los sonidos de la noche que, en una deliciosa armonía, conjuntaba el tiempo y la vida.

Luego, se separaron y se vieron con una sonrisa de satisfacción. La chica se apartó para colocarse a su lado; luego, se tiró de espaldas sobre la cama. El chico la imitó haciendo lo mismo.

— ¡Cómo ves, la lección de ahora es que puedes disfrutar sin hacer el amor! —Le dijo sin verlo.

— ¡Me gustó! Pero me quedé con el deseo de besarte.

— ¿Quieres aprender a besar?

— ¡Claro! ¿Por qué no? Sabes bien que esa materia no la he pasado y … si no te has dado cuenta, mis días por estas tierras, están contados.

— Es verdad, no había caído en cuenta. Pero creo que eso lo practicaremos en otra ocasión. Pero espera… ¡creo que tengo algo que te puede interesar!

La mujer salió del cuarto y, al rato, venía con un libro en su mano. El cipote, al verla con el objeto, se temió una broma. La chica, de manera sería, le dijo:

— ¡Aquí tenemos la guía! —Se colocó al lado, jaló unas almohadas para ponérselas de cabecera. Luego, *pegaditos*, se pusieron a ver aquel cuaderno lleno de letras y dibujos. El libro tenía como título: «Los tipos de besos». Ahí estuvieron por varios minutos leyendo, mimando y, hasta, bromeando con los gestos. Al final, la Negra le dijo:

— No es que te quiera echar, pero ya tenemos casi dos horas de estar aquí. ¡Me pareció que dijiste que sólo tenías ese tiempo!

— ¡Es *verdá*! Me tengo que marchar. ¡Me gusta, tu libro!

— Sí, el único problema es que la ficción es diferente a la realidad.

— ¡Sí, no! ¡Tal vez otro día practicamos algunos! Me interesa practicar el que se hace con la lengua.

— ¡Veremos! Eso sí, bien *lavaditos* y, si es posible, chupando menta.

— ¿Puede ser con hierbabuena? —Le bromeo.

— Mejor… ¡Te acompañaré! No vaya a ser… que en el camino encuentres una loba.

Ambos salieron de la pieza en silencio para que la madre no los escuchara. Cuando el tipo se disponía a subir el primer peldaño de la escalera, la chica le preguntó:

— ¿En *verdá* quieres que nos besemos?

— No me molestaría, hasta, lo he imaginado. Aquí la pregunta es: ¿Te molesta?

— Molestarme, como tal no; pero tengo mis temores. Un beso puede provocar que te *encules*.

— ¿O, sea?

— Bueno, vos sabes. Poniendo corazón y alma.

— Puede ser, pero desde mi punto de vista el riesgo vale la pena.

—A veces, hay riesgos que matan y no quiero ser un motivo de dolor para ti.

—¿Tanto me quieres?

—¡Tanto te aprecio!

—Pues, como te dije: el riesgo vale la pena. Y, aunque lo niegues, también entras en ese riesgo. ¿Será que temes encularte? ¡Pensando como piensas!

—¡Puede ser! No soy perfecta, aunque ando *cerquita*. —Le sonrió pícaramente.

—La neta, contigo me siento bien; aprendo cada vez más, no me asusta nada y sé que tienes un gran corazón debajo de ese caparazón.

—¡Yo también! No te lo voy a negar, eres el primer hombre con el que me he sentido tranquila, en confianza y con total libertad. Además, eres mi sicólogo, no.

—¡Y vos, mi maestra!

—¿Y cómo médico que le recomendarías, en este momento, a tu paciente?

—¡Veamos! —Le tocó el rostro, le acarició la boca y le puso su oreja en el pecho para escuchar el corazón. Luego, sonriendo, le dijo: creo que tienes seco los labios y el corazón con falta de ritmo. Te recomiendo unos, buenos, besos encendidos para calentar ese corazón y ponerlo a latir cómo se debe. —La chica, lo miró con una sonrisa graciosa. Luego, el cipote, le preguntó:

—Y mi maestra ¿qué me diría en este momento?

—Bueno, le recordaría que no olvidara los deberes.

—¿Cuáles?

—¡Ah, es *verdá*! ¡Ups, perdón! No te lo he dado, aún. —Se le quedó mirando y se le acercó. Entonces, ¡quiero que aprendas esto! Mañana me lo tienes que repetir. Eso sí, ¿no sé cuál va a ser mi reacción, espérate lo peor?

—Creo que después de la mordida, me puedo esperar cualquier cosa, ¿no?

—Eso es verdad, el caso es: ¿Saber si deseas arriesgarte.

—Imagino que para obtener la experiencia, hay que pagar un precio. ¡Creo que no habría mejor persona con quién practicar!

—¡Entonces hagámoslo!

—Okey, pero una pregunta, antes: ¿Lo hacemos a medias o poniendo todo el empeño? Digo, para que resulte de verdad.

—¡Creo que, el segundo!

—Lo digo para saber si tengo derecho a meter mano o simplemente de lejitos.

—¡Hazlo como lo harías con una mujer, pero ya!

— ¡Ya salió, mi *regañona*!

— Eso sí, todo debe pasar con los ojos cerrados.

— ¡Está bien! ¡Vos siempre inventando y poniendo tus propias reglas!

— ¿Tómalo o déjalo? Pero decídete.

— ¡Mandona!… ¡Lo tomo! — Cerró sus ojos.

Ambos se colocaron en sus posiciones, él le colocó las manos en la cintura y ella en los hombros, cómo bailar *pegadito*, en un ladrillo. Se quedaron en silencio y, poco a poco, acercaron las bocas. Comenzaron, lentamente respetando todas las reglas. Sus cuerpos se acoplaron perfectamente hasta que la locura del deseo los atrapó. Fue tanta la emoción y entrega que estuvieron a punto de hacer el amor. El ruido de una puerta los sacó de aquel transe. Era la madre, tratando de entrar a ese lado de la casa. Le dijo, despacio: ¡Nos salvó la campana, es mejor cortarla aquí! ¡Márchate! El tipo lo hizo sin preguntar. Subió los peldaños de aquella escalera y desapareció en la oscuridad de la noche. Ambos aprendices se quedaron con un sabor agradable en el fondo de su ser y durmieron como angelitos.

Al siguiente día, casi cómo de habitud, el Roro salió rumbo a la reunión con querida *cherada*. Sólo qué, en esta ocasión, iba un poco adelantado porque deseaba comentarle algo a la Negra. Durante el día, algunas cosas importantes habían sucedido y deseaba escuchar otra opinión; y quién mejor que ella que no andaba con pajas para decirle las verdades en la cara.

Cuando llegó a la tienda, la joven estaba haciendo unas tareas que su madre le había recomendado. Al verlo, parado en la puerta de la entrada, se extrañó un poco. Pensó que a lo mejor llegaba a comprar algo; pero luego, al ver la sonrisa, comprendió que era por otro asunto. De una, le preguntó:

— ¿Qué pasa? ¿Por qué tan temprano? Algo, tienes, ¿dime?

— Nada, pero… ¿Estás muy ocupada?

— ¿Depende para qué soy buena? Porque tengo mucho que hacer y estoy retrasada. Mira esos sacos de azúcar y de arroz, los tengo que pesar por libra y embolsarlos.

— Entonces, no te preocupes que puede esperar. Dime, mejor: ¿En qué te puedo ayudar para que termines rápido?

— ¡Eso me gusta! Agarra las bolsas de cinco libras y llénamelas. Yo las iré cerrando y colocando luego. ¿Te parece?

— Listo.

Los dos se pusieron a hacer la tarea en forma coordinada y el trabajo se hizo rápidamente. Mientras, *chambeaban*, le preguntó:

— ¿Y qué? ¿Te gustó el experimento de ayer?

— Me encantó ¿*Y a vos*?

— Me gustó. ¿Quieres seguir practicando?

— ¿Aquí? ¿Ahora? —Lo dijo con tono nervioso.

— No tonto, a dónde vos sabes y más o menos a la misma hora.

— Yo soy materia dispuesta y siempre preparado para ir a la guerra por una buena causa.

— ¿Y tu castigo, soldado?

— Es cosa del pasado. ¡De eso quería hablarte!… Este día ha sido muy bueno. Hablé con mi viejo de hombre a hombre, con los calzones abajo y sin restricciones. Me gustó y pusimos las cartas sobre la mesa. ¡Creo que, por la primera vez, pude tener una conversación con él, tal y cómo la deseaba!

— ¡Suena interesante!

— De eso quería comentarte pero pronto vendrán los *cheros* y no quiero que escuchen nada, prefiero hablarlo antes contigo para que me des tu opinión y tu punto de vista.

— ¿Tanto, aprecias, mi opinión?

— ¡Mucho!

— Me halagas y me comprometes. Yo no tengo la verdad, mucho menos tengo la experiencia para ser consejera.

— Para mi ver, sabes mucho; ves la vida desde otro punto de vista y siempre me dices las cosas de frente.

— ¡Eso sí! ¡Hay que darle al Cesar, lo que es del Cesar!

— Entonces me das una cita más tarde.

— Sí, pero dime: ¿A qué hora? Para estar lista, no vaya a ser que me encuentres en una situación delicada, cómo la de anoche. Por poco y me encuentras *chulona*.

— Al contrario, dime ¿en qué momento estás así para llegar? Estabas, súper.

— ¡No friegues vos! Además, para lo que queda a mostrar, si ya casi lo viste todo.

— Sí, pero falta el casi y el cómo. —Le subió las cejas en guisa de picardía.

— Parece que el encuentro con la loba te transformó. ¿Qué, la encontraste por ahí?

— ¡Qué va! A la que encontré parece que fue una gata porque amanecí con unos arañones en la espalda que ni te imaginas. Parece que estuve con la Ciguanaba.

— ¿De verdad? Espero que no te haya embrujado.

— ¡Embrujado, no! Fileteado, hasta el alma. ¿Los, muestro?

— ¡Más noche! Aunque, corres el riesgo de salir trasquilado.

— El riesgo vale la pena.

— ¡Si vos, lo decís! Ven alrededor de las nueve.

— Listo.

En ése, preciso momento, llegó la Pupu y la conversación se quedó en el limbo. Luego, los tres se fueron para la esquina; al rato, los dos restantes se asomaron al lugar. La charla fue amena y hasta instructiva para algunos; alrededor de las ocho, llegaron a llamar a la Pupu, la madre la necesitaba. Según, le dijeron, le había llegado un telegrama de la *capirucha*. La bicha agarró camino y, mientras se alejaba, les dijo: ¡De seguro es de mi prima! ¡Debe ser con relación a mi inscripción! Al *ratito*, los chicos se fueron a la calle principal.

Cuando el reloj estaba marcando las nueve en punto, el chico estaba bajando por la escalera. La *cipota* lo esperaba acostada sobre la hamaca del corredor. Desde su posición, lo observaba y se divertía, en silencio, al ver todo lo que hacía para no hacer ruido. En su cuarto, solamente la luz de la mesita de noche estaba encendida.

La oscuridad los cubría con su manto de misterio y sigilosamente, aquel intruso se dirigió a la habitación de la mujer. Cuando estaba llegando, lo sorprendió hablándole con una voz, algo, ronca. *A las primeras de cambio*, el mono se asustó y no supo qué hacer. Él pensó que era la madre de la amiga y se quedó, como una estatua. La sonrisa de la bicha la delató y éste reaccionó. ¡Puta, vos me asustaste! —Le dijo, acercándose.

La mujer se cagaba de la risa, en voz baja, y lo invitó a acercarse. Al verla costada, el tipo le preguntó:

— ¿Qué te pasa? ¿Estás enferma?

— ¡Nada del otro mundo! Un pequeño malestar, nada más.

— ¿La roja?

— No creo porque me acaba de pasar, pero en mi situación, no lo sé.

— Entonces… ¿Quieres que me vaya?

— ¿Quieres irte? ¿Hay alguna gata por ahí?

— Me suena a celos.

— Ganas tuvieras. ¿Te quieres ir?

— *Vos*, crees que después de mentir a mis *cheros*, dar todo un *rondín* para despistar, saltarme una cerca, pelear con un *chucho,* subirme un mango con zapatos y, luego, bajar como ladrón por una escalera floja … he venido para irme de inmediato… ¡Estás loca! ¡Hoy me aguantas! Y hazte a un lado, así me das lugar en la hamaca.

— ¡Estás, volviéndote, *mandoncito*! ¿Con qué loba te estarás metiendo?

— Tengo una buena maestra y no es loba, se convirtió en gata.

— Tienes que tener cuidado, los animales te andan siguiendo.

En todo eso, la mujer le había abierto un espacio en la hamaca. El bicho se sentó del lado contrario, para quedar frente a frente. Cuando se había acomodado, le acarició una de las piernas y le dijo:

— ¡Así que estás *malita*! ¿Qué te duele?

— El vientre; además, he querido vomitar.

— ¿No estarás preñada?

— ¡No seas tonto! A menos que sea del Espíritu Santo o tuyo. ¿Me has cogido y no me di cuenta? —Lo dijo de manera seria y el *cipote* cambió de color.

— ¡No que yo sepa! Pero si es mío, yo me hago cargo sin problemas.

— ¡Aja! ¿Y con qué nos vas a mantener? ¡Con aire! Baboso…

— No sé cómo lo haría pero que no te abandonaría, es seguro.

— ¡Tonto! Estoy bromeando… ¡cómo piensas que estoy en cinta después de lo que te conté! Además, hasta hace poco ni quería ver a los hombres; mucho menos, acostarme con ellos.

— ¿Y ahora?

— ¡No lo sé! Pero que algo ha pasado…es *verdá*.

— Eso quería escuchar. — Le golpeó las rodillas en signo de paz. Luego le dijo: cambiando de tema, lo de la regla es *cosa yuca*, no. No sabía que las *jodía* tanto.

— Si vos, pero no a todas, nos da por igual. Mira la Pupu, a veces, ni se da cuenta de que anda con ella y nosotras nos retorcemos del dolor. Mi madre, hasta, utiliza baños de mariguana para desinflamar el vientre.

— ¡Interesante! Contigo siempre aprendo algo nuevo.

— ¡Mucho, diría, yo! Desde que llegamos a este pueblo tu vida era una monotonía, conmigo es un alboroto, sobre todo espiritual, ¿*verdá*?

— ¡Sí, hace casi dos años, era el cipote más tranquilo y todo fue que llegaras para que todo cambiara! Pero no puedo quejarme, he tenido más, buenas que malas, a tu lado.

— ¡Más te vale!

— ¿Te puedo preguntar algo?

— ¡Ya sé! Quieres que te hable de la menstruación.

— ¿Cómo lo sabes?

— ¡Yo te conozco mosco! Todo tema que tiene que ver con el conocimiento de la mujer te interesa; y además, porque estás en el momento del descubrimiento del sexo opuesto. Te gusta masturbarte seguido, mojas en la cama y haces películas con las *cipotas* de tu alrededor. ¿Acaso miento?

— No pero, me da hasta vergüenza reconocerlo. ¿Cómo sabes todo eso de mí?

— No hay, tanto, misterio en el asunto... antes de ser amigos, me vigiabas desde el árbol, clavas la mirada en los senos de cualquier mona, te ruborizas con el menor roce de una mujer y andas queriendo aprender todo relacionado con el sexo. Y para completar, te quedaste pensando cuando te hable de la regla.

— ¿Eso me pasa? ¿Y todo el mundo se da cuenta?

— ¡No! Yo porque soy observadora, pero otras personas solamente se dan cuenta de algunas cosas, ejemplo: a la Pupu, le gusta tocarte con los senos porque sabe que te excita rápido; quizás, tu madre sabe de tus sueños mojados porque te lava los calzoncillos; pero el resto lo pasa desapercibido.

— Sin embargo, no deja de darme un poco de vergüenza. Pero cuéntame más sobre la regla de las mujeres.

— Sabes que es un tema que te puede ayudar mucho. Si los hombres conocieran y comprendieran, algo, de ese momento especial en las mujeres, les ayudaría mucho para conquistarlas.

— Se pone más interesante, ¿qué debo saber, sobre el tema?

— Para comenzar sólo se da en la mujer en estado fértil o que está lista para tener hijos; es decir, entre los trece y los cincuenta; más o menos porque cada caso es diferente. Normalmente sucede cada veinte y ocho días, pero hay unas que la tienen cada veintitrés o cada treinta. En regla general, la mayoría la tiene en un ciclo normal; pero hay muchas que tiene ciclos locos, con ellas tienes que tener cuidado porque nunca se sabe cuando están ovulando, ésas están listas para quedar preñadas. La duración de la menstruación es entre tres a seis días. El primer y segundo son los más yucas porque provocan contracciones fuertes y, a veces, sangrado abundante. Cada mujer tiene diferentes reacciones, antes y durante, la regla: males abdominales, sangrado fuerte, jaquecas, migrañas, diarrea, espinillas, cambios de humor y otras tonterías más. Algo que me pasa en esos días es que no paro de comer y me siento horrible, fea, sucia y hasta mal oliente.

— ¡Eso lo noté anoche! Sigue contando que me interesa.

— Los pezones se paran y se ponen súper sensibles, se siente como si una aguja quiere salir de ahí; en cierto momento, dan ganas de tocarse abajo tan fuerte que, a veces, sólo se calma masturbándome. Te aseguro que es una verdadera revolución que uno se maneja por dentro. Según lo que he leído, durante los seis días de la menstruación es casi imposible quedar en cinta porque el cuerpo está desechando el óvulo que no se utilizó; los siguientes seis días, se comienza a formar otro óvulo por lo que tampoco puede engendrarse. Después, viene uno de los períodos fértiles, de más o menos una semana; se calcula que el día catorce, es el más fértil. Ahí con sólo mirarlas, las preñas. En ese periodo, la mujer se vuelve bastante activa sexualmente hablando y sus reacciones son diferentes, ejemplo: mi madre, se viste más alegre, con vestidos que muestran sus atributos y casi, por lo general, se termina acostando con alguien. La Pupu, por si no lo has notado, se pone faldas cortas y pegadas, sus senos crecen mucho y, siempre, se anda pegando a los hombres.

— ¿Y cuál es tu reacción? No me lo digas, trataré de adivinar: te enojas con facilidad, pegas muchos puñetazos, tiras piropos disimulados, te masturbas mucho y, contra tu voluntad, llevas vestidos. — Sonrió.

— ¡Vaya! Me has mostrado una faceta que no conocía... eres observador. Para tu conocimiento, esto te va a gustar... existen dos períodos en los cuales las mujeres se ponen muy activas, sexualmente hablando claro: el primero, es su momento más fuerte de ovulación, alrededor de los catorce días; y el segundo, durante la menstruación, porque se siente alterada, un sentimiento de inferioridad femenina le provoca probarse que todavía puede atraer al sexo opuesto y es capaz de moverlo. Eso sí, quitando los dos primeros días; aunque según sé, a muchas les gusta hacerlo en ese momento porque calma el dolor. Recuerda que la mujer expide un olor especial que atrae al sexo opuesto.

— Si bien comprendo, el mejor momento para coger a una mujer es durante la menstruación y seis días después; luego el riesgo es muy grande.

— Casi, también unos dos días antes de que le venga porque el cuerpo se está preparando para desechar el óvulo. ¿Te puedo hacer una pregunta?

— ¿Qué quieres saber? Cuando lo dices en ese *tonito* es porque algo traes.

— Nada qué... si tienes tantas preguntas y quieres practicar algunas cosas que ya sabemos... ¿Por qué no has buscado a alguien más? ¿Tus primas, por ejemplo? ¿La Pupú, no se molestaría en dártelo? ¿Acaso, crees que soy facilona, puta o qué?

— ¡Bueno...!

— ¡Mira, mejor no respondas! ¡La, regaste! Sabes, mejor: ¡Vete! Arruinaste la noche. ¡Ya me *emputé* y me conozco! ¡Mejor vete! ¡Vete!

— ¡*Okey*! —El chico la vio muy enojada y no le quedó otra cosa que obedecer. Mientras se marchaba, él esperaba que lo llamara pero no pasó nada. Un manto de misterio le envolvió el pensamiento y se dijo, mientras se marchaba: « ¡Puta! ¡Qué *feyo* le agarra a las mujeres con la regla!»

A todo eso, ni siquiera tuvo tiempo de contarle sus dudas sobre el futuro inmediato, ir a estudiar a Santa Ana; el aspecto económico estaba pesando mucho. El apoyo de su padre era mínimo y su familia se vería afectada drásticamente.

El Roro se marchó bastante desconcertado y prefirió darle un espacio liberándola de su presencia. Los siguientes, dos días, no vio ni la sombra. Ahí se cumplía lo que le había contado: *me encuevo y no salgo hasta el tercer día.*

Al pasar el tiempo, de cuarentena femenina, la encontró en plena calle sonriendo y tan *fresca como una lechuga.* Ella sabía lo que había pasado y su *regada*; pero, no sabía, ¿cómo arreglar las cosas con él? Agarró, la vía más rápida y, al encontrarlo, le saludó primero:

— ¡Hola! ¿Qué ondas? —Lo hizo con una *linda sonrisa.*

— ¡Hola! ¿*Quiuvo*? —Le respondió con tono bastante seco, lo justo para demostrarle un poco de enojo y desconcierto.

— ¿Estás enojado?— Le pregunto suave.

— Un poco, pero ya se me pasará; ¡No te preocupes! —Le respondió todavía algo serio.

— ¡Lo siento! Te dije que no estaba bien. Las hormonas me traicionaron.

— ¿Pero ya estás mejor? Espero.

— ¡Claro! Sólo fueron unos días.

— ¿Sigues sangrando?

— Casi nada. ¿Quieres venir en la noche?

— ¿Estás segura?

— ¡Si quieres! No estás obligado.

— ¡Hasta, la pregunta sobra!

— ¡Quiero proponerte algo!

— ¿Y eso?

— En la noche te cuento. También, me cuentas lo que supuestamente querías contarme. ¡No lo he olvidado!

— ¿A la misma hora?

— ¡*Cabal*!

Al despedirse, el Roro se quedó todavía más desconcertado. Le sorprendía los cambios de humor en las mujeres y, en su amiga, más. *No estaba cortada con la misma tijera.* Se preguntaba, ¿qué se traía entre manos? Siempre, salía con cada invento que nada lo espantaba.

La *mara* se reunió, como siempre, en la esquina de la casa de la Negra. En esa ocasión, la única que faltaba era ella. Según, contó la Pupu, andaba *haciendo un mandado*. Aquella información, lo puso más curioso y contaba los minutos para verla.

El tiempo, *entre cheros*, pasó volando y, la susodicha, brilló por su ausencia.

Entre presente y ausente, el chico trató de parecer normal. El hecho que su amiga saliera de noche no mucho le pareció; por lo general, no lo hacía a menos que fuera algo urgente. Trató, como pudo, de alejar los pensamientos negativos y se forzó por ser presente.

Al ver a su otra *chera*, la Pupú, pudo observar más claramente algunos detalles que antes no lo hacía. El conocimiento estaba dando sus frutos. Las clases, de la Negra, le comenzaban a abrir los ojos desde otro ángulo. Observó algunos detalles que le revelaron la situación por la que pasaba la bicha, estaba en sus días fértiles.

En ese momento, una sonrisa discreta reveló en su rostro la belleza de tener claro algo. El coqueteo, los movimientos y los pequeños detalles, de la mujer, le parecieron tan obvios que, *hasta, un ciego los podía ver*. La mayoría de hombres pasa desapercibido esos rasgos.

Desde ese instante, el *gusanito* del conocimiento, le exigió ir más allá de lo visible. Así que comenzó una estrategia para probar cada una de las lecciones que había aprendido con su otra amiga. La primera, fue: «decirle frases cortas y sutiles al oído». De ese modo, cuando la muchacha se le pegó a un brazo, él aprovechó la ocasión y le deslizó, en un pequeño susurro, la frase: « ¡Sabías que estás, bien linda!». Era la primera vez que le decía algo bonito.

Con aquel detalle, la mujer sintió volar por los cielos. Una sonrisa coqueta floreció como flor en la primavera. Sus ojos se pusieron a brillar como dos luceros a punto de llorar. Respiró profundo elevando sus senos hasta su máximo esplendor. Fue tan visible todo aquello que, hasta, los otros dos, lo notaron. Claro que lejos de piropearla, se burlaron diciéndole que estaba actuando raro. Ahí, el Roro, aprovechó otra oportunidad, le puso el brazo sobre los hombros y le dijo, queriendo darle apoyo: «déjenla tranquila que el viaje a la capital la tiene nerviosa». La joven agradeció la ayuda metiendo su brazo atrás para abrazarlo. «Estos son los verdaderos cheros, no como ustedes. ¡Tontos!»

El Sapo, como le gustaba la *cipota*, sintió un poco de celos y se sintió incómodo. Quería salir huyendo del lugar y, desde ese momento, su comportamiento fue un poco hostil contra el Roro. Éste, como lo conocía, en lugar de agarrarla en serio, lo comenzó a joder más claramente. La bicha también puso de su parte porque no le interesaba tener nada con el mono.

Desde ese momento, hubo, entre los dos, una especie de complicidad. El coqueteo, aunque discreto, fue cada vez más presente. El chico recordó que, según la maestra, « a la mujer le gusta que le hablen de los labios porque le recuerda el beso, el gusto y, hasta, el deseo de morder». Por esa razón, en un descuido le dijo: «me gustan tus labios, me pregunto cómo será un beso tuyo». Se le quedó mirando, a la boca y, luego, le regaló una breve sonrisa.

La chica pareció avergonzarse y encogió los hombros, sus ojos soltaron un pequeño brillo celestial. Para rematar aquella faena, puso en práctica, otro consejo: «el contacto directo pero sutil en una parte sensible puede derribar cualquier barrera por muy fuerte que sea». Así que, cuando la joven lo volvió a tomar del brazo, deslizó su mano, bajo su otro brazo y con la punta, de su dedo índice, comenzó a hacer pequeños círculos alrededor de su pezón. Ese simple movimiento la *puso patas arriba* y, la mujer, se mojó en medio de las piernas.

La mujer, lejos de alejarse, se agarró fuerte del brazo y, al final, soltó un pequeño suspiro. Una lágrima salió indiscreta y se puso a rodar, delicadamente, por su mejilla. Una pequeña bomba había explotado dentro.

El Sapo se dio cuenta de aquella lágrima y se lo hizo saber diciendo una pequeña tontería que cayó *como rayo en pleno verano, perdió muchos puntos* con la chica. Dijo, despectivamente: «*las mujeres son unas lloronas, por nada lloran*». Para qué dijo aquello porque, la amiga, lo crucificó con la mirada.

El Supo lo secundó y se pusieron a reír. En cambio, el Roro, *los puso quietos* diciéndoles que, *la calmaran,* porque estaban tocando algo sensible. Los *cheros* se tranquilizaron pero siguieron guardando su sonrisa maliciosa.

La *cipota* les contestó que se sentía un poco cansada y que se iría a su casa. Se levantó y se marchó despidiéndose de ellos. Apenas, se había marchado, se pusieron a burlar diciendo que lo más seguro era que anduviera con la regla. Decidieron ir a la calle, pero el Roro se negó a acompañarlos.

Esperó que se perdieran en la oscuridad de la calle y, con la misma, se apresuró para alcanzar a la Pupu. Como a los cincuenta metros, la alcanzó y le preguntó: ¿Te puedo acompañar? La bicha aceptó, se mostró entusiasmada y, de inmediato, se colgó del brazo. Le agradeció su cortesía y, de paso, lo que había hecho en la reunión. No quiso ahondar en los detalles pero, ambos, sabían de lo que hablaba; aunque todo, se dijo bajo el doble sentido.

De inicio, la mujer se puso a lamentar de la manera que sus otros amigos la habían tratado. Los llamó inmaduros y faltos de solidaridad con el sexo opuesto. Mientras, tanto, el Roro, se limitó a escucharla y a seguirle el juego, como un *tengüereche*, diciéndole a todo que sí.

Cuando, la muchacha, terminó de vaciar su enojo, se puso a hablar de una y mil cosas. El tipo se puso a poner en práctica otra teoría o lección, cómo quiera llamarse. « La escucha es la cualidad que más gusta a una mujer, casi siempre son muy parlanchinas y les gusta sentirse escuchadas»

Mientras caminaban y la chica hablaba, sus cuerpos se expresaron bajo el silencio de la oscuridad. Las caricias disfrazadas se volvieron melodías que, con el paso del tiempo, hicieron una sinfonía que sólo el amor comprendía.

A los minutos, se acercaron a la casa de la bicha. La mujer, le preguntó si estaba preciso porque le justaría hablar un ratito más con él. Era la primera vez que la acompañaba. Historia de hablar de sus cosas. El cipote aceptó la propuesta porque ya se imaginaba por dónde se dirigía el tiro. La muchacha parecía que tenía todo planeado porque le dijo que fueran a un lugar cerca de la casa, pasando por un alambrado de púas. En el lugar, había un palo de amate que tenía unas bancas de madera y una mecedora para los bichos. Desde ahí, se veía la puerta de la casa, como a unos cincuenta metros.

Cruzaron con cuidado, *el cerco*, y caminaron despacio, por el monte, al lugar escogido. La idea era que no los vieran ni los perros de la familia. A medio camino, se escuchó un chillar de un ratón atrapado por algo o alguien, el movimiento dio a entender que se trataba de una culebra. El temor hizo que la mujer saltara sobre el chico y se *encasquetara* sobre él. Al otro, no le quedó otra que agarrarla por las nalgas para que no se cayera. Se quedaron quietos esperando un nuevo movimiento del animal. A unos metros de distancia se percibió un crujir de hojas secas.

— ¡Tengo mucho miedo a esas cosas! —Le susurró con aire de asustada.

— ¡Tranquila que debe ser una ratonera! —Una culebra inofensiva.

— ¡Ratonera o no, me da miedo! —Se puso a temblar y se amarró más a él.

— Entonces no me queda otra que llevarte en brazos hasta el lugar.

— Si no te molesta porque a mí me dan pánico esas cosas.

El tipo cómo ya estaba preparado porque la primera vez se la había hecho, en esta ocasión quiso sacar provecho.

— ¡Pero esta carga tiene un precio! —Le dijo suave al oído.

— ¿Quieres decir que, estoy, gorda? —Hizo la cara de niña buena.

— ¡No, estás, gorda; si eso piensas! ¡Estás, bien rica! Lo que pasa es que te me puedes deslizar y tendría que agarrarte mejor. No quiero parecer atrevido ni que te sientas mal al tocarte donde no debo.

— ¡Ah, eso! Si me tocas, con cuidado, no me molestaré. De todas maneras me están haciendo un favor en cargarme, algún precio debo pagar y estoy dispuesta a pagártelo si así lo deseas. —Le bromeó dulcemente y pegándose a su pecho.

— Entonces, agárrate fuerte a mi cuello y enrollarme, con las piernas, alrededor de mi cadera.

— ¡Así! —Le dijo, haciéndolo.

— ¡Perfecto! Luego, tengo que meter las manos, bajo tu falda, para agarrarte mejor. ¡Así! ¿No hay problema?

— ¡Sí, no *tenés* problema; yo, tampoco!

— ¡Entonces, vamos!

Se pusieron a caminar a paso lento y seguro. Mientras caminaban, el juego, de la seducción, se hizo bajo la sombra del silencio. El cuello de la joven se volvió tentador y los labios del joven comenzaron a hacer de las suyas, rozaba el cuello al hablar. Ahí puso en práctica, otra lección: «el cuello, en la mayoría de las mujeres, es una parte muy sensible». Le dijo, susurrando sus palabras:

— ¡Um! Huele rico tu piel. —Respiró cerca del cuello.

La muchacha pareció sentir cierto cosquilleo combinado con un resurgir emocional.

— ¡Sabes! Me gusta lo que haces. —Le dijo casi en un pequeño murmullo apretándose al joven.

El Roro aprovechó para seguirla seduciendo, sus dedos entraron en escena. En ese momento, la mujer estaba completamente mojada por dentro.

— ¡Espero que no te moleste, pero tengo miedo! — Se apretó con la intención de sentir y que la sintiera.

— Para nada, hace tiempo que quería hacer esto. Digo… tenerte en mis brazos.

— ¿De *verdá*? ¡No te creo! Tantas veces te insinué que vinieras a dejarme y siempre te negaste, hasta aquel día.

— Antes, tenía mis razones pero desaparecieron. Sabes, no deseaba hacerte mal. No quería que te enamoraras. Luego, comprendí que era, solamente, una manera de provocarme.

— Es *verdá*, pero también es cierto que no me desagradabas.

— Igual que tú me agradas porque eres muy hermosa. En el fondo, tenía miedo de que quisieras algo formal, como el Sapo que piensa en casarse para conseguir acostarse.

— Yo siempre lo he tenido bien claro, el casamiento no está en mis planes, a corto plazo. Primero quiero valerme por mi misma y ser enfermera.

— Yo estoy en lo mismo. Por eso las relaciones formales no están en mi vocabulario. Me interesa conocer, disfrutar y porque no, aprender el arte de amar. Es tan bello hacer el amor por placer que me tienta quedarme soltero toda la vida.

— Me gusta escucharte hablar así porque pienso de la misma manera.

— ¿De qué querías hablar conmigo?

— La *verdá*, solamente quería unos minutos para decirte que me harás falta. El otro año te irás a estudiar y yo también. A saber, hasta cuándo, nos veremos. Y, honestamente me harás falta, bueno todos... hasta el Supo que me jode tanto.

— ¡Y el Sapo que sigue *enculado* contigo!

— Sí, hasta el batracio... pobrecito y, hasta, lo entiendo. Pero si le doy alas, no me lo quito de encima; sería capaz de pedirme matrimonio. Soy muy joven para eso, quiero disfrutar mi vida de soltera todavía.

— Lo sé, aquel es muy serio en eso; hasta, quiere buscar trabajo para ver si lo ves de otra manera.

— Lo bueno es que, el Supo, le consiguió otra bicha; tal vez así, me *da agua*.

— Quiere decir que, si no fuera de ese modo, le hubieras dado algún *chance*.

— ¡No sé, tal vez! En el fondo no me cae mal.

— ¿Y por qué dices que te gusto tanto?

— Porque siempre me has gustado y quizás porque no me dabas bola. ¿Y vos, porque eres así? En verdad ¿no te gusto? Sé que no soy indiferente, te he sentido. —Le movió, los senos, en el pecho.

— ¡Te seré sincero! Siempre me has gustado y mucho; lo que no me agradó fue que lo divulgaras a medio mundo. Vos, sabes que soy bastante discreto en mis cosas.

— Lo siento, creí que sentirías orgullo.

— También, el hecho que fueras virgen, me detuvo. Creí que, para ti, era algo importante y que deseabas ofrecerlo en tu matrimonio.

— ¡Eso es cosa del pasado! Hoy en día, ninguna bicha va virgen al matrimonio.

— ¿De verdad?

— ¡Sí! Ahora, dime, en *verdá*, ¿te gusto aunque sea un poquito?

— ¡Claro! Sería un mentiroso sino reconociera tu belleza. Mira, cómo me tienes de *encandilado*. — La apretó contra sí mismo y, la chica, sonrió nerviosamente.

— ¿De veras? —Le dijo, sonriendo.

Bien atrevida, la muchacha, bajó una mano y la metió entre las piernas para apretarlo. Cerró sus ojos y suspirando, dijo:

— ¡Así, te quería sentir! ¡Papito rico!

En ese momento, el Roro se puso a besarle suave el cuello y la mujer, se le ofreció tirándose un poco hacia atrás con la intención que bajara por sus senos. El muchacho siguió los signos y se dejó ir sin paracaídas. Todo iba a pedir de boca, cuando uno de los perros de la casa de la bicha, comenzó a ladrar. Ambos pusieron un alto a todo aquella *tocadera*. Luego, se quedaron quietos para saber porque el perro hacía ruido. La respuesta fue rápida, otro perro pasaba por la calle.

Para seguir con las hostilidades de aquella pequeña comedia, la chica quiso continuar la plática y le dijo:

—¡Sabes! Mi coqueteo contigo era para que me hicieras caso. ¡Yo no quiero nada serio contigo! Quizás, un romance pasajero, como esto. Algo sin mañana. ¡Por eso deseaba hablar contigo…así para aclarar todo!

— ¡Puedo ser claro y directo contigo!

— ¡Claro que sí!

— ¡Siempre me has gustado y, mucho! No sabes cuantas veces has sido la diva de mis sueños nocturnos. Cuantas veces he querido robarte un beso; acariciar los senos; apretarte las *pompis* y sentirme tuyo, por un pequeño instante.

Al escucharlo, la bicha se emocionó y se puso a besarle el cuello. Y mientras, ella actuaba; él seguía *metiendo leña en el fuego*. « Aquí, en la oscuridad, hasta pareciera que fuera un sueño hecho realidad. Cada, roce de tu pecho me enloquece; cada, beso me estremece; cada, apretón ablanda mi corazón. . —Le metió, las manos, bajo el calzón y se lo bajó un poco.

— ¡Sigue hablando que me tienes en tus manos! ¡Has, lo que tanto has soñado! ¡No te detengas!

En ese momento, estaban llegando al lugar y, el tipo, se sentó sobre la piedra. La mujer le pidió que le ayudara a quitarse el sostén y juntos hicieron el trabajo. El resto de la ropa cayó por sí, sola.

Aquel juego, no duró tanto porque los dos seres estaban, desde hacía ratos, en el punto perfecto. Aquella media hora, bajo la sombra de aquel árbol, fue testigo fiel que no desperdiciaron los segundos. La fuerza de la juventud, en su mejor expresión, se presentó de manera exponencial. La Pupu se olvidó de todo y comenzó a volar por aquel cielo estrellado. Esos minutos fueron de fuego intenso hasta que los dos quedaron agotados completamente. No se dijeron una sola palabra porque cualquier palabra podía arruinar aquel momento tan especial. Se quedaron quietos y muy amarrados. Al rato, la bicha dijo:
— Presentía que sería hermoso. ¡Gracias! — Se puso de pie y se comenzó a vestir. Luego sonriendo, como si nada hubiera pasado, le dijo: ¡Bueno! Creo que debo entrar a la casa antes que mi madre me llame. ¡Nos vemos otro día, *salú*!

El Roro, se despidió con la misma palabra y, al verla marcharse, en dirección de la casa, pensó: *En la vida es importante poner las cartas sobre la mesa, si lo hubiera hecho antes, otro gallo me hubiera cantado...* — dejando una pausa flotar en el aire, agregó: ¡Mentira! Antes no estábamos preparados. Lo hubiéramos arruinado. Como dicen, «*Dios sabe, lo qué hace; y cuándo, lo hace*».

En ese instante, la imagen de la Negra pasó por la cabeza y pensó: « ¿Qué le pasaría? ¿En qué andará? Iré a echarle un vistazo, tal vez ya llegó». El Roro salió, como un simple ladrón, de aquel solar y se marchó a su casa para darse un buen baño y, luego, visitar a su *chera*.

Para no ser tan evidente, se fue a dar un rondín por la calle principal, con la intención de dejarse ver por los cheros y, luego, desaparecer. En el camino, tomó unos buenos jugos de fruta para recuperar fuerzas, esos que eran recetados para el buen rendimiento. Como, la mezcla de sandía, limón, miel y granada.

Como a las dos horas, El chico se dirigió expresamente a la casa de la Negra, él sabía que lo estaría esperando porque había estado preguntando. *Hizo la suma y* sabía que no se la quitaría hasta sacarle la verdad, así que se preparó para la ocasión. No estaba en su intención tirarle todo el cuento por completo para no *salir de bocón* ni mucho menos indiscreto. Como su padre bien le había aconsejado, *el hombre tiene la obligación de guardar el secreto de sus conquistas por simple respeto, a quién le había ofrecido el corazón.*

Se subió en el árbol, como Juan por su casa, y se dispuso a bajar por la escalera. El camino ya se lo conocía de memoria y la escalera estaba al pie del cañón, no se había movido un ápice desde el primer día que la utilizó.

Para su sorpresa, cuando comenzó a bajar por aquellos peldaños de madera, una luz roja se encendió de improviso provocando que detuviera su marcha. Parecía una luciérnaga en plena noche de verano. Al afinar su mirada, en la oscuridad, pudo darse cuenta de que era su amiga. La mujer fumaba algo, aquello le dio mala espina porque no era su costumbre. Bajo lento y la vio recostada en el tronco, doblado, del almendro.

  — ¡Tranquilo! ¡Soy yo! — Le dijo con un tono, un poco, extraño.
El tipo terminó de descender de aquel instrumento de dos patas y al poner los pies sobre la tierra, *sintió la patada* del *tufo* que provocaba la mariguana que casi lo noqueaba. Un poco enojado, le preguntó:
  — ¿Qué mierdas estás fumando? ¡Mariguana, no!
  — ¡Sí, *vos*! Tenía ganas de probar algo nuevo y se me ocurrió esto para ver si me ayuda en algo.
  — ¡Ayudarte! Vos, crees que ponerte *pedo,* te ayudará en algo.
  — ¡Ya probé que es medicinal con los dolores de vientre! Según he leído, hasta el cáncer cura. Eso sin mencionar el lado psicológico y terapéutico que se maneja. Lo negativo, según dicen, es que puede provocar adicción; pero yo creo que puedo dominarla.
  — ¡Eso, dicen, todos! Pero mira cuanto *drogo* hay. ¡Imagino que la conseguiste con «Fumarola»!
  — ¿Qué comes que adivinas? ¡Él es mi proveedor exclusivo! ¿Quieres probar? Apuesto a que te gustará; fíjate que ya me *siento en onda.*
  — Vos, sabes que el cigarro no es mi fuerte.
  — Si pero esto no tienes que fumarlo, sólo mantienes el humo un *ratito* y, luego, lo sueltas; tus pulmones ni lo sienten.
  — ¡No lo sé! No me gusta.
  — ¿Y sí, lo hacemos, practicando un beso? ¡Ven acércate que te voy a besar a ver que sientes! — Ella conocía *el lado flaco* del bicho.

La *cipota* se acercó y le plasmó un beso con la boca llena de humo. Al inició, no pudo aguantar el humo porque sintió que se ahogaba. Al oírlo estornudar, como alguien que se asfixia, se puso a reír, diciéndole:

— No te preocupes que, con la práctica, te acostumbrarás.

Le ofreció, el pitillo, y él, lo rechazó.

— ¡Lo siento, eso no va conmigo!

— ¡Cómo, quieras! Vos, te lo *perdés*.

La mujer volvió a fumar y se recostó sobre el árbol. Luego, le dijo:

— ¡Ven, quiero sentirte cerca! Abrió sus piernas, como una horqueta, y *se tiró* de espaldas contra el árbol. El pantalón, cortado anteriormente, estaba desabotonado y se bajó el *zíper* diciéndole que le apretaba un poco. Al ver que no se acercaba, se volvió a enderezar, inclinándose, hacia él, le preguntó: ¿Qué te pasa? ¿Por qué no te acercas? Acaso, la Pupu, te dejó vacío. ¡Ven! Cuénteme, ¿cómo te fue con ella? ¡No me compares porque salgo perdiendo! — Al final, un sentimiento de inferioridad salió a relucir.

— ¡Negrita, no estás bien! Mejor, te llevo al cuarto para que descanses; mañana hablamos, sí. — Se le acercó y la tomó por la cintura.

— ¡No quiero irme! ¡Aquí estoy bien! ¿O quieres llevarme para cogerme? ¡Mira que ahora podría ser!

— ¡No, así no, Negrita; mejor otro día!

— ¡Otro día, quizás, no va a ser! ¡O lo tomas; o lo dejas! *¡Pobrecito*, mi *Rorito!* Lo he tenido sufriendo todas estas noches, pero verás que pronto te pagaré todas las que te debo. ¡Sabes que te quiero mucho!

— Lo sé, pero ahora vámonos para el cuarto. ¡Deja, ésta, babosada ya! — Le quitó el pedazo de cigarro y lo apagó con la suela del zapato.

— Así, enojado, no me gustas, mejor dame un besito. —Le estiro los labios para que la besara.

— ¿Entonces, la Pupu, logró su objetivo? Ves, el que persevera alcanza. No dejes de luchar que recibirás tu recompensa.

— ¡No pasó nada!

— ¿Nada, de nada? *¡Al agua quieres mojar!* ¡Mejor, *cuéntame, una, de pajaritos, preñados!* Dime: ¿No, deseas contarme, o qué? ¿En qué quedamos?

— ¿Te gustaría que contara lo que hacemos!*¡Verdá* que no!

— Eso es verdad, pero no te pido que me des detalles. —Le sonrió *babosamente.*

— Bueno, ¡paso algo! Hasta, allí. Ahora, a la cama.

— Pero con una condición: ¡Qué me lleves en brazos y, no te marches, hasta que me duerma!

— ¡Hecho!

El tipo, la tomó en los brazos y, ella, le sonreía contenta de obtener su capricho. Luego, le dijo:

— ¡Palabra que eres un buen tipo! Mereces una buena mujer... pero para eso tienes que aprender mucho. —Le acarició la cara y agregó: No te preocupes que yo te ayudaré.

— ¡Cómo quisiera tener algo para grabar estas palabras! Mañana ni te acordarás.

— ¡Sabes! Todavía no tolero mucho que un hombre me toque, pero he notado que yo lo puedo hacer. Me gustaría saber hasta dónde puedo llegar, me das permiso de intentarlo.

— Sí, pero no sé si podré aguantarme. Mejor dejémoslo para otra ocasión. Así no mucho me gusta.

— ¡Eso deja que lo decida yo! Vos, sólo, déjate llevar; luego, veremos qué pasa. De todas maneras, yo seré quién decida hasta dónde parar.

En ese momento, llegaban a la cama y la depositó. Luego de acomodarla, se acostó a su lado. La muchacha se clavó en el cielo del techo. La tenue luz que entraba por las rendijas de la cortina negra, le daban un aspecto misterioso al cuarto. En ese instante, sus ojos estaban, rojos, como el carbón. Sin verla, le preguntó:

— ¿Estás bien?

— ¡Mejor que hace un rato y, espero, mejorar más tarde!

— ¡Qué bueno! ¡No me gusta verte así!

— ¡Sabes! Quería hablarte de algo que se me ocurrió mientras te esperaba.

— ¡Ajá! Dime, mujer: ¿Qué otro invento se te ha ocurrido?

— Pero, ¿te gustan, no?

— Para qué negártelo, si sabes que sí.

— Pensé que podríamos combinar algunas lecciones; ya trabajamos los besos, podríamos practicar las posiciones; eso sí, sin penetración; sólo tratar de ver cómo se realizan, digo para tener una idea. Además, pienso que es importante que conozcas las partes más sensibles de una mujer. Cada una tiene sus partes sensibles, conocerlas dará una ventaja sobre ellas. Si tocas en la tecla adecuada, podrás obtener las mejores melodías; qué digo, las mejores sinfonías. Las volverás *loquitas*. Estoy segura de que serán ellas mismas las que te invitarán a la cama. ¿Qué te parece?

El Roro sonrió porque a la mujer se le había olvidado que ya le había hablado algo. Le siguió el juego a ver hasta dónde llegaba.

— ¡La idea está chévere! Lo único que no sé, tú lo sabes; es si podré detenerme; *endiablado*, me cuesta mucho detenerme en el juego.

— Pero lo tienes que hacer; si no, esto no va. Ten la seguridad que cuando me cure, serás el primero en saberlo.

— Parece que, no te dormirás, verdá.

— ¡No tengo sueño! Prometiste marcharte, hasta que me duerma. ¡Ahora, me cumples!

— ¡Okey! Pero ¿estás bien?

— ¡Muy bien! Mira puedo hacer el angelito. — La mujer abrió piernas y brazos para demostrarlo. Claro que, al abrirlos, lo manoseo todo en son de broma.

Se dio media vuelta y mirándolo le dijo:

— ¡Gracias por no marcharte! —Se puso a jugar con los labios de chico.

— ¡De nada! ¡Sabes que te quiero mucho y que no te abandonaría por nada del mundo!

— ¡Por cosas como ésa! ¡Me ganas a cada momento!

— ¡Tú, también, haces muchas cosas que me encantan!

— ¡Parece que ambos tratamos de complacernos! Todo esto, me ha dado mucho calor; además, el pantalón me soca la cintura. ¿Te molesta si me lo quito? —Sin esperar el permiso, se lo comenzó a quitar. La camisa también se fue en la misma secuencia quedando, sólo, con el calzón blanco que resaltaba en aquella oscuridad mística que los envolvía.

La chica, se había sentado al borde de la cama; mientras él, la observaba maliciosamente. Sabiendo que, *no le quitaba el ojo*, medio volteó el rostro y le sonrió. Ella sabía que estaba encantado observando su figura. Al terminar, se volvió a tirar de espaldas. En esta ocasión, se subió por completo, dejándolo a medio cuerpo. El tipo, simplemente, se colocó de lado, para seguir observándola. Al ver, su sonrisa, le dijo:

— ¡No te rías! —Se miró los senos y, dijo: No son bonitos, ¿verdad? Son algo pequeños. ¡Imagino que, los de la Pupu, son mejores! —Volvió a salir aquel sentimiento de inferioridad.

— ¡No digas tonterías! ¡Son hermosos y, no tienes, ¡por qué avergonzarte de ellos! — Se puso a acariciar uno de ellos.

— ¿En verdad, te gustan?

— ¡Me encantan! —Se dispuso a acariciar con la punta de la lengua.

— ¡Sabes! —Le dijo, mientras le acariciaba el cabello— Desde que comenzamos a jugar, este juego. He soñado contigo, me has acariciado y te has convertido en mi *divo*; me he masturbado deseándote.

El Roro se separó con la intención de escucharla, él pensó que, a lo mejor, eso deseaba; pero, ella, le preguntó:

— ¿Qué te pasa? ¿Por qué paraste?

Queriendo matizar su acción, le dijo:

— ¡No sé si hago lo correcto! No me gusta verte así... yo quiero a mi Negra. Esa *regañona*, inteligente y esquiva. Tus senos no tienen nada que envidiarle a los de la Pupu... los tuyos están bien *paraditos*, los he tenido en mis manos y han sido los primeros en darme de beber. Sin embargo, creo que no *estás en tus cinco*.

— ¡Sí! Dices cosas tan bonitas... pero, ¿sabes una cosa?... ¡No te escaparás! Sigue haciendo lo que estabas haciendo porque ibas muy bien, como buen alumno.

El Roro, le sonrió, y se puso a chupar, suavemente, el pezón que, estaba, *paradito* y gritándole que colocara su lengua sobre él. A los segundos, la dama, abrió sus piernas y buscando la mano del joven, la agarró y le dijo:

— ¡*Guayabea*, esta lección! ¡Buscar, la parte, más sensible en una mujer, su clítoris! Luego, en la parte derecha encontrarás el lugar que la sube, hasta, el cielo. ¡Te mostraré! —Agarró la mano y escogió uno de los dedos para colocarlo en el lugar preciso. Luego, agregó: ¡Presiona suave y déjate llevar por los signos del momento!

La chica lo dejó aprender aquella lección mientras, poco a poco, hasta lo más lato y profundo del universo.

En determinado momento, el Roro se había entregado a la acción en cuerpo y alma. De repente, se dio cuenta de que, la mujer, se le había dormido. —Sonrió al verse sumergido sobre la acción. Luego, la apartó y la arropó. Se marchó sin hacer demasiada bulla, como lo había prometido.

Al día siguiente, la chica se hizo, *la de los tamales chucos*, e hizo pensar que no recordaba nada. Él, le siguió el juego para no hacer larga la historia. Sin embargo, le regaló una sonrisa que le indicó lo contrario. La pregunta era ¿a qué estaba jugando la Negra? El Roro tenía un poco de temor porque la *cipota* se estaba metiendo en el camino de las drogas tratando de encontrar salida a su problema personal. Todos, sabían, al abismo que se estaba asomando.

El grupo siguió reuniéndose en aquella esquina y ellos siguieron viéndose por las noches, aunque de manera más esporádica. La Pupu no volvió a insinuarle nada y la amistad siguió su camino como si no hubiera pasado nada. Según el Roro, la Negra tenía razón, la jovencita solamente quería arrancarse aquel deseo de mujer y recuperar el orgullo herido.

La Negra, por su lado, siguió consumiendo droga pero no delante del Roro porque, en cierta forma, le daba vergüenza y porque el amigo le suplicó que no lo hiciera. Eso sí, siempre estuvieron atentos a la necesidad del otro.

Mientras tanto, los estragos de una guerra civil continuaban haciendo de las suyas; sus tentáculos se hacían sentir en el diario vivir de aquella zona occidental del pequeño país centroamericano. Las noches no eran las mismas, la gente se estaba acostumbrando a acostarse más temprano y solamente los jóvenes eran los que se atrevían a desafiar las órdenes del gobierno de no reunirse en pequeños grupos. En ese tiempo, los temblores no atemorizaban tanto, como, la posible, llegada de los muchachos, por un lado; o la mano negra de la fuerza armada, por el otro. Cierto miedo o sicosis social se estaba instalando en la gente, no se sabían en quién confiar.

No había día, sin que no apareciera, algún cristiano, boca arriba. Cuando no había, hasta se extrañaban. Ninguna de las guarniciones de policías, en los pueblos vecinos, se había salvado de los ataques de los guerrilleros o los muchachos. Esto ponía siempre muy quisquillosos a los miembros de la fuerza armada que al primer movimiento soltaban las balas. Al mismo tiempo, el ejército continuaba ejecutando sus redadas tratando de reclutar a los jóvenes que encontraba en la calle, para mandarlos como carnada, al frente del batallón.

Por aquellos días, en los corredores o las esquinas de las casas, los rumores iban y venían. Algunos hablaban de los *tatús* o cuevas donde se escondían de los ataques aéreos, los muchachos. Según se comentaba, ellos estaban agazapados y atrincherados en las múltiples montañas que dividían aquel pequeño país. El parque del Imposible, según se sabía, era un escondite perfecto y, desde ahí, los rebeldes dirigían, todos, sus ataques por la zona costera.

SUPERANDO UN TRAUMA

Al final del mes de octubre, con los vientos de otoño zumbando, todo parecía normal.

El Roro y La Negra, en común acuerdo, habían decidido poner un poco de distancia en su relación de amistad y algo más. Ambos sabían que habían rozado los límites, en cuanto a la búsqueda de un conocimiento juvenil. Todo aquello que habían vivido en esas noches calientes, los había unido como nunca. Inclusive, un viento de confusión y desconcierto los había llevado a tomar aquella decisión.

Esos días de distanciamiento, los había hecho reflexionar bastante, pero sus cuerpos todavía guardaban el calor del otro y gritaban con fuerza su ausencia. En ese tiempo, la Pupu se había ausentado para ir a la capital a ver como arreglaba lo de sus estudios y su estancia en aquel lugar. El Supo ya había tomado las riendas de uno de los buses de su padre y el Sapo se preocupaba porque no encontraba un buen trabajo, la idea de jalar para el norte le andaba rondando fuerte.

Ese día, a eso de las diez de la noche, el Roro acompañó a sus dos *cheros* a la calle. Éstos habían tomado la costumbre de jugar a las damas chinas en un local de venta de repuestos. El más buzo de todos y el líder a vencer era Raúl, el Gordo; quien además de ser el *cuidandero* del local, hacía algunos negocios turbios bajo la mesa, como: vender gasolina robada, mariguana y armas, sin permiso.

Los chicos se turnaban para enfrentar al *macizo* de Raúl. Después de haber vencido a casi todo el mundo, llegó la oportunidad a nuestro héroe. Éste, de tanto mirar, había aprendido algunas mañas al líder; por esa razón, le puso el partido bastante difícil. A pesar de que la partida, estaba, interesante, sus *cheros* habían decidido cambiar de aires para unirse a otro grupo a unos cuantos metros del lugar. La razón era simple, ahí estaban dos *cipotas* muy guapas.

La partida se puso reñida entre el Roro y el Gordo de Raúl. Ninguno de los dos quería *dar su brazo a torcer* y luchaba por ganar. Sin embargo, las necesidades decidieron otra cosa: el Roro necesitaba sacar la gasolina quemada y, el *cuidandero*, echar algo a la barriga. Ambos decidieron de común, poner un alto en las hostilidades. El Roro se fue a *echar una de gato* en la parte de atrás del local y el Gordo, a la despensa del lugar.

Cuando estaba cerca del muro, en el fondo del terreno y detrás de un palo de coco, el chico se quedó mirando el cielo. Estaba un poco nublado y la visibilidad era bastante reducida. La noche escondía hasta las miradas. Desde su lugar, el cipote no le quitaba la vista al juego, para que no se la fueran a hacer trampa. Sus *cheros* gozaban de lo más lindo y sus carcajadas, las escuchaba, tan claras como si estuvieran *cerquita*. Su camisa blanca lo delataba desde la distancia y por eso, la *mara*, le silbó «*la vieja*» para *chingarlo*.

De repente, en la distancia, se escuchó un retumbo estremecedor y, acto seguido, se vino un apagón del alumbrado eléctrico. Todas las personas que andaban en la calle, en ese momento, se quedaron en silencio esperando la continuación. Parecían venados asustados, las puertas comenzaron a cerrarse en las casas vecinas y un suspenso flotó como leve neblina en el horizonte. Hasta los grillos parecían estar expectantes.

Como las cosas no estaban para andar jugando, sus amigos comenzaron a buscar, tranquilamente, el camino rumbo a la casa porque algo no olía muy bien en el ambiente. Le pegaron un grito al *mión* para que apurara el paso. En ese momento, estaba, a la mitad de vaciar su líquido y, por mucho que presionó, no avanzó la gran cosa. Los dos cocos bebidos con anterioridad no ayudan mucho que digamos, en mal momento escogió salir a orinar.

De repente, a la entrada del pueblo, se escuchó una ráfaga de balas que pusieron a todo el mundo con la carne de gallina y los pelos parados. De inmediato se realizó el desparpajo de gente corriendo como locos buscando donde esconderse. Las puertas y ventanas se comenzaron a escuchar, al cerrarse con precipitación. El chico, a pesar de apresurar el flujo, se vio sorprendido por la situación. El ruido del motor de unos autos se escuchó llegando con rapidez.

A los segundos, cuatro vehículos hicieron interrupción en el lugar. Uno de ellos se dirigió al negocio donde jugaban, mientras que los otros tres se esparcieron por las diferentes calles del lugar. Para meter más pánico en el ambiente y que los pocos valientes que todavía sacaban su nariz terminaran de meterse a sus cuevas, volvieron a tirar sus municiones al aire. Con esa advertencia y con la complacencia de la noche, se dirigieron a sus objetivos haciendo *rebuznar* sus coches.

A todas éstas, Raúl, había logrado cerrar la puerta de la entrada del local y se había escondido detrás de unos muebles, el tipo era súper miedoso. Y, quizás, *guelía* algo porque tres tipos interrumpieron en el negocio.

Mientras tanto, el Roro se había quedado agazapado al pie del muro de ladrillos, justo atrás del coco. Acurrucado, sacaba la cabeza para *guachar* lo que pasaba frente a él. No estaba muy lejos, más o menos, a veinte metros de la casa. El sonido del golpe al tirar la puerta del negocio, lo habían puesto nervioso. Entonces, *los encapuchados*, sacaron a empujones al Gordo y lo tiraron boca abajo; luego, sin andar con cuentos: le zamparon varios plomazos en la espalda y, *para rematar el mandado*, uno en la cabeza. Cada, impacto de bala, provocó en el joven mirón, un temblor muy fuerte; era como ver una película con sonido estéreo. El cuerpo de la víctima medio rebotó con cada plomazo.

Desde la oscuridad, el Roro veía toda la escena y no daba crédito a lo que estaba viendo. La luz de la luna mostraba claramente aquella escena y el joven se había quedado impactado, no movía ni un pelo. Era como una película de narcotraficantes a todo color. De repente, quizás la realidad lo despertó porque el cipote comenzó a sentir miedo. Trató de controlarse para no cometer ningún error porque estaba en el filo de la navaja. Se dijo respirando tranquilo: «debo salir de aquí como sea, estoy donde no me han llamado». De inmediato, comenzó a ver y analizar las soluciones de escape. De una, se dio cuenta de que solamente existía una salida: saltar el muro de ladrillos que tenía como dos metros de alto.

Sin dejar de *vigiar* a los asesinos, *por las moscas*, miró el muro y pensó que subiéndose, por el tronco del coco, lo alcanzaría más fácilmente. Sin pensarlo dos veces, se puso a ejecutar su plan. Todo iba de maravillas hasta que, al saltar sobre el borde del muro, un gato negro se le presentó delante. Aquel animal de mala suerte, igualmente, no se lo esperaba. Ambos se asustaron: el felino se puso erizo y le mostró los dientes; el joven, se quedó quieto. Como el momento no estaba *para contar cuentos, en dos patadas,* lo agarró de la espalda y lo lazó por los aires. El cuadrúpedo se defendió como pudo y lo alcanzó a arañar. Al sentirse en peligro, y en el aire, la pequeña bestia nocturna pegó un grito que despertó a los pájaros que dormían tranquilamente en los arboles cercanos.

Todo aquel alboroto llamó la atención de uno de los malos y lo vio acurrucado sobre el muro. Ambos se miraron, por el espacio de unas milésimas de segundo. Los dos pensaron, diferentemente: uno, un testigo suelto; el otro, me *cacharon*. *De automático*, el tipo quiso alcanzarlo con una bala y, el otro, escapar de la vista del asesino. Por suerte, el muro le sirvió de muralla y, el *cuetazo*, se escuchó pegar fuerte sobre el ladrillo rojo.

El, Roro, pensó antes de caer al suelo y sobre un basurero: «*Por poquito, no la cuento*». Al caer, *con la misma*, se puso de pie y comenzó a correr. Con el instinto de salvación, *a flor de piel*, le *metió duro* a los pies, diciendo: *patas para qué te quiero*. Tengo que alejarme de inmediato.

El tirador nocturno se había acercado al muro y de un salto había alcanzado poner sus manos sobre el muro. Desde ahí, lo divisó, casi volando por la calle *polvosa*; en la distancia, la camisa blanca lo traicionaba. Con el esfuerzo realizado, los botones de la camisa habían salido volando. Aquella prenda parecía una capa de súper héroe. Entonces, justo al dar vuelta por una esquina, otros balazos cayeron al borde de la casa, esa era la señal que no debía detenerse porque lo venía siguiendo.

Mientras corría afligido y con el *maicero apretado*, el *correlón* comenzó a *cranear* algún plan de salvación. En aquellos segundos, todas posibilidades se le pasaron como unas barajas de naipe. Sabía que no podía ir a su casa, la posibilidad que lo hubieran reconocido era palpable; no podía seguir corriendo, en plena calle, porque era presa fácil; buscar un escondite era lo ideal, pero a dónde. La cueva del «*conacaste blanco*» llegó como balsa de salvación. El único problema era que estaba alejada. Entonces, quiso cortar camino atravesando un solar.

El tipo que le había disparado, se puso a perseguirlo; pero antes, dio aviso a sus compinches para que se unieran en la cacería humana. El Roro, al escuchar los motores de los vehículos acercarse, decidió saltar el alambrado de púas. Mala idea, un *perro aguacatero* lo recibió, mostrándole los dientes blancos queriendo hacerle daño. En su apuro, se quitó la camisa y se defendió como pudo, toreándolo, sin dejar de moverse porque el otro peligro se acercaba. Por suerte, para él, la camisa sirvió de distracción porque el animal la agarró y se puso a romperla con mucha rabia. De ese modo, aprovechó ese momento para correr y llegar al extremo del solar, alambrado. Aquella barrera, de alambres, era más alta; por eso, prefirió meterse entre los hilos de metal. En el momento de atravesar, sintió, por detrás, la mordida del animal en su pantorrilla y, con la misma, haló la pierna. El pantalón quedó entre los dientes del *chucho* y las púas. Como no tenía tiempo para perder, se quitó el pantalón y se lo dejó al animal. La prenda se trabó más en los alambres y sirvió para que el animal se entretuviera.

A los pocos segundos, el tipo que perseguía al curioso, lanzó un disparo al aire y el perro se fue a buscarlo. El animal lo recibió con la misma furia pero, esta vez, con tan mala suerte que lo tranquilizaron metiéndole varios disparos. Al final de cuentas, aquel animal le había *salvado el pellejo* porque le dio el tiempo necesario para escurrirse por los matorrales y *jugarles la vuelta.*

Al verse libre y sin su perseguidor, el Roro se encontró de repente a los pies de la casa de la Negra. Sin dudarlo, y esperando que estuviera despierta, se acercó con mucha cautela a la ventana de persianas de vidrio. Agarró una pequeña piedra y golpeando suave, la llamó con voz de susto, varias veces: «¡Negra! ¡Negra! ¡Ayúdame que me quieren matar!». —Susurró con el alma entre sus manos.

La chica que estaba leyendo un libro, alumbrándose con una lámpara de mano; se asustó al oír aquella voz. Pero luego, reconociendo la voz de su *chero*; con un poco con miedo, se acercó a la ventana y abriendo poco, las cortinas negras, le preguntó:

— ¿Roro sos vos? ¿Qué *puta*s haces ahí? ¿Qué no escuchas lo que está pasando?

— ¡Negra me vienen siguiendo! ¡Me quieren matar!

— ¿Qué?

— ¡Qué me quieren matar, te digo! ¡Ayúdame!

— ¡No jodas vos! ¿Y qué haces ahí, *pendejo*? ¡No te quedes ahí, *baboso*! ¡Ve atrás de la casa y sáltate el muro!

El chico, *ni lerdo ni perezoso*, se fue rápidamente para la parte trasera y con la fuerza de la desesperación se subió el muro. La bicha, igualmente, salió rápido y, apenas, pudo ponerse algo sobre el cuerpo. Ella leía, *como Dios la trajo al mundo,* porque hacía mucho calor.

Al bajar, ni siquiera tuvieron tiempo de decirse algo porque unos balazos que se escucharon cerca, los puso nerviosos. Lo agarró de la mano y, corriendo a ciegas, lo condujo hasta su habitación.

Justo, al entrar al cuarto, unas luces pasaron alumbrando en la ventana del cuarto y, ellos, adujeron que eran los maleantes; de inmediato, se tiraron de rodillas y, *a gatas,* se fueron a poner detrás de la pared que daba a la calle para protegerse de mejor manera.

Los tipos se pusieron a decir que no podían dejar testigos libres y que debían encontrarlo, cómo fuera.

Al escuchar aquellas palabras, el Roro comenzó a temblar mucho y a balbucear que lo iban a matar. Mientras tanto, la chica trataba de calmarlo y le tapaba la boca diciéndole que no hablara porque los iban a matar si los escuchaban.

Como el chico, por el pánico del momento, no dejaba de hablar, la mujer no tuvo otra opción que besarlo; para que se callara y se calmara. El cipote se vio sorprendido y, bajando sus rodillas, dejó que la muchacha se pudiera sentar sobre él. Aquel beso de auxilio se hizo eterno, el miedo comenzó a disiparse y hasta el mundo exterior cayó en un limbo sin importancia.

Se apartaron un poco y el chico quiso decir algo pero la mujer lo detuvo diciéndole que no hablara y lo siguió besando. Ambos se entregaron a aquel beso y, como por arte de magia, todas las lecciones aprendidas comenzaron a ponerse en práctica. Al estar casi desnudos, el desenlace inesperado se hizo realidad para ambos. Ahí sentada sobre el joven, la mujer comenzó a disfrutar del placer del sexo. A los minutos la mujer estaba estallando por dentro, pero ninguno de los dos quería parar.

Aquel primer intento se trasformó en una seguidilla de relaciones que terminaron en la cama de la bicha. Entre ellos no hubo una sola palabra, solamente dejaron que sus cuerpos se expresaran libremente sin ataduras ni límites. La madruga fue testigo que los encontró enrollados y medio despiertos. Una pequeña luz que entraba por las rendijas de la cortina, les iluminaba mágicamente el cuarto. Se vieron y sonrieron, el tipo le comenzó a acariciar el rostro y, luego, se volvieron a unir en un beso. De nuevo se despertó el apetito sexual retenido y, conscientemente, se pusieron a *jugar a las ligas mayores*.

A eso de las seis de la mañana, con las ganas a ras de piso y cansados. El tipo le comentó toda la historia y cómo vieron que no era para estar jugando, la chica decidió que no se moviera de su cuarto sin antes de saber lo que sucedía en el exterior. La lógica les indicó que la familia del chico y sus amigos estarían preocupados. Así que hicieron llegar un mensaje para tranquilizarlos. De lo suyo, no tocaron el tema para nada.

Lo primero que hizo la mujer, al salir a la calle, fue ir a obtener todas informaciones y chambres posibles. Ahí encontró a uno de los cheros y le dijo que el Roro había pasado por su ventana diciéndole que se iría a esconder. Este pasó la bola a los otros y familiares para tranquilizarlos. En ese momento, nadie sabía exactamente dónde se encontraba, salvo la Negra, por supuesto.

Al regresar lo puso al día y, así, se inventaron la historia del escondite secreto que era la cueva. Sus cheros conocían perfectamente el lugar y, conociéndolos, lo irían a buscar. Así que esperarían hasta entrada la noche para darles la noticia.

Durante el día, la joven se las arregló para mantener la puerta, que daba a su casa, cerrada para evitar que su madre la descubriera. Cuando podía, lo iba a ver para hacerle compañía. Un *vueltín* sin más. A todo esto, el chico se había puesto una *calzoneta* y una camisa de la mujer; que por cierto, le quedaba muy pegadas al cuerpo. Eso daba pie a que la bicha lo molestara diciéndole que se veía lindo vestido con ropa de mujer. Claro que se mantuvieron alejados de todo contacto físico manteniendo la historia del asesinato en primer plano. Ser testigo de un crimen lo puso patas para arriba y, a pesar de querer borrarlo de su mente, la escena volvía a molestarlo cada vez que cerraba los ojos.

Al caer el sol, se dispuso a marcharse aprovechando la oscuridad. Al final de cuentas, solamente se fue con una camisa larga y le pidió a la mujer que le dijera a sus cheros que le llevaran ropa de cambio.

Dicho y hecho, le dejó unos minutos para que tuviera distancia y mandó a llamar al Supo y al Sapo. Les dio el aviso y éstos se fueron para la casa del chico a pedir ropa; contaron la historia a la familia y luego se marcharon a la cueva.

Al llegar al lugar, encontraron al chero solamente en calzoncillos porque había tomado la precaución de esconder la camisa de la amiga para no delatarla. Ahí pasaron con él y luego se fueron a recuperar el pantalón que estaba atrapado en la cerca. La prenda guardaba sus papeles personales que lo vinculaban al problema.

Juntos se fueron, por los montes, a la casa del chico para tranquilizar a sus padres y establecieron que, por precaución, debería volver a la cueva. Sólo que en esta ocasión, se llevó algunas sábanas y algo de comer para pasarla mejor. Aunque los cheros insistieron en quedarse, el tipo los obligó que se marcharan para que averiguaran si lo buscaban o no y para evitar daños mayores; De ese modo, el día siguiente tomaría otra decisión: salir volando para el norte era la única salida.

Cuando los cipotes se fueron, le pasaron la voz a la Negra y, ésta, no dudo un segundo en saltar el muro para ir a buscarlo. Al verla llegar, le preguntó qué estaba haciendo ahí. La bicha, así como era de directa, le contestó:

— ¡Vine a acompañarte! En son de broma le dijo: ¡No es bueno que el hombre esté solo! ¡La Soledad no es buena compañera!

— ¡Gracias! Pero no creo conveniente que estés aquí, no deseo que te pase algo.

— ¡Estás loco! ¡Parece que, no me conoces! Además, estuba pensando que puede pasar que, el Supo, suelte la lengua; ése, no es mal intencionado pero ambos sabemos del mal que padece. En el pueblo corren muchos chismes, la mayoría de gente está en la vela del gordo Raúl o en la de los hermanos que ya los encontraron tirados al costado de la carretera.

— ¡Es verdá! Entonces tengo que buscar otro lugar.

— ¡A eso quería llegar! ¡Quiero que vengas para la casa! Ahí nadie te buscará y cómo yo de noche no salgo, nadie lo notará. ¿Qué dices?

— No me parece mala la idea… pero, después de lo de anoche. ¿Estás segura?

— ¿Y qué pasó anoche? Que recuerde, no pasó nada. ¿Y vos?

— ¡Nada! ¡Nada que compartir con los demás!

— ¡Entonces! Si no pasó nada, no tiene porque pasar otra cosa. ¡Y si pasa pues, será entre dos consentidores! ¡O no es así!

— ¡Está bien! Pero por la mañana tengo que volver, por los chicos.

— ¡Está bien!

El chico aceptó la invitación y se fue con la mujer, al rato estaban en la habitación. Claro que él había entrado saltando el muro, mientras que ella por la puerta principal. Al llegar la chica, y verlo sentado sobre el borde de la cama, le dijo:

— ¡Creo que estarías más cómodo sin ropa! ¡Quieres que te de algo mío!... ¡Cómo lo de ayer! —Se burló pícaramente.

— ¡Anda! Síguete burlando de mi suerte, ya vendrán los días en los que será mi turno.

— ¡Qué! ¿Quieres que me ponga a llorar? ¡No hombre, al mal tiempo ponle buena cara!

— ¡Lo sé, pero no puedo quitarme de la cabeza esa maldita escena!

— ¡Créeme que te comprendo! Yo he vivido por mucho tiempo ese mismo problema y sé que es difícil. Tienes que darle tiempo o esperar que alguien te ayude a superarlo.

— ¿Crees que lo superaste?

— Después de anoche creo que voy por buen camino. ¡Veremos si sólo fue una nube pasajera! Sin embargo, no te preocupes. Así como vos me has ayudado, yo estaré a tu lado para superarlo.

— ¡Gracias!

— Entre cheros no se dan las gracias porque se hace con placer.

— Me regalas un abrazo… ¡Necesito un poco de cariño!

— ¡Claro! Pero sólo un abrazo… ¡Estoy bromeando! Ven a mis brazos mi querido Rorito.

Los amigos se abrazaron muy tiernamente por un buen rato. Luego, él le dijo:

— ¡No sé que hubiera sido sin ti! La estaría pasando muy mal en la cueva.

— Por mi lado estaría muriéndome de preocupación. De ese modo, los dos estamos tranquilos. Te iré a traer algo para que comas, no quiero que te me mueras de hambre. Y por lo que veo, algo para curar la mordida del perro, espero que no haya estado rabioso.

— ¡Sabes que gracias a él me salvé!

— Como dicen, un mal puede significar un bien para otro.

La mujer se marchó y al rato regresó con algo de comer y las curaciones. Luego se marchó porque la madre la dejó encargada de la tienda mientras ella miraba la novela.

El chico se puso a merodear por los cuartos de la amiga y encontró unos puros de mariguana entre unos libros. Además de condones y pastillas anticonceptivas. Todo eso le dio mala espina pero se lo guardó para sí.

La Negra cerró el negocio más temprano porque deseaba pasar más tiempo con su invitado especial. En el cuarto, los dos estaban un poco avergonzados. Entonces, fue la mujer que lo invitó a que se pusiera cómodo. El cuarto estaba caliente, por eso encendió un ventilador y, si lo deseaba, se quitara la camisa. El amigo aceptó sin poner ningún problema. Se quitó camisa y zapatos, se sentó sobre la cama, se quedó únicamente con su pantalón azul.

El Roro, un poco atrevido, le dijo:

— ¿Y vos, te quedará así? ¿No sientes calor? ¡Ponte cómoda que estás en tu casa! — Le regaló una linda sonrisa. Luego, le agarró una mano diciéndole que le agradecía todo lo que estaba haciendo.

— ¡Para eso somos los amigos, no! —Le respondió mirándolo fijamente. ¡Además, sé qué harías lo mismo, si estuviera en tu caso! Y como dijo el elefante a la hormiguita… Nada que gracias, querida. Abajo los calzoncitos.

— ¡De eso quería hablarte! Yo sé que no pasó nada ayer, pero me gustó tanto.

— ¡Pienso igual! Eso me ayudó a superar por completo mi problema.

— ¿De verdá? ¡Qué bueno! Eso si que me gusta mucho. Lástima que no me necesitas porque seguiría sacrificándome con mucho gusto.

— ¡Pensándolo bien! ¡Creo que no me he recuperado por completo!

Le agarró la mano y la colocó sobre su pecho para que escuchara el corazón.

— ¿Escuchas cómo está inquieto?

— ¡Sí, mucho! —Le dijo el bicho y le levantó la camisa para ponerle la mano sobre la piel.

— ¡Estoy sintiendo un calor que me incomoda! ¡Creo que me pondré algo más ligero!

Se levantó de la cama y solamente con la luz que entraba por el cuarto, se quitó toda la ropa mientras el joven no le quitaba la mirada de encima. Luego, buscó un camisón en una cómoda frente a la cama e inclinándose le mostró el trasero. Todo eso para seducirlo sutilmente. Se colocó la prenda transparente y, con la misma, se subió a la cama de rodillas y acercándose le dijo:

— ¡Así me siento mejor! ¿Qué te parece?

Se le subió sobre las piernas y se le sentó de la misma forma que la noche anterior.

— ¡Me gusta lo que veo! Pero… hay algo que está sobrando.

— ¡Entonces, si sobra!… Sólo tienes que quitarlo porque yo haré lo mismo.

Cada persona comenzó a quitar la ropa de su compañero. En ese momento preciso, la madre comenzaba a hacer de las suyas en el cuarto adjunto. Ambos se quedaron escuchando y una sonrisa los invadió, se abrazaron fuerte. Los chillidos de los resortes de la cama, como gotas de agua, golpeaban fuerte sus cuerpos. Por esa razón, las caricias se unieron a la sinfonía del amor. Entonces, para no hacer bulla, tiraron toda la ropa de la cama a un costado y, sobre ella, se amaron de nuevo. Exploraron todo tipo de posiciones hasta quedar agotados de placer. A eso de las dos de la mañana, se quedaron dormidos, uno sobre el otro.

A las cuatro de la mañana, el canto del gallo los despertó y de nuevo comenzaron a gozar de las delicias del sexo. Y, de manera igual que el día anterior, el chico se fue del lugar para amanecer en la cueva. Ese mismo día, volvió a su casa porque el padre llegó con la intención de llevárselo. Desde ese momento, el señor se puso en contacto con la prima para que le ayudara con la hija que vivía en Santa Ana.

COSAS DE CIPOTES

A los días, el pueblo entero volvió a caer en pánico porque una familia completa fue aniquilada en su rancho; todos los miembros quedaron muertos bajo el mismo techo. Desde el abuelo hasta los más pequeños, un bebé de apenas varios meses. Dijeron que había sido un grupo de hombres armados que llegaron en unos vehículos y, sin decir nada, rociaron con balas aquel rancho de madera y tejas rojas.

Nadie sabía, a ciencia cierta, la razón de aquella matanza, lo cierto era que los rumores recorrían las calles de aquel lugar. Muchos achacaban los hechos a los militares, por la manera como había sido realizada; pero otros, decían que habían sido los muchachos porque uno de los hijos era miembro del ejército.

Ese día, contra toda advertencia, los cheros se reunieron en la esquina de la casa de la Negra. El Roro, por su parte, se había mantenido bastante alejado de la mirada de la gente por miedo a los tipos enmascarados, pero ese día decidió unirse al grupo. Su padre, le había advertido que no anduviera tocando al diablo porque podría salir quemado. Pero como dicen: «los cipotes son necios y por necios, se los lleva Judas».

El viernes anterior habían finalizado los estudios y estaban iniciando las vacaciones escolares. La *mara* andaba feliz por no tener nada que hacer más que joder. Solamente aquellos que tenían planeado continuar, tenían que *rebuscársela* para las inscripciones y los alojamientos. EL Roro y la Pupu habían realizado algunas tareas en ese sentido.

En esa época, los jóvenes que estudiaban bachillerato era muy pocos y los que iban a la universidad, contados con los dedos de las manos. Entre las razones principales estaban: la falta de dinero, la distancia y, quizás la más importante, el deseo. Tanto el joven como los padres no tenían verdadero interés en seguir. En su mayoría, los hogares estaban compuestos de varios hijos. La prole era muy difícil de alimentar, así que cuando cada cipote o mujer iba creciendo trataban de ponerlos a trabajar pronto, para ayudar económicamente en el hogar. De manera general, los hombres tenían destinado buscar chamba y las mujeres, por ser machistas, a buscar marido. Aunque a decir verdad, la situación iba cambiando porque la guerra se estaba llevando a los varones y esto obligaba a que el trabajo cayera en manos de las mujeres. Las empresas no tenían otra elección.

Aquel día, cuando llegaron a la reunión el Roro y la Pupu, sus cheros se pusieron contentos porque sabían que pronto no los volverían a ver. Es decir, sus días en el lugar estaban contados.

Se saludaron y, como siempre, se sentaron en sus lugares predilectos.

— ¿Y entonces? ¿Más tranquilo? —Le preguntó el Sapo.

— ¡Algo! Pero todavía me da *churria* salir de noche. Más después de lo que pasó ayer. ¡Parece que la muerte nos anduviera rondando!

— ¡No te preocupes que mala hierba nunca muere! — Le bromeó el Supo.

— ¡Lo dirás por vos, Supo! — Salió a defenderlo la Negra.

— ¿Y vos por qué saltas? ¡Acaso no puede defender el bicho! ¿O acaso te gusta? ¡Uuu! ¡A la Negra parece que se le están cambiando los gustos! —Se puso a chingar con muecas y risas.

La cipota se dio cuenta de que había metido las patas y trató de defenderse cómo cangrejo echándose de retroceso.

— ¡Nada que ver vos! Lo que pasa es que este baboso es muy callado y túte aprovechas de su nobleza.

— ¡Callado! Pregúntale a la Pupu, este es *mátalas callando*.

— ¡Y a mí porque me meten en sus pleitos! ¡Yo no tengo vela en ese entierro! — Respondió la Pupu enojada.

— ¡Ajá! ¡Picarones! ¿Y ustedes qué se traen? — Aprovechó la Negra para desviar el tema.

— ¡Nada, vos! ¡Éste que es un *chambroso*! ¡Yo no le he dicho ni jota, son inventos! — Saltó el Roro un poco enojado.

— ¡Yo le creo al Roro! Entonces.... ¿Dos más dos? —Todos se le quedaron viendo a la Pupu.

— ¡Ve! ¿Y por qué me miran así? Lo único que le dije a este *trompudo* fue que el Roro besaba bien.

— ¡Ajá! Así que ya se besaron. —Saltaron los otros comenzando a joder al chico.

— ¡Miren! Al calladito… Quién lo ve, lo compra. Se las tiene escondidas el cipote. — Lo comenzó a molestar la Negra y los otros la siguieron.

— ¡Ya dejen de joder! Solamente le di un besito. Mejor cuenten, a ver ¿Qué saben de lo de anoche?

— ¡Pues nada que les pusieron el dedo! ¡Y cómo en esta guerra todo se vale, todo se permite y todo se acepta! Se los quebraron de una. Aquí, unos pagan por metidos, otros por apellido y otros sin motivo. —Agregó el Supo. enojado.

— ¡Esta guerra no me gusta! —Expresó el Roro.

— ¡A nadie creo! —Agregó la Pupu. Lo único que sé es que hay muchos que pagan los platos rotos que no deben… Me dan, no sé que los niños, ¿qué culpa tenían? Por eso quiero ser enfermera, para ser ayuda y no, problema.

— ¡Estás segura vos! Mira que no eres tan buena para ver la sangre. —Opinó la Negra y agregó— ¡Creo que ni siquiera te has visto desnuda!

— ¡Sí, pero me gustaría ayudar!

— ¡Yo, lo único que quisiera es un trabajito para poderle ayudar a mi familia y porque no, a mi futura prole! —Se puso algo serio el Sapo.

— ¿Van a ir a los velorios? Habrá mucho pan, tamales y café. —Dijo el Supo.

— ¡La *chiviadera* va a ser buena! —Agregó el Sapo.

— Yo voy a ver si mi familia va a ir, porque no me gustaría venirme sola. ¿Y tú vas a ir Rodrigo?

— ¡Rodrigo! ¡Rorito dile! —Se puso a molestarla el Supo.

La Pupu se sonrojó y la Negra se lo hizo ver subiéndole las cejas. Entre ellas se habían contado algunos secretos.

— ¡No lo sé todavía! Lo que pasó está muy reciente y mis padres no quieren que me mueva de la casa… ¡Ustedes saben cómo son los viejos!

— ¡Sí, cómo ellos ya la gozaron; no quieren que nosotros, la gocemos! —Intervino el Supo.

— ¡De todas maneras voy a ver! ¡Me da, no sé que la familia!— ¡De a guevo! ¡Deberíamos hacer algo para ayudarlos! —Propuso la Negra.

— ¿Pero qué? —Agregó el Roro.

— ¡Algo! —Respondió la Negra un poco molesta por la conformidad de sus cheros.

El silencio en los chicos al no encontrar una respuesta los indispuso un poco. En el lugar no había mucho de dónde escoger ni tanta plata para regalar. La mayoría se las arreglaba como podía para sobrevivir. Sin embargo, aquella sugestión quedó echando luces en el pensamiento de los jóvenes.

— ¡Por mi parte, trataré de reunir unos víveres para la viuda; si quieren, solamente me traen algo y lo unimos, mañana se los llevaré!

— ¡Yo me apunto! Mañana te los traigo.

Al escucharlo, los otros se apuntaron para llevarle cosas a la Negra, en su gesto de solidaridad. Luego, el Supo se puso de pie y confirmó su deseo de ir al velorio. Se despidió del grupo y se marchó. La Pupu hizo lo mismo y les dijo que se alejaba porque iría a su casa para ver si su madre o alguien de la familia irían.

— ¡Y vos Roro! ¿Qué ondas? ¿Vas a ir o no? —Le preguntó la Negra.

— ¡No sé! Hay algo que no mucho me «*gurrumiche*». ¿Y si esos tipos vuelven? Honestamente, la vi muy cerca y para ser sincero, hasta las patas me tiemblan de sólo pensarlo.

— Me sorprende cómo se está perdiendo el valor a la vida. —Argumentó la Negra.

— ¡De plano! ¡Dímelo a mí! Todavía no me explico cómo alguien puede matar a otro sin tocarse los hígados. No se lo vayas a decir a nadie, pero todavía tengo clavada la imagen de cómo le asestaban, el de gracia, al Raúl.

— ¡No jadás! ¿Lo viste? ¡Mierda! ¡Te jodieron el alma! — Habló muy sorprendido el Sapo.

— ¡Por qué crees que estoy un poco agüitado!

— ¡Te comprendo! Pero ¡Tranquilo! Eso pasará, aunque siempre lo tendrás en tus memorias vivas.

En ese momento, tanto el Sapo como la Negra, le colocaron la mano sobre el hombre para sostenerlo en su problema.

— ¡Les digo una cosa! ¡Vayan a las velas! Esos tipos no volverán, serían demasiados estúpidos para hacerlo. Eso les ayudará a pasar el trago amargo. — Les motivó para hacer acto de presencia. Yo he escuchado que las cosas pasan una vez y nunca más vuelven a pasar, raramente pasan dos veces y, si pasan, no es por casualidad… ya era vos.

— ¡Si vos vas, yo voy! — Lanzó el Sapo al Roro.

— ¡Ve! De todas maneras, si pasa algo ya conoces el camino a casa. —Le insinuó en doble sentido.

— ¡Vamos que Raúl era nuestro chero! —Le insistió el Sapo poniéndose de pie.

— ¡Ve aunque sea sólo un ratito! — La Negra le puso las manos sobre la espalda y lo empujó para que se levantara.

— ¿Y vos que harás? —Le preguntó el Roro a la Negra.

— Lo de siempre, encuevarme y meterme en alguno de mis libros.

— ¡No te claves mucho! ¡Si necesitas un compañero para jugar, me avisas! ¡Mira que a dos, es más entretenido el juego!

— ¡Lo tendré en cuenta! Pero vos, ¡deja de andar besando bichas! Que te puede salir otra loba.

— ¡Ah no! Si te aparece otra loba, me la pasas; yo dejo que me coma enterito. —Bromeó el Sapo, levantando las cejas de placer.

En ese momento, llegaba al lugar el tal «patas chuecas» el amante de la madre de la Negra y éste le hizo una mirada de viejo mañoso a la bicha. La cipota le clavó los ojos queriéndolo crucificar y el Roro lo notó. Con un gesto en su rostro, le preguntó qué era lo que pasaba y la mujer, levantándole los hombres, le respondió que nada que luego le contaría.

Mientras que la chica se metía a la tienda, los dos amigos se marcharon en medio de la oscuridad porque la luz eléctrica se había ido, como sucedía muy seguido en esos días.

En el camino, los dos cheros se pusieron a hablar de cosas de hombres, como se dice entre varones para poner las cartas sobre la mesa. El Sapo tenía atravesado el hueso amoroso de la Pupu y el chisme sobre el beso, no mucho le había gustado. Para entrar en el tema le preguntó a su amigo:

— ¿Qué piensas de la Pupu?

— Qué pienso... ¿Sobre qué cosa? —El cipote ya adivinaba, por dónde caminaba la cosa, pero se *hizo el de los tamales chucos.*

— ¡Cómo mujer! ¿Te gusta? ¡Yo pienso que vos le gustas!

— ¿Por qué me preguntas eso? Sabes que es una linda bicha y tiene lo suyo, no lo puedo negar. Pero, ¿te gusta? Mejor dicho, te trae arrastrando el ala, verdad.

— La verdá... mucho. Todo el mundo lo sabe.

— ¿Y por qué no te tiras al agua? ¿Tienes miedo? Mira que quién no se mete al agua, no se moja.

— Lo he pensado, pero la neta... ¡No creo que le guste!

— ¿Ya le dijiste algo o qué?

— Más o menos. Me dio a entender que primero quiere estudiar para convertirse en enfermera y luego, buscar a alguien que por lo menos pueda mantener su casa. En otras palabras, con un desempleado ni a empujones. Hasta le dije me puedo casar.

— ¡Para mi tiene razón! Es yuca estar a expensas de sus maridos pudiendo decidir por ella misma y tener más libertad. Y si le hablaste de matrimonio, la llevas de perder; no te dará bola, no desea escuchar eso.

— ¿Por qué? Pensé que al oír eso, vez me tomaba en serio y me daba una oportunidad.

— Simple, No está en esa onda. Te voy a dar un consejo de chero. Si lo quieres oír, bueno; si no, te aguantas. Escucha, la Pupu lo que menos que quiere es algo formal. No ves que se va a marchar a estudiar. Vos crees que prefiere quedarse para criar a hijos en lugar de prepararse y buscar una mejor vida. Estás loco si lo has pensado. Además, ¿estás capacitado a darle algo mejor, no verdá? Entonces, estás utilizando una mala la táctica con ella. Si bien la entiendo, lo único que podrías obtener sería una buena amontonada y para eso, ni toques el matrimonio. Llégale por dónde ella quiere oír: dile que ser enfermera es la profesión más hermosa del mundo, siempre estarás orgullosa de ella por cómo es, extrañarás su sonrisa y su caminar; que, aunque te gusta enormemente, no serías capaz de cortarle sus alas, pero que sueñas con un simple beso, aunque sea de piquito. Verás que al ratito, la tienes comiendo en tu mano y si tienes suerte, te regala algo para el recuerdo. Eso sí, no te vayas a clavar porque la pierdes por completo.

— ¡Puta vos! ¡Qué bonito hablaste! Hasta yo que no soy mujer; al oírte, me sentí emocionado.

— Sí, pero conmigo nada cabrón. Yo soy, bien machito.

— ¡No jadás vos! Si yo sólo estaba *bromiando!*

— Te estoy chingando, baboso. Sin embargo, agarraste la onda. ¿En verdad quieres casarte con ella o sólo era para que te diera una oportunidad?

— Era nada más para que me diera algo. ¡Cómo dicen que las mujeres andan buscando marido para que las mantengan!

— No todas y cada vez son menos. Así que con ella, no uses esa estrategia.

— ¡Está bien! Claro que nunca lo diré cómo vos.

— La idea es que se lo digas en esos términos.

— Lo voy a intentar, un día de éstos.

— No lo pienses mucho, porque vas a quedarte con las ganas. ¡Tal vez ella venga a la vela!

— ¿Será?

— Eso dijo. Si viene, lo intentas o te tiro, cabrón... ¡vos decides!

— ¡Está bien! ¡Pero nada de matrimonio, verdá! — Se quedó pensando en voz alta: una linda profesión, no cortar las alas.

Siguió diciendo, en pequeños murmullos, todo aquello que había escuchado. Mientras tanto, el amigo sonreía al escucharlo.

De repente, el Sapo le preguntó:

— Y vos ¿cómo quién te gustaría ser? ¿Cómo? El Zorro o el Puto.

— Ninguno de los dos, pero me inclino más por el Puto porque según dicen: las mujeres se lo dan con gusto porque las sabe *atender* bien. El Zorro, en cambio, las agarra a la fuerza y vos sabes que nada a la fuerza, es bueno. Además, verás que un día de estos se lo quiebran por violador o por contrabandista de armas.

— ¡De plano, no! ¡Quizás, es mejor ser como el Puto! Ese tipo, dicen que lo bañaron con ruda y agua bendita, desde su nacimiento. Las mujeres andan botando la baba por él. ¿Cómo habrá aprendido a tratarlas así?

— ¿Cuál será su truco? Dicen que se maneja una buena y utiliza una pomadita mágica para que dure mucho tiempo.

— ¿Será vos? ¡Paja de la gente! ¡Pero algo ha de tener para tanto pegue con las viejas! ¡Ya quisiera tener algo de eso!

— Pero que lo siguen, no hay dudas; y nosotros, muriéndonos de hambre.

— Cambiando de tema... ¿Vas a ir a ver la selecta a la *capirucha*? La mara ya se está organizando con el aventón. ¡Te acuerdas de la última vez, cuando le ganaron a los chapines!

— ¡Ese mascón estuvo bueno! ¡Ese Mágico es cosa seria! Los agarró como hijos de crianza. Los dejaba dobladitos cuando hacía la culebrita macheteada.

— ¡Te acuerdas de los *sombreritos* que les hacía! Eso defensores eran unos *breques y tullidos*. Eso sin contar con los *tunelitos* y la jugada del bobo. ¡Ese maje es *calidá*! Esta vez, creo, iremos al mundial.

— Dios te oiga. ¡Pero, ahí si que la *veremos de palito*. Segura *talegueada* que nos meterán. ¡Con sólo que no sean más de cinco, porque más duelen!

— ¡No importa! ¡Sería naiz que fuéramos otra vez, no! De plano, me conformo con que le ganemos a los mejicanos agrandados. ¿Qué dices? ¿Vamos?

— ¡Está bien! Sin embargo, esta vez, trataré de no olvidar una *chumpa* porque la última vez casi me congelo en esa bajada de los chorros; el frío estaba bien jodido.

— Creo que si iré. Ojalá que salgamos temprano, para no quedarnos en la parte baja de la zona del Vietnam.

— Si porque yo terminé empapado de miados.

— ¡Pero ahí si se goza *men*! Lo único negativo son los cuetes y miados; por el resto, todo esta *nítido*.

— ¡No *fregué*s vos! ¿Y qué me decís de los cheros que salen rodando hasta caer en la cancha o de las mujeres que salen tocadas por todas partes?

— La mara no respeta ni a su madre.

— ¡Van a meterse ahí, sabiendo que esa zona *es caliente*! Nosotros porque no tenemos lana para ir a platea.

— ¿Qué dices si preparamos unos pancitos con queso? La última vez, nos metieron carne de chucho por conejo.

— ¡Yo creo que era de gato porque el bato que nos lo vendió, tenía cara de chino!

— ¡Pero los panes desgraciados estaban sabrosos!

— Con hambre hasta las piedras son ricas, papá.

De repente, El Sapo se tropezó en una piedra y fue a caer como a dos metros por delante. Al tropezarse solamente pudo gritar « ¡Mierda!», mientras su acompañante se *cagaba de la risa* al verlo trastabillar.

— ¿Qué pasó? ¿Quieres comprar un poco de calle? — Le dijo con una sonrisa de jodarria.

— ¡No jodás, vos! Con tanto *tetunte* es difícil caminar. ¿Cuándo irán a arreglar la luz?

— ¡Eso va para largo! Me contaron que fueron varios postes del alumbrado eléctrico que se habían echado.

— ¡Y qué culpa tienen los postes!

— Nada, sólo que cómo mi abuelo dice: en la oscuridad es más fácil hacer cosas malas. Pero no te *agueves*, ya estamos llegando.

— De plano, porque ya se siente el olor del café de palo y los tamales.

En ese momento llegaban al velorio y, como siempre, eran más los curiosos que los dolientes. Aquello parecía una feria: unos tomando, otros hablando, algunos jugando cartas o dados y, muy pocos, acompañando a los difuntos en la oración.

Los nuevos visitantes se unieron a unos cheros que platicaban cerca de unos palos de nance. La plática favorita eran las bichas y, en ese grupo, había un creído que quería llevársela de tipo presumiendo sus conquistas; por eso, ambos se fueron para otro grupo que jugaba a las cartas.

Ni siquiera habían pasado unos cinco minutos cuando alguien en la oscuridad gritó fuerte: ¿De qué color son mis zapatos? Y al extremo, otro respondía: ¡Café! Y así, otro preguntaba y otro respondía, por varios segundos. La idea era claramente pedir que les llevaran café de palo. La mara gozaba con las ocurrencias de los bichos.

También en esas reuniones, los jóvenes aprovechaban para conocer bichas que, de otra manera, les era imposible. Los tatas las cargaban bien vigiladas por tanto lagarto alrededor de ellas.

No era raro ver alguna escamotearse hacia la oscuridad y después, al pretendiente. Como siempre, alguna amiga alcahueta le cubría las espaldas con sus padres. Los dos amigos, ya habían echado el ojo a unas monas que andaban por ahí tirándoles los calzones.

Al rato, la Pupu iba asomando la cara acompañada de su hermano menor, el Chele. Desde que hizo entrada, no pasó desapercibida. Desde la oscuridad se escucharon algunos piropos en su dirección en forma de silbidos . Al escucharlos, la bicha se sintió halagada y comenzó a mover su cadera de una manera más provocativa para chunguearlos.

Al verla el Roro, éste le hizo señas al Sapo para invitarlo a lanzarse al juego de la conquista. El cipote, un poco *aguevado,* se fue en su dirección. Desde la distancia, el chero lo tenía bien controlado y lo animaba a ser más atrevido siguiendo sus consejos.

Cuando las apuestas estaban en su mejor momento y la tensión muy alta, un pícaro se las quiso pasar de listo encendiendo una ametralladora de cuetes. Aquella broma de mal gusto; puso a todos, patas arriba. Los eventos anteriores todavía estaban recientes en el espíritu de la gente. Así que, al sonar el primero, aquello fue un disparate.

El pánico se apoderó y el desparpajo se armó de inmediato; una locura colectiva explotó con truenos y relámpagos. Alguien nervioso decidió unirse a la fiesta y sacó su pistola poniéndose a disparar al aire; otros igualmente se unieron a la fiesta creyendo que la cosa iba en serio. Las bancas, sillas, mesas, botellas y todo lo que estaba mal colocado, comenzaron a volar por los aires. Los candiles y lámparas se apagaron dejando en completa oscuridad a los presentes. El caos fue total en aquel velorio.

El Roro, por su lado, ni siquiera se preguntó: ¿Es verdad o mentira? Su experiencia reciente le indicaba que primero corría y después averiguaba. Lo cierto fue que se puso a correr como loco saltando cercos y caminos. Cuando el cansancio lo abatió, medio se detuvo, observó y, nadie, lo perseguía, se tranquilizó un poco. A todas estas estaba cerca de la casa de la Negra, así que decidió ir a visitarla para contarle lo sucedido y no se asustara.

Por su parte, la bicha no estaba alejada de aquel hecho. Al escuchar los disparos, ella paró la oreja y su corazón se puso a latir de miedo. La mujer sabía que el Roro andaba en la vela y el hecho de haberlo motivado a ir, le daba mala consciencia. Para postre, las puertas y ventanas de las casas se comenzaron a cerrar y algunas personas pasaron corriendo por la calle. Se precipitó a su ventana y abriendo un poco su cortina se puso a vigiar con la esperanza que su chero llegara pidiendo ayuda. Mientras más pasaban los minutos, más se afligía porque significaba que algo pudiera haberle pasado.

Como a los quince minutos, escucho una respiración agitada y paró bien la oreja, a los segundos escuchó que le tocaban las persianas y, con la misma, la voz del amigo llamándola. Ni le preguntó qué pasaba, de una le dijo que se saltara el muro. El Roro se dirigió a la parte trasera de la casa y siguiendo el mismo camino, como Juan por su casa, me metió al solar.

En esta ocasión, la Negra lo esperaba en la puerta de su cuarto y al verlo, le dijo suave que entrara. En el lugar, le preguntó lo que había pasado y el cipote le soltó el rollo por completo mientras la chica lo escuchaba sentada sobre el borde de su cama. Al terminar, el muchacho se puso a sudar y, sin más, sus piernas se pusieron a temblar. Se puso un pálido y sus rodillas se doblaron cayendo a los pies de la mujer.

    — ¿Qué te pasa? —Le preguntó asustada mientras le trataba de sostener.

Como pudo, lo subió a la cama y lo sentó, le desabotonó la camisa con la intención que el cuerpo recibiera aire. El chico se había puesto pálido y su respiración acelerada. La muchacha lo trató de calmar y lo abrazó pidiéndole que retomara sus espíritus. Poco a poco, se calmó controlando su respiración. En ese momento, la chica fue a buscarle agua.

A los minutos, el Roro ya estaba totalmente controlado. Lo primero que hizo, fue acercarse a la ventana para ver si por casualidad alguien lo había seguido. Mientras tanto, la cipota lo siguió con su mirada y, luego, se sentó del otro lado de la cama. El chico movía la cortina con cierto nerviosismo.

    — ¿Qué pasa?

    — Nada. Solamente quería ver si todo estaba bien. Todavía no me siento completamente tranquilo.

    — No te preocupes que ya va a pasar. ¡A lo mejor no era nada! Lo más probable es que más de algún pícaro reventó unos *cuetes*. ¡La *mara* es *jodana*!|

    — ¡A lo mejor, pero que me asusté, ni te lo imaginas!

    — ¡Por tu reacción, me doy una idea! ¡Ven siéntate a mi lado!

El chico le obedeció sin andar con cuentos y se colocó a su costado sin quitarle la vista a la ventana.

    — ¡Sabes que también me preocupé! ¡Me dio mucho miedo que te pasara algo! —Le colocó la cabeza sobre el hombro.

    — Cuando terminé de correr, lo primero que pensé fue: iré a donde la Negra; ni en mis padres, pensé.

    — ¡Gracias por considerarme primeros!

    — ¡Gracias por recibirme y aguantarme mis locuras!

    — ¡Eso significa que nuestra relación, cualquiera que sea, es fuerte!

    — ¿Y eso es bueno o malo?

— Creo que bueno, pero sólo el tiempo nos lo dirá. Por Ahora, me gusta cómo es.

— ¡A mí, también!

Se miraron con cariño y luego la chica le pegó suave en el hombro. Después se corrió para la cabecera de la cama y poniéndose una almohada entre las piernas, las cruzó.

— ¿Y eso por qué fue?

— Por haberme asustado. Luego le dijo: ¡Ven! Acuéstate aquí. —Le mostró la almohada.

El chico le obedeció de nuevo y colocando su cabeza se acostó de espaldas. Al hacerlo, la mujer se puso a acariciarle el cabello con mucha ternura. El chico se metió en un silencio profundo.

— ¿Qué te pasa? —Le preguntó cómo adivinando que algo no andaba bien.

— ¡Nada! Sólo que cada vez odio más esta situación. ¡No se puede andar tranquilo por la calle!

— ¡Eso no es nuevo! Desde hace ratos la cosa no está bien. ¿No te habías dado cuenta? ¡Vos sos cómo la mayoría! Mientras no los toquen, se hacen los locos.

— ¡Además, creo que no me iré a estudiar!

— ¿Por qué? No todo estaba arreglado con la hija de tu tía, pues.

— Eso sí, pero la realidad de mi viejo, es otra. Él tiene todas las buenas intenciones, pero yo sé que les quitaría el pan a mis otros hermanos. La neta no me siento bien con eso.

— ¡Entiendo!

— Mi viejo me dijo que no me puede ayudar con mucho, ya hizo números y, apenas, le alcanzaría para que me sostenga unos días por allá. Y eso que no le he dicho que tengo que pagar una mensualidad en el instituto.

— Okey —La chica paró sus caricias para poner más atención al problema.

— Entonces creo que renunciaré a los estudios y buscaré algo por aquí.

— ¿Y va a renunciar así fácilmente? Te creía más aventurero, más atrevido en tus cosas. A las primeras de cambio te me desinflas. ¿Qué acaso estás manco?¿O al caso hay otro motivo? No te atrevas a ponerme a mí como pretexto que la cortamos de inmediato. —La mujer lo levantó de donde estaba para que se sentara.

— ¡No te preocupes que no es eso! Tienes razón, mientras esté vivo, pueda trabajar no puedo echarme atrás.

— ¡Así te quiero escuchar! De todas maneras sólo es cuestión de plata y eso se consigue como sea.

— ¡Es verdad! En eso podrías ayudarme, como: dándome unas cuantas ideas. No sé, me pongo a trabajar, vendo algo qué sé yo. Vos sos buena para eso… y para otras cosas. —Le lanzó una indirecta.

— Eso es bueno, ésa es la actitud que quiero ver. Veré que puedo hacer, lo voy a pensar seriamente y luego te vengo con algo.

— Si no resulta creo que jalo para el norte. Aquí no se ven oportunidades.

— Primero déjame pensar que algo se me ocurrirá. Eso sí, no te olvides que mis locuras; a veces, no son tan… cristianas.

— Eso es lo de menos, con esas locuras me he alimentado algunos sueños.

— Después, no te quejes; pero me harás caso. Pase lo que pase. Ya estoy pensando en algunas cosas.

— Espero que no sea algo turbio y me lleve a la cárcel.

— Tan claro no va a ser, pero de ir a la cárcel, lo dudo.

— Entonces échale pluma y me dices.

— ¡Te propongo algo! Pero ven, acuéstate de nuevo sobre la almohada porque ya me duele estar así. —La chica estaba sentada muy recta y luego volvió a recostarse sobre el respaldo de la cama.

El cipote siguió las órdenes y se acostó, un silencio se instaló entre los dos. Mientras tanto, la mujer le acariciaba el cabello, pero esta vez se puso a acariciarle el pecho. Luego le dijo:

— Se me ha ocurrido algo, pero prefiero madurar la idea. ¿No te molesta?

— ¿Por qué me voy a molestar?

— ¡Gracias!

En ese momento, las caricias se estaban alargando en todo el pecho y las costillas. El joven, a su vez, comenzó a tocarle las piernas. Luego, la mujer, sacando sus piernas cruzadas, las colocó a lo largo del cuerpo del chico y le preguntó: ¿Qué tan cargado estás? Y éste le respondió que ella misma podía averiguarlo. La joven se aventuró por el vientre y metiendo la mano, bajo el pantalón, verificó que la pistola estaba cargada.

— ¡Sabes, estando contigo se me ocurren cosas! —Dijo la joven respirando fuerte.

— ¿Qué te parece si aprovechamos para practicar una lección y un examen médico! —Se dio media vuelta y se puso a levantarle la camisa para descubrirle los senos.

—No me parece mal porque precisamente siento algo en el pecho... como si un alfiler me quiere salir de los pezones. —Respiró profundo para mostrárselos.

— ¡Qué bueno porque puedo examinarlos ahorita!

— ¡Hazlo suave! Tienes que mejorar esa técnica. Toma el primero y yo te iré guiando.

Desde ese momento comenzaron a amarse hasta pasado la medianoche porque el bicho tenía que ir a su casa. La muchacha le rogó que se quedara porque deseaba amanecer con él, pero éste no podía hacerlo. Una promesa lo ataba a su padre. Sin embargo, antes de marcharse, le dijo que volvería y le pidió que dejara abierta la puerta porque regresaría.

Cuando el gallo volvió a cantar a eso de las cuatro, el cipote estaba entrando en la habitación y para que no se asustara, le dijo quien era. La cipota que dormía como Dios la trajo al mundo, simplemente le ofreció los brazos para que la cobijara con su cuerpo. Dejando toda su ropa en el suelo, el travieso se escurrió hasta llegar a su amada, sin andar con tantos preliminares comenzaron a bailar la danza del amor.

A eso de las cinco de la mañana, con los primeros rayos del sol, ambos cuerpos estaban completamente despiertos y en paz con el mundo que los rodeaba. Ahí, amarrados como dos enamorados, nadie quería despegarse para hacer eterno aquel momento. Luego, en un salto de solidaridad, el joven le dijo:

— ¡No sabes que tan bien me siento! Es hermoso tener alguien con quien compartir la cama.

— ¡Yo también! Pero ¿por qué lo dices?

— ¡Sabes! Me acaba de venir a la mente la mujer del soldado que se echaron el otro día. ¡Pobre! Sola y con dos criaturas. ¿Qué va ser de ella?

— ¿Por qué salió eso?

— ¡Quizás, porque en el velorio algunos hablaban de hacerle el favor!

— ¡Entiendo! Y no me sorprende con lo machistas que son estos hombres. Nos ven como un objeto de satisfacción sexual; algo sin opinión, sin sentimientos y sin valor alguno. Pienso que va a pasar mucho tiempo para que una acceda al poder.

— ¡Una mujer! Primero tiene que ser militar para que tenga una oportunidad; acuérdate que no se bajan del p-oder desde hace mucho.

— ¡Es verdad! Pero volviendo a la viuda, lastimosamente es la realidad en nuestro país. Ella es joven, tiene otras bocas que alimentar y no tiene trabajo.

Por estos lados, lo único que le ofrecerán es hacer la profesión más antigua del mundo. Las mujeres en este país de machistas estamos jodidas, por todos lados.

— ¿Por qué dices eso?

— Mira y verás. Las viudas y divorciadas son consideradas carne para el asador, no las aprecian; peor es, si hay hijos de por medio. Las cipotas se las levantan y las dejan preñadas como si nada; a lo más que llegan es, a reconocer al mono pero no les dan ni para la leche. Gran cosa, como si con eso van a comer. Aquí los novios o maridos matan a su hembra y nadie dice nada. Los homosexuales y lesbianas son considerados unas basuras, creo que valoran más a las putas y a los animales.

A las mujeres no les permiten abortar aunque hayan sufrido un abuso. Hasta en la religión se ve el machismo, ¿dime si hay alguna sacerdotisa? El colmo de males es que en las mujeres está basada la esperanza del país porque esta guerra se está llevando a todos los hombres.

— Yo sé que te va a parecer repetitivo pero me gusta escucharte, siempre me sorprendes con tus ideas.

— ¡Será que te gustan las mandonas!

— Creo que me gustan las que demuestran seguridad.

— La verdad es que la lectura da mucha soltura y cultura. Deberías meterte en los libros; si quieres, te presto algunos.

— ¡No! Creo que soy más dado a escuchar que leer.

— Es verdad, pero sé que también eres bueno poniendo en práctica lo que escuchas. Esa cualidad es característica de los profesores. —Aunque lo decía con doble sentido, la bicha estaba *dando en el clavo*.

— ¿Tú crees?

— ¡Claro que sí! ¡Serás un buen profesor!

— ¡Vos serías una buena mujer y quizás una buena madre!

— Mujer tal vez, madre no lo creo. ¡Vos sabes porque!

— Lo siento, lo dije sin pensarlo. —El bicho olvidó que la bicha supuestamente no podría tener hijos.

— No pasa nada, es la verdad. —Luego se quedó pensativa.

— ¿Dime qué piensas?

— ¡Tranquilo, no estoy enojada ni te estoy retando! Pero…— Tuvo una duda en continuar—Dime ¿por qué te gusta hacerme el amor?

El Roro no le respondió de inmediato porque sospechó algo. Que detrás de aquella pregunta, había «gato encerrado». Sin embargo, sintió la obligación de responder; por eso, le dijo tratando de ser diplomático y ecuánime:

— Bueno, porque es bonito hacerlo contigo. Me siento cómodo, aprendo mucho y pienso que no te hago daño. ¿Acaso ha pasado algo que no te gustó?

— ¡No! Pero... La verdá, no me molesta; pero quizás, es bueno que pongamos las cosas claras.

— ¡Pensé que ya lo habíamos hablado!

— Lo sé, pero me gustaría afinar algunos detalles. No quiero perderte como amigo. No me gustaría que te *encules*. No deseo que se haga costumbre hacer el amor y, pienses que, tú puedes subirte cada vez que sientas deseo. Te recuerdo que a mí me gustan las mujeres. Si me permití hacerlo contigo es con el fin de saber lo que se siente. Y bueno, porque también quería ayudarte para que te convirtieras en un buen amante. Y porque negarlo, quería poner en práctica algo de todo eso que había leído. Además, no quiero que me tomes como pretexto para no seguir tus metas.

— ¡Guau! Eres directa y la metes sin anestesia.

— A veces, en la vida, necesitas hacerlo de forma directa y clara. Las medias tintas dejan en la confusión a las partes involucradas. ¿Y ahora qué respondes?

— ¡Bueno! Para dejar claro todo esto, te diré que: te aprecio como amiga, no creo que me vaya a enamorar y me encanta la idea de aprender cómo tratar a una mujer. No quisiera lastimarte ni perder tu amistad pero no te niego que después de lo que hemos vivido, me cuesta sacarte de mi mente. Cuento los minutos en venir para aprender algo nuevo. ¡Creo que me pareció un juego interesante! Pero vuelvo y repito, si te molesta lo paramos. Tu amistad está sobre todo lo demás.

— ¡A mí también me gusta y lo disfruto! Sabes, tenía miedo de hacerlo con alguien desconocido pero deseaba tanto superar ese trauma maldito. Además, también deseaba aclarar lo que siento por las otras mujeres, esa atracción. Creo que he confirmado mis sentimientos.

— ¿Y entonces? Paramos o seguimos.

— ¿Y vos qué *quieres*?

— Por mí, sigo de largo hasta que las fuerzas me abandonen; y bueno, hasta que me vaya porque después no sé qué pasará. Lo único que tengo es el presente y, ése, está ligado a ti.

— ¡Casi estoy de acuerdo contigo! Pero no quiero que tú te aburras ni que lo tomes como una tarea. Últimamente lo estamos haciendo muy seguido y pienso que no es bueno. ¡Qué te parece, si nos tomamos un descanso!

— Si tú lo dices... pero ¿qué propones?

— No sé, una o dos veces por semana; o mejor, cada vez que sintamos necesidad.

— Si es por necesidad no me sacas de la cama, pero creo entenderte. ¿Te molestaría que me metiera con otras?

— ¿Con quién tienes planeado, la Pupu? Con ella no me molestaría porque la conozco y sé que es aseada; con las otras no lo sé. Pero no estoy celosa, okey. ¿Por qué lo preguntas?

— Pensaba que tú te aburres y no lo deseas más.

— ¡No es eso! Pero si es por eso, olvídalo. Prefiero que sigamos igual, al menos hasta qué te vayas. —La mujer pensó que el amigo buscaría hacerlo con chicas de no muy buena reputación.

— ¡Yo quiero pedirte también algo!

— ¿Qué traes?

— Que al menos hasta que me vayas, no consumas mariguana. Dices que tienes el control, pero prefiero que la evites.

— ¡Está bien! Te demostraré que no soy una viciosa.

El Roro se levantó de la cama y se sentó en el borde. Su semblante parecía un poco serio y pensativo. La Negra al verlo moverse, se le quedó mirando y se colocó a su lado. Le colocó la mano sobre el hombro y comenzó a sobarlo suavemente.

— ¡Lo siento! —Sonrió ligeramente con cierta nobleza — ¡Te bajé todos los ánimos!

— No es nada, ya se me va a pasar. Todo eso de las mujeres y la idea de no verte…

— Pero, es la verdad. No te imaginas que tan mal tratan a las mujeres. Te sorprendería saber que la mayoría de mujeres casadas no están satisfechas sexualmente. Para muchas, es una verdadera tortura. Por eso, varias prefieren que sus parejas vayan a buscar a otro lado y claro… éstos van a los bares buscando lo que no encuentran en su casa. Y hasta cierto punto es comprensible, ellas han aprendido a ser profesionales en ese campo. Además, sacan provecho de los que no saben nada. En otras palabras los engañan — dejó una pausa y luego continuó. ¡Y de lo mío! No le pongas cuidado y sigamos igual, pero más despacio… ¿Te parece?

— ¿Así que querías saber qué se siente al hacer el amor con un hombre?... ¡Espero que no te haya defraudado!

— Como te dije, el hecho que me gusten las mujeres y que me masturbe sola, no quiere decir que dejo de ser mujer. Eso no lo podré negar nunca… la regla me lo recuerda cada veinte y ocho días. Sin contar que mis pechos no han dejado de crecer y mi cuerpo igual, me temo seguir la misma línea de mi madre.

— ¿Crees que te crecerán tanto? —Sonrió al imaginarse a la señora que se manejaba sendos volcanes arriba y abajo.

— ¡Ni, lo dudes! Y quizás más, porque según sé, mi padre era un tipo bien dotado, bastante quemadito por no decir tirando a ébano. De él he sacado sus labios gruesos, sus ojos negros y su contextura física.

— ¡Pero ahora eres delgada, flaca! Eso sí, tus carnes las tienes bien puestas, no mal entiendas, he…

— Lo sé y me gusta ser así. —Dejó escapar unos segundos y agregó — Volviendo a las mujeres, te puedo preguntar algo, pero me lo dices sin andar con rodeos.

— ¿Qué quieres saber?

— Cómo te digo, mi lado femenino me saca el lado coqueto, curioso y hasta sentimental. ¿No te molestó hacer el amor conmigo sabiendo lo que sabes?

— ¡Para nada! Me encantó y, por eso, me tienes aquí. Aunque no me creas, tienes más cosas de mujeres que muchas que conozco… y quizás, por otro lado, yo tenía un precedente que me inclinaba a verte más como mujer. ¡Te acuerdas cuándo te vigiaba!

— ¡Ajá!

— ¡Lo que no sabes! —Sonrió pícaramente. Un día, me atreví a bajar para curiosear, pensé que no estabas porque había visto a tu madre salir. Cuando llegué a tu cuarto, la puerta estaba cerrada y cuando abrí,… que te encuentro dormida. Para mi sorpresa, vos estabas solamente con un calzón blanco casi transparente. No te imaginas que tan hermosa te vi. Era la primera vez que veía a una mujer casi en pelota. Te juro que no me costó nada quitarte la última prenda con mi mente. En pocos segundos, hice un breve recorrido de pies a cabeza. Tus senos estaban bien parados, las piernas abiertas y tu mano cubría la cosita. Al principio me asusté, el miedo casi me paraliza.   La idea que me vieras me aterrorizó. Luego, las ganas me ganaron y te observé detenidamente por un buen momento. Desde ese momento, no sabes las veces que dormí a tu lado. Las veces que me masturbe en tu nombre y ahora estoy haciendo realidad mi sueño.

— ¿De verdá? Pues mira que no lo sabía. ¡Imagino que, desde ese día, formé parte de tus sueños mojados!

— ¡Mojados y despiertos! Esa imagen siempre me ha servido de inspiración cuando me siento cargado y tengo necesidad de vaciarme.

— ¿Y te masturbas mucho? ¡Espero que no!

— ¡Sólo cuando mi cuerpo me lo exige! Antes no tenía con quien quitarme las ganas. ¡Espero que no lo agarres mal!

— Para nada… estamos en la misma posición.

— Los sueños mojados no me gustan porque me dejan la ropa impregnada y tostada. ¡Y cuándo estoy cargado! No dejo de ver los senos y las nalgas a las mujeres. Comprenderás que me pongo caliente y bien erecto, duele mucho. Casi lo hago por necesidad.

— ¡Pues viene siendo casi lo mismo con nosotras! Cinco días antes nos ponemos muy calientes, durante muy irritantes pero ganosas y después deseosas a morir. Tocarme ha sido la única manera de encontrar la paz en mi cuerpo; inclusive, cuando ando con la regla.

En ese momento, el Roro pareció perderse en sus pensamientos y un vacío con letras doradas se escribió en mágico de aquel instante.

— ¿Qué te pasa? Parece que te escapaste lejos otra vez.

— ¡No sé! Se me vino a la mente el Sapo y pensé que el pobre está bien agarrado de la Pupu y la otra, no le hace caso.

— ¡No te preocupes! Eso le pasará con la primera que encuentre. Él, simplemente, busca a alguien y ya le aparecerá, cómo dicen: cada roto tiene su descosido.

El chico se quedó pensando y luego la vio, pero la cipota se apresuró a responderle como si conociera la pregunta.

— ¡Ni lo insinúes, porque te ahorco! Con él, ni a palos.

— Sí, pero con las chicas no le sale ni la Ciguanaba en calzones. Me dijo que piensa meterse al ejército porque al menos ahí tendrá un salario.

— ¡Y la muerte porque también están cayendo como moscas en la miel!

— Él piensa que con un salario, las cipotas se van a fijar más.

— ¡No está tan equivocado, sabes! A las bichas se les cae la baba al ver a los tipos con el fusil en el hombro. ¡Pendejas! No saben que son como los marineros que tienen una vieja en cada puerto.

— ¡Será verdá!

— ¡Claro! Y los profesores caen en un mismo saco. ¡Ya te veremos con una retahíla de bichos detrás!

— ¡No lo creo! Volviendo a nuestro problema… ¿Y dónde nos habíamos quedado?…

— ¡Sí, decíamos que deberíamos hacer una pausa!

— Es verdá, pero ¿la podemos hacer más adelante? Porque ahorita, no quiero.

— ¡Qué bueno! Porque viéndote así desnudito,… sólo me dan ganas de seguir practicando y de correr hacia mi doctor para que esculque.

El tipo se volvió hacia la mujer y comenzó a acariciarle suavemente el cuerpo. Le dijo suavemente, aquel día que te vi por la primera vez quise ser como el viento para rozarte la piel. Entonces, la muchacha se acostó a lo largo de la cama y le dijo: hoy puedes ser ese viento porque quiero y necesito la frescura de tus dedos recorriendo mi piel.

Ese día, la pasaron encerrados hasta que dijeron ya no más. Luego, en los siguientes días se limitaron a hablarse y a seguir planeando su futuro. El pobre Sapo recibió una mala noticia. Su disque novia se le fue con otro. La bicha tenía su escondido, era un cadete del ejército que, en ese momento, había desertado. Supuestamente, porque había participado en una matanza de algunos familiares. El militar se la pasó llevando rumbo al norte. Al pobre chero, aquella noticia le cayó muy feo y se le vio de capa caída.

La maldita guerra, que nadie quería, seguía haciendo destrozos por todos los sectores de la vida diaria. Los rumores de la gente decían que las fuerzas revolucionarias estaban tomando fuerzas, un miedo a lo que se desconoce, comenzó a sacudir los hogares guanacos.

DECISIONES DE JUVENTUD

Tiempo después, la Selecta volvía a jugar en la *capirucha*. Ella trataría de encaminar su boleta a la hexagonal, para obtener un boleto al mundial de España. La mara del pueblo se había organizado para ir a ver el mascón en el carro del Supo.

Ese domingo, una docena de amantes del balón redondo se subieron al pick up, a eso de las tres de la tarde. Normalmente con la carreta en buen estado, el viaje se realizaba en más o menos dos horas y media; pero como no era el caso, se realizaba en casi cinco horas. Los hoyos en el pavimento eran de película, parecían pozos y en son de broma, los llamaban «nidos de sapos». En ciertos pasajes, ni pavimento había y, cuando llovía, se inundaban causando estragos en la parte de debajo de los vehículos porque arruinaban el eje de la nave.

En esa ocasión, el viaje se hizo sin mayores problemas y se llegó a eso de las siete al «Coloso de Monserrat». Cómo cosa rara, solamente *un cliente* se encontraron tirado al costado de la carretera, el carro apenas se detuvo; parecía que aquel hecho, no era una novedad.

La idea inicial de grupo, era llegar temprano para sentarse en buenos puestos. Ellos aspiraban a estar en la parte alta de la entrada general llamada cariñosamente «Vietnam», por ser una zona caliente. La razón era que en la parte baja, no se escapaba nadie y todo el que entraba a ese lugar tenía que ir dispuesto a aguantar de todo, desde puteadas, baños de orina, vómitos, cohetes y si se descuidaba el cliente, hasta de ser empujado para que rodara y terminar cayendo dentro del campo. Si la suerte lo acompañaba, sacarían del estadio y no podría entrar; pero si no, se iría directo al hospital.

Pues bien, ese día no les tocó de otra que comprar las entradas en el mercado negro a precio elevado. Se armaron de valor y, en fila india, se hicieron un camino hasta sentarse en la parte central de la zona. Eso sí, quedaron un poco dispersos porque no había muchos espacios libres. De toda *la mara*, sólo dos tuvieron que ver el *mascón* desde la *lomita*, una zona en la cumbre de la montaña pegada al estadio. El problema era que desde ahí, solamente se veía una parte de la cancha.

Desde que pusieron un pie dentro del gigante de Centroamérica, el grupo de cheros comenzó a sentir el suplicio del castigo. Por suerte, ni la Pupu ni la Negra, los habían acompañado porque si no la cosa se hubiera puesto peor. El trato que se les daba al sexo opuesto era insoportable: las tocaban por todos lados, las insultaban, las bañaban de miados; eso sí, era raro que las lanzaran.

El partido estuvo de lo mejor, el «Mágico» Gonzales hizo de las delicias del público y la Selecta ganó; el mundial cada vez se veía más cerca. A eso de las once, estaba llegando el último aficionado al lugar dónde los esperaba la nave para llevarlos de regreso a casa. En la capital guanaca el clima estaba tranquilo y hasta se podía andar sin camisa; aquellos que habían sido bañados, se las habían quitado porque apestaban.

Todo iba a pedir de boca hasta la salida de Santa Tecla, ahí comenzó lo bueno. En la bajada de los chorros aquella nave volaba en cada curva y el frío, se presentó de una, sin avisar. La tembladera de dientes se comenzó a escuchar como melodía de terror; el carro iba tan *vergueado* que, en aquellas curvas, caída abajo, solamente se veían los cuerpos de los bichos balanceándose de lado al lado. Más de alguno iba bajando los santos porque al menor descuido no quedaban ni para los chicharrones. Aquel «pichirilo» era un bólido zumbando cuesta abajo. Por suerte, el tramo que terminaba en la zona llamada, la cuchilla, solamente duraba unos veinte minutos.

Al dejar la calle que se dirigía hacia Santa Ana y se agarraba a Sonsonate, el clima cambiaba radicalmente; el calor se hacía presente y el viento cálido pegaba de frente. Ese trayecto no era tan complicado porque no había muchos hoyos, lo único que los retrasó, fueron los dos parones obligatorios que tuvieron que hacer; dos muertos tirados en plena vía pública.

Rozando las doce estaban llegando a la ciudad de las palmeras y los cocos, Sonsonate. El carro hizo una parada obligatoria para llenar el tanque y la mara aprovechó para comer algo o *echar una de gato*. Una señora que vendía chuco hizo de las delicias de aquel grupo de fanáticos. A la media hora estaban retomando el camino hacia el puerto de Acajutla, a la salida de la ciudad, los militares estaban haciendo un retén, cerca de una lechería famosa de ese lugar.

A los minutos, la nave siguió sin novedad porque todos pasaron sin mayores problemas el control militar. Un kilómetro después, apareció otro muertito y, algo que muy pocos tuvieron en cuenta, un vehículo se les pegó a cierta distancia para perseguirlos.

Llegaron al cruce que dirige a la frontera con Guatemala y los tipos parecieron acercarse un poco. Como aquella zona era muy desolada, al Roro le pareció muy extraño pero no dijo nada para no asustar a la mara. Al llegar a un cruce que llevaba a Guaymango, la nave se acercó precipitadamente saltando como loco aquellos hoyos, las luces altas del carro subían y bajaban rápidamente. Ahí la cosa no le pareció normal y el bicho se *puso avispa*. Se lo hizo conocer a otro compañero de viaje.

El amigo del Roro, sacó la cabeza y avisó al conductor que posiblemente los venían siguiendo. Éste se puso un poco nervioso y le metió la pata al *pichirilo*, quizás ese gesto advirtió a los seguidores y los dejaron de seguir. Los tipos cruzando hacia la otra dirección. Los vigías comenzaron a respirar un poco porque se temían lo peor.

A los kilómetros, aquella nave volaba sobre los hoyos sin bajar la velocidad. El conductor quitó el pie del pedal hasta que le avisaron que ya no los perseguían. Por suerte, porque a los pocos minutos, al tratar de esquivar unos baches, unas vacas habían agarrado la calle de corral. La noche se había encargado de esconder los bultos.

De repente, el conductor tuvo que frenar de improviso y, como pudo, se quitó una vaca que lo miraba fijamente. Sin embargo, el espejo lateral pegó fuerte contra un cuerno del animal y los vidrios saltaron en mil pedazos. El frenazo del carro provocó que medio mundo cayera de bruces golpeándose uno contra otro. Por suerte nadie resulto herido sólo fue el susto.

Aquel accidente despertó a medio mundo y puso nervioso a más de alguno. A pesar del miedo, los chistes comenzaron a salir a modo de darle otro aire a la situación. Pero eso no fue todo. Llegando a la entrada de la Barra de Santiago, encontraron un carro que venía a toda velocidad con las luces muy altas provocando una ceguera parcial en el que manejaba. La nave comenzó a moverse como culebra pisoteada y, por suerte, ambos vehículos no se dieron un buen tortazo.

Las dos naves se detuvieron a unos veinte metros de distancia siempre viendo en sentido correcto pero la reacción de los bichos fue de enojo y bronca. Los monos comenzaron a insultar a los ocupantes del vehículo y, hasta, les ofrecieron chicharrón. Claro que todo esto era, en son de broma.

Los ocupantes del otro vehículo no lo tomaron de muy buen agrado y se salieron de la nave con sus armar empuñadas. Por suerte, en ese momento, el carro había comenzado de nuevo su recorrido. Pero como los bichos se las llevaban de *cachimbones*, en su huida, le siguieron echando leña al fuego pensando que no pasaría nada más.

A los pocos kilómetros, un carro se les acercó peligrosamente y, claro, los pasajeros de la palangana se dieron cuenta de inmediato, aunque no estaban seguros si eran ellos. De todas maneras, todos estaban con el corazón en la mano y *socando* duro, deseando que no fueran los del pleito.

Al estar los perseguidores, como a unos veinte metros de distancia, le dijeron al chofer que le metiera la pata al carrito y éste no espero dos veces. Los perseguidores les soltaron varios plomazos y todo el mundo se lanzó de panza sobre la palangana. Los cuetes sonaban cerca y la persecución se puso al rojo vivo, no se dieron tregua. Por suerte, llegaron a una zona conocida e iluminada, el pueblo de «Cara Chuca» y la persecución se quedó a las orillas del pueblo porque desde la distancia se vieron las luces de las lámparas de los soldados apostados en la entrada del lugar.

Con el miedo entre las patas, los bichos se fueron a la estación de policía a poner la denuncia, las huellas de las balas en el auto, eran claras para verificar los hechos; pero los agentes, lejos de salir a perseguir a los malhechores, la agarraron contra ellos. Les dijeron que la *habían sacado barato* porque no eran tiempos de andar choteando.

Sin tener nada que hacer con los *cuilios*, el grupo se marchó, sin pena ni gloria, hacia el pueblo. Al llegar, cada persona se fue para su casa magullando todo aquello. Por su parte, el Roro comenzó a sentir una tembladera de piernas y tuvo que detenerse, sentándose sobre el andén de una casa. Hasta ese momento, su cuerpo comenzaba a reaccionar al susto porque la adrenalina la tenía muy alta, estando en la acción. Ya era la tercera vez que eso le ocurría, después de un hecho peligroso. A los pocos minutos, se calmó y se marchó; como ya era muy tarde, se quedó a dormir en una hamaca que tenían en la parte trasera de la casa.

Al día siguiente, se reunieron a la misma hora, y se llevaron la sorpresa que la Pupu había regresado de la capital. Ella se había marchado para ultimar detalles, inscribirse y dejar todo listo para el comienzo de clases. Supuestamente, el viaje no iba a ser largo pero duró un mes y por lo que parecía solamente volvía para armar maletas.

La sorpresa, para sus cheros, fue que la visita a la capital había cambiado a la bicha. Estaba irreconocible, pero muy guapa. Se había cortado y pintado el pelo de blanco, depilado las cejas y el cuerpo, arreglado las uñas de los pies y manos y, según los chismes, otras cositas. Lo cierto era que se veía muy hermosa; su nuevo look, estaba, a todo dar. Los piropos le llovían al pasar y, más de alguno, suspiraba por su amor.

Sus amigos, al verla llegar, comenzaron a piropearla, sobre todo el Sapo que se veía que no la había olvidado. Luego de saludarse y, en cierta manera, ponerse al día comenzaron a hablar de la experiencia vivida la noche anterior. Entre broma y seriedad, los bichos les contaron lo que habían vivido y lo que sintieron al ver la muerte cerca.

Al rato, el Supo se alejó del grupo poniendo el pretexto que su padre lo necesitaba para algo. En ese momento, la Pupu les expresó que los había extrañado mucho y que se sentía triste de dejar el pueblo. Argumentó que extrañaría las reuniones y algunos lugares, como el río y sus pozas de agua fresca.

El Sapo, queriendo aprovechar el momento y a sabiendas que el Roro también, en su momento dado, los dejaría para irse a estudiar, les propuso ir a encender una fogata a la orilla del río. Aquella idea fue recibida con placer y armaron el tamal. Decidieron reunirse alrededor de las ocho de la noche. Al final pudieron conseguir al Supo para que se uniera a ellos. El chico, según los dires, andaba en algo raro.

A la hora indicada, se reunieron y juntos se dirigieron al lugar llamado «peñas blancas». A esa hora solamente se escuchaban los grillos y los búhos; en el río, que no era muy grande, la luna se mecía en el vaivén de las pequeñas olas que formaba al son de una brisa tenue que llegaba del mar.

Mientras caminaban, el Supo, sacó una botella de ron blanco y comenzó a beber con ansiedad. Los otros, al ver la manera como lo hacía, le dijeron que la agarrara con tranquilidad. El bicho hizo semblanza de escuchar, pero siguió empinando la botella aprovechando que iba de último en la fila.

Caminaban muy amenos entre broma y broma, tratando de eliminar el miedo que sentía la Pupu. La chica tenía pánico a las culebras y a la oscuridad porque se sentía desamparada, por esa razón iba colgada del brazo del Roro. El Sapo era quien encabezaba la fila y llevaba la maleta más pesada. El calor del otoño se hacía sentir en los cuerpos sudorosos y el sonido de la corriente del agua se escuchaba cada vez más cercano.

Mientras caminaban, el Roro sacó una expresión casi como si pensara en voz alta:

— ¡Qué día más raro he tenido ayer! Me bañaron de miados, nos congelamos al bajar por Tecla, nos topamos con varios muertos, nos pararon varios retenes y para completarla, nos persiguieron para matarnos.

— ¿Te parece raro? ¡Eso es lo más normal! —Sacó a relucir la Negra.

— Tenés razón, en estos tiempos es lo más normal. ¿Hasta cuándo irá a cambiar esto?

— ¡Sólo puede cambiar para empeorar, te lo aseguro! ¡Mientras, no cambie el fondo; por mucho que me la pinten, no cambiará en nada!

— ¿Tan negra la vez?

— ¡No es que la vea, lo deduzco! Sin ser un genio se puede dar cuenta que, cada día, hay más muertos, la pobreza aumenta y no hay trabajo; la inseguridad es grande, los alimentos escasean y hasta la naturaleza pareciera que está en nuestra contra. Las sequías o las inundaciones son una muestra. ¿Dime qué otra cosa se puede esperar?

— Pues sí, viéndola así se ve yuca la situación.

— ¡A mí me da lástima la gente pobre que no tiene ni para *una curita*! ¡Por eso quiero ser enfermera!

— ¡Esta guerra no me gusta! — Dejó escapar el Roro como una lamentación al aire.

— ¡No creo que a nadie le guste! Salvo aquellos que sacan beneficio del río revuelto. —Metió su cuchara la Negra.

— ¿Quiénes según vos?

— Pónganse a pensar… ¿Quiénes salen ganando de todo esto? Los que venden armas, para comenzar. Los que proponen seguridad, por el miedo provocado. Digo de los vigilantes, las aseguradoras, los bancos, los comerciantes, los políticos… para mencionar algunos.

— ¡A mí me da lástima la gente pobre que no tiene quién le eche una mano! — Mencionó la Pupu tratando de ser solidaria con los más necesitados.

— ¡Por eso quieres ser enfermera mi querida madre Teresita! — El Roro se puso a molestarla.

— Sí, por eso… pero de madrecita nada mi querido.

— ¡Ésta, de monja, se muere de hambre, le gustan mucho los hombres y machos! —Agregó la Negra tirando una indirecta a los bichos.

— ¡Si machos busca, aquí tienen uno! —Soltó el Sapo y luego agregó: ¡Sienten el agua! ¡Vamos!

El tipo salió corriendo con todo lo que llevaba en hombros. Todos, los *chunches*, en su espalda, sonaban como burro sin freno. Mientras tanto, los amigos se le quedaron viendo y gozaban al verlo desaparecer en la oscuridad. Luego, se escuchó el chapuzón cuando el tipo cayó dentro del agua. En ese momento, el Roro se puso a molestar a la Pupu.

— ¡Vamos Pupu! Dale algo al cipote, mira que sigue babeando por vos. Además, pronto te marcharás. — Le molestó el Roro.

— ¡Hazlo por caridad! Ahora que ya gozas de más experiencia.

— ¡No jodas Negra! Mejor no te hubiera contado nada.

— ¿Y ustedes que se traen?

— ¡Nada vos! La Negra que no calla nada.

— Lo que hacen unos cuantos días en la ciudad, no. Ya la viste cómo vino de cambiada y no sólo es por fuera.

— ¡Cállate vos que el monte tiene oídos y la dignidad de una mujer no vale nada!

En ese momento, el resto estaba llegando al lugar escogido mientras el Sapo estaba metido en el agua haciendo honor a su sobrenombre.

— ¡Mírenlo! Este es rápido. — Soltó la Pupu con una sonrisa.

— ¡Con sólo que no sea así para todas las cosas! — Murmuró la Negra en doble sentido sacando una sonrisa en los otros.

— ¡Yo no sé ustedes! Pero yo, quiero bañarme. — La mujer se comenzó a desnudar, diciendo: ¡Vamos! No sean aguafiestas. — La Negra, se contorsionaba metiéndose la mano por debajo de su camiseta para quitarse el sostén.

— ¡Yo también me apunto! — dijo la Pupu imitando, en su baile extraño, a la otra chica.

Ambas mujeres se quedaron solamente con la camiseta que llevaban y un pantalón corto. Cómo el Roro, las miraba boca abierta y un poco encantado, la Negra, al verlo que no les quitaba el ojo de encima, le dijo: tirándole el sostén.

— ¡Qué tanto miras! ¡Ten, si eso te interesa!

El bicho agarró la prenda y se puso a olerla; la Pupu al verlo, hizo lo mismo, diciendo:

— ¡Los hombres no cambian!

— ¿Y para qué quieres que cambien? Mejor tírate.

La Negra trató de empujar a su compañera y, al forcejear, las dos cayeron a la poza. A los segundos, el Roro se unía al grupo y comenzaron a jugar tirándose agua en la cara. Mientras tanto, el Supo se sentó para verlos desde la orilla, el bicho se había entusiasmado con el licor. La poza no estaba muy profunda, apenas tenía como metro y medio. A las mujeres, el agua les cubría de los pechos.

Luego se inventaron algunos juegos: peleas entre los sexos y las mujeres se subieron en hombros a los chicos; el Roro a la Negra y el Sapo a la Pupu. Luego cambiaron de compañera y terminaron los hombres sobre los hombros de las mujeres. Aquel juego sirvió, en cierta manera, para que el Sapo y la Pupu tuvieran su primer contacto. La mujer accedió discretamente a que su chero la tocara al exigirle que la agarrara fuerte para no dejarla caer. Parecía que las palabras de sus amigos habían hecho efecto en ella.

Varias veces invitaron, al Supo, a unirse al grupo pero el chico se negó a meterse, inclusive le echaron agua para mojarlo pero fue inútil. En ese momento comenzaron a sospechar que al tipo algo le estaba ocurriendo. Le preguntaron al Sapo, por ser el más cercano, y éste no supo decirles nada concreto.

Después de aquel juego seductor, los cuatro jóvenes se fueron para la orilla y se acostaron sobre la arena quedando boca arriba observando el manto de estrellas que servía de observador natural. En ese momento, el Supo se durmió bien borracho.

Luego, la Negra quebró aquel silencio y se puso hablar como quien lo hace sin dirigirse a nadie. Les dijo: estamos pasando por una etapa muy bonita y hermosa. Quizás, nunca se volverá a repetir. En pocos días, cada quién, tomaría un rumbo distinto y posiblemente no los veamos por mucho tiempo. Les agradeció su cariño, su amistad y el hecho de acogerla en el grupo desde su llegada. Les aseguró de que, cada uno, forma parte de lo más hermoso que tengo en mi vida. Luego, cada uno, expresó sus sentimientos más sinceros hacia sus amigos. Aquella dinámica, sacó a relucir lo bello de la amistad y la solidaridad en el grupo. Las lágrimas comenzaron a rodar y, sin preguntar nada, los cuatro se unieron en un abrazo muy emotivo.

Luego la Negra, para romper aquel momento, porque no mucho le gustaba el sentimentalismo, dijo:
— ¡No saben cómo me gustaría celebrarlo con algo fuerte pero, el Supo, se la terminó!
— ¡Pues para luego es tarde! ¡Traje algo mejor! — Expresó, el Sapo, levantándose para ir a buscar a una mochila. Luego, sacando una botella de whisky, dijo mostrándola: ¡Miren lo que tengo aquí!
— ¡Tráela para probarla! ¡Espero que nadie se *agueve*!
— ¡Qué va! ¡Vamos a darle hasta que no quede una gota! —Dijeron los otros dos.

La llevó al grupo que estaba sentado frente el río. Ahí, le comenzaron a bajar a aquella botella; uno a la vez sin saltar puesto. A los minutos, las sonrisas tontas comenzaron a florecer y los «cariñitos» a murmurar en las piernas de las bichas. Cosa rara, la Pupu no puso objeción a los avances del Sapo. En una de ésas, la chica se puso de pie y se metió en el agua diciendo que tenía mucho calor. De una se quitó la camisa para quedar sólo en calzón. El Sapo, sin ser invitado, la siguió sin decir nada y se puso a juguetear con ella.

La Negra y el Roro sólo se vieron las caras. Luego, el Roro le dijo a la Negra:

— ¿Vino cambiada, no?

— ¡Vaya que sí! ¡Ni te lo imaginas cuánto!

— ¿Qué pasó en la capital?

— ¡Creo que entró al mundo de los adultos de pies a cabeza!

— ¿Tanto así?

— La prima con la que se va a quedar, es toda una joyita; trabajadora la mona. — Hizo muecas con el rostro para indicar que la prima era *cosa seria*.

— ¿De verdá? ¿Cuénta?

— Nada qué es secretaria de un banco durante el día y trabaja en una casa de citas por la noche.

— ¿Y eso qué es?

— Nada menos que un prostíbulo de lujo, ahí sólo llega mara maciza, de billete: hijos de papá, empresarios, políticos y hasta gente de la alta alcurnia. Para decirte que por su primera vez recibió un montón de plata.

— ¿Y lo hizo?

— ¿Por qué no? Si con sólo una que lo hizo, ganó lo suficiente para pagar sus estudios. ¡Pero no se lo cuentes a nadie!

— ¡Claro que no! Imagino que seguirá trabajando ahí.

— ¡Imaginas bien! ¿Qué mejor trabajo puede conseguir en este país? Puede tener todos los diplomas del mundo y ninguno le paga lo que ganaría en una noche. ¡Qué aproveche su juventud y su cuerpo, porque después, no le harán caso!

— ¡Y mira el Sapito! Lo tiene bien embobado y no se lo presta ni por caridad.

— ¡De plano! Hagamos una cosa, háblale al Sapo y dile que no se clave; ni que sea demasiado romántico con ella.

— ¿Por qué?

— ¡Trataré de conseguir un regalo de Navidad, para nuestro amigo. Voy a hablar con la Pupu y trataré de convencerla de algo. Una cucharadita de miel no le caería mal a nuestro batracio. — Sonrió de manera pícara.

— ¿De plano crees que la vas a convencer?

— ¡Vos haz tu trabajo y, yo, el mío!

La cipota se metió, en el río, para unirse a los amigos que seguían jugando. Mientras caminaba, su chero no le perdía de vista el movimiento de caderas. La mujer se detuvo de improviso y, volteando a verlo, le sonrió cómo diciéndole «te conozco, mosco» y el amigo, solamente, se puso a sonreír al saberse sorprendido en *infraganti* delito.

En ese momento, la Pupu se subía sobre los hombros del chico y lo hacía que caminara con ella para luego lanzarse. La mujer se subía, por todos lados, en el chico y, a propósito, se le pegaba para excitarlo. El bicho estaba que no cabía de felicidad. Al llegar la otra amiga, le dijo algo al amigo y éste se salió del agua. Se unió a su chero, mientras las mujeres se quedaban en el centro de la poza platicando de algo.

Ambos cómplices, se pusieron a pasar el mensaje y a *lavar el coco* de sus amigos. A los minutos, la Pupu nadó hacia otra poza de agua, no muy lejos de ahí, detrás de las mentadas peñas blancas. Al ratito, el Sapo se estaba uniendo a la bicha.

Mientras los esperaban, el Roro y la Negra se pusieron a hablar de sus cosas. Ahí la chica supo que el padre del chero ya había entrado en contacto con la prima. Al menos un techo tenía para iniciar su nueva aventura. La Negra aprovechó para ofrecer la ayuda económica y ponerse a la orden para cualquier cosa. El joven le agradeció el gesto, pero le dijo que mejor hablaran de eso, en otra ocasión. Le dijo que no la quería perder a causa del billete que ya veía como se las arreglaría. La mujer insistió y le rogó que aceptara como un regalo de amigo. Que si deseaba retribuirle algo, sería con el diploma de maestro.
Un breve silencio se hizo espacio entre los dos. Luego, el Roro, volteó a ver hacia todos lados, como alguien que deseaba verificar que no había nadie espiándolo. Con una sonrisa de pícaro, se puso de costado en dirección de la bicha que estaba acostada mirando el cielo estrellado. La miró, el torso desnudo de la mujer estaba radiante, y clavándose en los senos, se puso a jugar con el dedo índice, con lo pezones, dándoles un pequeño masaje.

    — ¿Qué haces, travieso? ¡No comiences, si no piensas terminar! — Le dijo casi murmurando sus palabras, sin dejar de mirar las estrellas.

    — ¡Pongo en práctica, algunas lecciones que aprendí!

    — ¡No creo que éste sea el momento apropiado! — Con la misma, respiró fuerte para elevar, sus hermosos senos de diosa guanaca.

Aquel travieso seductor, comprendió que le decía que continuara. Por eso, puso a trabajar la punta de su lengua. De repente, un sonido sordo como el de una vaca echada, interrumpió aquella escena. Ambos pusieron fin al pequeño masaje y, dándose vuelta para descubrir el origen de aquel estruendo, descubrieron estupefactos que era, el ronquido del Supo que dormía profundamente. Ambos se pusieron a reír y, la muchacha, aprovechó para sentarse sobre la arena.

Quitándose los granos de sus piernas, le dijo:
— Lo que no me agrada, es que la arena se te pega y cuesta quitarla de la piel.
— Pero eso se quita fácil, con un simple rozar o con un poco de agua. — Se puso a restregarle suave la espalda.
— ¡Sabes que los chinos comen pescado crudo envuelto en unas algas y un poco de arroz, se llama «Suchi»!
— ¡Eso no es novedad! Nosotros nos comemos los chacalines crudos. Le llamaremos, «Chaquis» y los enrollaremos con hojas de plátano, como los tamales. —Se puso a reír.
¡No es mala tu idea! Iré a ver si agarro algunos camarones. —Se levantó y se dirigió a la orilla del río; mientras el amigo, la observaba con especial atención.

La joven que, siempre estaba, un paso delante del chico, se inclinó y levantando su trasero, se puso a meter las manos debajo de las piedras. La reacción del muchacho fue automática: sonrió pícaramente y se levantó para dirigirse hacia ella. Se agachó por detrás y se le pegó; metió las manos, bajo los brazos y se puso a acariciarle los senos.

La mujer lo dejó jugar por unos segundos y, cuando le bajó la prenda para meter su miembro; en el momento preciso, metió la mano por detrás y apretándolo fuerte, le dijo:
— ¡Mira la *vieja* que me encontré! — Ella se refería a un pez que vive bajo las piedras.

El joven, muy sorprendido, le rogaba que lo soltara; pero la mujer, sonriendo, se lo llevó hacia lo profundo de la poza. Luego con el agua arriba de la cintura, le dijo:
— ¿Cómo se dice?
— ¡Por favor! Mira que me la puedes dañar.
— Y vos crees que metiéndola por detrás no me ibas a dañar.
— ¡Perdón! Solamente quería bromear.
— ¿De verdad? Me late que no, pero no importa… ¡Te perdono por tu ignorancia!

La mujer, lo soltó, y luego le agregó:

— ¡Aunque dicen que en las parejas todo se puede! Te aconsejo que siempre pidas el consentimiento… ¡Podrías hacerle daño a alguien!

— ¡No lo sabía!

— ¿Te gustaría que te la metieran por detrás a la fuerza? No verdad. Lo mismo sucede con nosotras, el culo no es para el sexo, pero muchos lo hacen. Según lo que he leído, es recomendable lubricarlo antes y luego no hacerlo por delante. Las enfermedades se pueden transmitir por ahí.

— ¡No lo sabía!

— ¡Parece que, tienes mucho que aprender!

— ¡Y mis días están contados!

— ¡Creo que necesitarás un curso avanzado y exprés!

— ¡Parece que sí!

— ¿Sí, gustas? Nos reunimos en mi cuarto al final de todo esto. Ahí, si me siento más a gusto.

En esa discusión estaban, cuando, la Pupu y el Sapo, regresaban para unirse. El que traía una sonrisa de luna blanca era el bicho que no cabía de alegría. La otra, en cambio, como si nada mantuvo su postura de mujer fatal.

Se salieron del agua y, antes que los amigos se reunieran de nuevo, se tiraron de espaldas sobre la arena. Al llegar, la Negra sin andar por las ramas, le dijo:

— ¡Espero que no te vayas a clavar en eso! ¡Tómalo tranquilo!

— ¡No pasa nada! ¡No te preocupes! —Le respondió el bicho con cara de seriedad.

El Roro, al verlo, le subió una ceja cómo diciéndole: ¿Y entonces? El bicho, le dijo que sí, poniéndole una cara de felicidad que decía todo. Se sentó al lado del amigo y respirando fuerte le agregó suave: « ¡Éste es el día más feliz de mi vida!… Ahora, sé que Dios existe». Rápidamente, el chero, le pegó suave con el codo, para hacerle un pequeño recordatorio de no clavarse.

La Pupú, al llegar y, con la firme intención de no dar más alas de las necesarias al Sapo, al ver acostado al Roro, se le encasquetó sentándose sobre el estómago. Se puso a acariciarle el pecho, mientras el otro la recibía agarrándola de sus caderas. Luego, la bicha pícara, se le bajó y moviéndose sexualmente, le dijo: Y vos ¿cómo andas? ¿Quieres un poquito de mi medicina?

El Roro, le sonrió porque sabía lo que estaba buscando. A todas éstas, el Sapo no mucho le gustaba aquel juego, el rostro lo traicionaba. Por eso, para calmar las aguas, le dijo, guachando al Sapo: esto lo hace para que vos, no te creas el dueño de su amor. Ella ama la libertad y no la sacrificará por nadie.

— ¡Sé que lo hace por *darme chile*! Pero no logrará provocarme.

Las dos cipotas se pusieron a reír y, como siempre, la Negra quiso ir más lejos. Se acercó a la Pupu y la besó en plena boca. Ambos bichos se quedaron un poco, cortados. Aunque el Sapo tragó fuerte. Aquel tabú no era tan fácil de digerir a la primera. Entonces, el Roro, agarró por la cintura a la Pupu y poniéndosela sobre los hombros, le dijo al sapo, para sacarlo del hoyo: ¡Agarra a la otra y les damos una buena zambullida!

El amigo, ni lerdo ni perezoso, agarró a la Negra e igualmente se la llevó para el agua. El ambiente se volvió jovial y terminaron jugando como niños por un buen tiempo. Al final, terminaron sentadas las cipotas sobre una peña con el agua hasta la cintura, los bichos se acomodaron de espaldas a ellas, en medio de sus piernas.

Las cipotas los abrazaron cariñosamente sin decir nada, a esa hora la luna estaba en su pleno esplendor. Las estrellas brillaban en la superficie del agua como si fueran otro cielo. Un vacío muy sentido se presentó en aquel momento y un suspiro profundo llenó el alma de la Negra, luego dijo:

— ¿No sé que cómo voy a hacer sin ustedes dos?... ¡Me van a hacer falta!

— ¡No sólo a vos! —Expresó igualmente el Sapo.

— No crean, la falta será para ambos lados.

— Sí, pero... ¡Es más yuca para el que se queda! Se cuidan mucho porque quiero verlos pronto. Si es posible con sus diplomas... ese día celebraremos en grande.

— ¡Prometido! —Dijeron el Roro y la Pupu.

— Yo quiero que hagamos un pacto entre cheros. Algo así como una promesa.

— ¿Qué traes entre manos?

— Me parece buena idea. —Dijo la Negra y agregó: ¡Ya sé cómo!

— tus invenciones siempre me ponen la piel de gallina... ¿A ver qué propones?

— No seas llorón, hasta la fecha no te ha ido mal, ¿o tienes alguna queja? — Le abrió grandes los ojos.

— Me gustaría que prometiéramos, agarrados de las manos, algo: qué, siempre estaremos ahí para el otro. Qué, si alguien se encuentra en problemas, no dudemos en ir a buscarlo y tenderle la mano.

— ¡Me parece una excelente promesa! Yo, el primero ¡lo prometo! — Dijo el Roro.

Los otros se apuntaron y deseando que el Supo no se quedara fuera de aquella promesa, lo agarraron de la mano y juntos lo repitieron. Luego respirando profundo, la Pupu dijo, «pero, esto, lo tengo que cerrar con un beso». De una, le *plasmó* un beso al Roro y luego, lo hizo con el Sapo. La Negra la siguió y al terminar, se quedaron mirando, como a la espera de ¿y nosotras? Siguieron unos segundos de hesitación y luego, riéndose, se besaron de piquito. Los jóvenes al verlas, sobre todo el Sapo, se quedaron sin saber qué hacer. El Roro, por su parte, solamente se puso a reír. Luego, le dijo al Sapo, ni pienses que te voy a besar.
La Negra les dijo, mirando, al Sapo:
— ¿Y ustedes dos, no sellarán su promesa?
El Sapo lo miró como preguntándole ¿y vos te atreves? El chero, para seguirle la broma a su amiga, le levantó las cejas y le frunció los labios. El amigo se asustó e hizo el gesto de retirarse un poco, diciendo: ¡Yo no! Sus cheros se pusieron a reír de buena gana y el Roro le dijo:
— ¡Dundo! Te estamos vacilando. ¡Venga, la masturbadora! —Le ofreció su mano en símbolo de amistad.
El Sapo cambió de apariencia y agarrando ánimos, agregó tirándose una escupida sobre la palma de la mano:
— Claro que sí... ¡Carnal! ¡Para siempre, estés donde estés!
Todos se agarraron de las manos, inclusive el dormilón, y dejaron sellada su amistad para siempre repitiendo la última frase del Sapo.

Como a la hora, los cuatro se fueron a tirar sobre las rocas blancas y ahí se quedaron mirando las estrellas. A eso de las cinco de la mañana, regresaban en fila india por aquel caminito que tantas veces habían recorrido juntos. El Supo iba en brazos de sus dos cheros porque casi no podía caminar de borracho.

Ese día, amanecieron con la novedad que se habían quebrado al mentado Zorro, el tipo que se vestía de negro y que acostumbraba levantarse a cuanta bicha encontraba mal, parada. Las lenguas comenzaron a soltarse y los chismes a volar como pan caliente.

En la esquina, los cheros, además de hablar de la noche anterior, se pusieron a comentar el hecho. Como siempre, el mejor informado era el Supo y les contó que *lo rociaron a puro plomo* frente a la puerta de su casa, justo cuando su costilla iba a abrir la puerta.
— ¡Por suerte, no se la mataron! —Agregó el Sapo.

— ¡Ese bolado era un tiro directo! — mencionó el Roro.

— ¡Según los chambres, o fueron los *milicos* o los adversarios de negocios! ¿El tipo era un pesado contrabandista de armas? — Se apuntó la Negra.

— ¡Sí! ¡Eso no era ningún secreto! Digamos que al tipo ya se la tenían cantada más de alguno… ¿No crees? Todos los padres, hermanos o parientes de esas mujeres que se levantó a la fuerza. — Medio murmuró la Pupu.

— ¡Sí, vos! ¿Qué ondas, no? Y mira el cuerazo de mujer que se manejaba. — Agregó el Supo.

— ¡Verán que, más de algún lagarto o gavilán, se aprovechará de esa paloma! — ¡No lo creo porque la suegra es cosa seria! Para colmo de males, ni estaban casados y, como no era Santo de devoción de la *masucha*, lo más seguro es que la *mande a freír monos a otro lado*.

— ¡Pobre mujer! ¡Sin el marido y, sin nada!

— ¡Ésa, es la suerte de casi todas las mujeres en este país! La mayoría depende de lo que sus maridos dejen, si es que no tienen que compartir con las otras viejas y con los otros hijos. Ni siquiera se había casado con ella el hijo de…

— ¡Cálmate Negra! Mira que con los muertos no se juega. —Le puso un toque de atención el Sapo.

Aquel comentario de la Negra dejó sin respuestas a sus amigos y un silencio se metió en el grupo. Luego, el Roro, para comenzar un diálogo nuevo, preguntó:

— A todas éstas, ¿se han dado cuenta de la cantidad de gente nueva en el pueblo?

— ¡Desde hace rato! La mayoría es, chocho, porque por allá la cosa está más jodida… Claro que otros, solamente, están de paso porque van para el norte.

— ¡Espero que la cosa no se ponga fea por aquí!

— ¡Lo decís, cómo alguien que ya se va!

— Para qué les digo que no, si es así.

— ¡Creo que pronto esta esquina se quedará triste! —Dejó escapar la Negra.

En ese momento, alguien llegó a comprar y la conversación se volvió pan sin sal. La Negra se mantuvo ocupada por un buen rato, pero a los minutos regresó. Y como siempre, la mujer se las arreglaba para estar al día con las noticias. Ella no lo había sacado, esperando que su chero lo dijera por su cuenta.

— ¡Según, me dijeron, ya pico! Pero con el tata que *se manda*, ten cuidado porque si lo sabe, te fusila. — Argumentó el Roro.

— Sí, dicen que su viejo *es bien yuca*; por eso no quiero hacer la bulla. —Expresó el Sapo.

— ¡Entonces si andas en algo! Como les dije, cada roto encuentra su descosido.

— ¡Creo que a esa mona, le voy a cobrar derechos de formación! — Dijo la Pupu sonriendo.

— Eso me huele a celos. —Le respondió la Negra.

— ¡Qué va! Sólo era para poner en claro quién había sido la primera.

— ¡Ay mi Pupu! ¡Vos, sabes que siempre serás mi primer amor! — Le dijo el Sapo con aire de importante.

En ese momento, la Negra hizo el mate mostrando, con la mano que alguien venía, diciendo que era la susodicha. Todos voltearon a ver y el Sapo se puso pálido. Los otros amigos se pusieron a chingarlo porque se había asustado.

— ¡No que machito! Como todo sapo, por bocón te va a llegar quién no te trajo. —Le advirtió el Roro.

— ¡Ya, no me jodan! Porque mejor no le dicen algo a este chismoso del Supo. Vieran que ayer *se la volvió a poner*.

— De plano Supo ¿qué te pasa? Vos, no sos borracho. —Agregó el Roro.

— Sí, cuéntanos. ¿Qué ondas? Desde hace ratos te vemos diferente. ¿Te pasa algo? ¿Te podemos ayudar? — Intervino la Negra.

— ¡Supo! Mira, el trago no es buen consejero, mejor es que no juegues con él. —Le aconsejó la Pupu.

— ¡Tranquilos que no pasa nada! Unos traguitos, no hacen daño. Además, el licor me *hace los mandados*.

— Así dicen todos al inicio, pero uno no sabe. Poco a poco, uno se mete al fondo y después cuesta salir. —Le advirtió el Roro y, de paso, le echó una ojeada a la Negra porque también iba para ella.

— ¿Pero por qué tomas? ¿Te pasa algo? —Insistió la Negra.

El Supo no aguantó la *preguntadera* y, levantándose, se marchó bastante enojado. Dejó, a sus *cheros*, un poco desconcertados. Cuando ya se había ido, la Negra les comentó lo que había escuchado. Según supo, unos trabajadores del papá lo habían emborrachado y supuestamente lo habían violado.

Sus amigos al escuchar aquel chisme se quedaron aterrados y, en cierta manera, comprendían la situación por la que estaba pasando su chero. Ahí, el grupo, decidió acompañarlo para que no fuera a hacer algo que pudiera lamentarse, es decir suicidarse.

Luego, la Pupu para cambiar de tema, volvió con el cuento del Sapo y dijo, tirándoles a los hombres:

— ¡Así son todos los hombres! Un día, te dicen que se mueren por vos y al otro andan con otra. —Le pegó en el hombro al Sapito.

— ¡Tranquila Pupu! Vos, cada día, pareces más a la Negra.

— ¡Los hombres y mujeres somos diferentes! El problema de las mujeres es que somos duras para dar el corazón; pero cuando lo damos, es para siempre. Los hombres por el contrario, lo dan rápido y, de la misma manera, cambian; según, le muevan las faldas. ¡Son unos putos, unos desgraciados! — Agregó la Negra.

— ¡Hay que hacerlos sufrir para que lloren! — Dijo en son de broma la Pupu.

— ¡Mujeres! —Dijeron en coro los varones.

En plena discusión amigable estaban cuando escucharon unos disparos no muy lejos del lugar. Y, como en esos tiempos, no estaba para andar bromeando con esas cosas, los cheros se pusieron ojo al Cristo. Un nerviosismo en el cuerpo comenzó a aflorar en cada uno de ellos. De repente, a lo lejos, vieron a un tipo que corría en su dirección a toda prisa. Otros hombres venían persiguiéndolo y los disparos comenzaron a sonar en la pared de la casa. Los cipotes no tuvieron otra opción que meterse en manada refugiándose en la casa de la Negra. Cerraron todas las puertas y ventanas, se tiraron sobre el piso y esperaron que pasara todo el relajo. Para mala suerte de ellos, justo en aquella esquina, el perseguido cayó de bruces y ahí llegaron los perseguidores para terminar la tarea, le asestaron el último en la cabeza. Ni locos quisieron asomarse para tratar de ver a los liquidadores; eso sí, escucharon sus pasos y hasta su respiración tranquila. Inclusive, uno de ellos, se tomó el tiempo de verificar si estaba muerta.

Cuando el barullo pasó, la gente se atrevió a salir de sus casas y descubrieron sin mucho asombro que se habían tronado al «Uñas Largas», otro de los ladrones conocidos del pueblo. Según se sabía, por los chismes, había una especie de grupo de personas que se habían tomado el derecho de ajusticiar a todo aquel que andaba en malos pasos y causaba estragos en el lugar. Muchos ladrones de ganado, asesinos y gente conflictiva habían sido desaparecidos del lugar.

Lo raro de aquel hecho fue que muy pocos tuvieron compasión con la víctima y, hasta, le dieron el visto bueno a los asesinos. La guardia, por su parte, se presentó al lugar del crimen como a la hora para hacer el reconocimiento. Sin testigos ni nada, todo quedó a los minutos en el olvido y aquí nada pasó.

Fue la Negra quién sacó a relucir aquel hecho cuando se quedó sola con el Roro.

— ¡A lo que hemos llegado! Lo mataron como a un animal... sin juicio ni sentencia.

— ¿Por qué tanta extrañeza? Eso estaba escrito en el cielo. Todos sabíamos que, era un ladrón y que tarde o temprano se lo quebrarían; lo que no sabíamos, era: ¡cuándo y dónde! — Replicó el Roro.

— ¡Aja!... Pero ¿Quién les dio el derecho de decidir a quién matan y a quién no? ¿Por qué sólo se echan a los pobres? Vos y yo sabemos que en esta zona hay muchos ladrones: los políticos y alcaldes, los *riquitos* de este pueblo y muchos más. Entonces ¿Por qué a ellos no se los echan igualmente?

— ¡Imagino que es porque tienen la sartén por el mango!

— ¡Cabal! Pero me da cólera. La injusticia en este país me pone bien india.

— Imagino que no sólo eres tú.

— Y cómo yo, muchos se quedan callados para que no los dejen mirando las estrellas, boca para arriba.

— ¡Cabal! Así funcionan las cosas en este país y, sobre todo, en ésta, maldita guerra que no me gusta.

Después de ése, desafortunado incidente, el grupo de cipotes dejó de reunirse en aquella esquina. Por la situación y por el impacto del muerto; lo cierto, era que la *mara* había dejado de agruparse para hablar de sus cosas.

Luego, unos días después, cuando los cipotes andaban callejeando, los agarraron los militares en una de esas redadas nocturnas y sin avisar. El ejército, solía reclutar a los cipotes mayores de quince años que no eran hijos únicos y que no estudiaban. Los casados o acompañados se salvaban de hacer el servicio militar obligatorio.

Entonces, a pesar de que había, *toque de queda*, a las diez de la noche, los muchachos en el pueblo hicieron caso omiso de dicho decreto. Los bichos ni se dieron cuenta cuando les cayeron encima, cuando sintieron ya estaban *encachuchados* arriba de un camión militar.

Esa noche, los tres *cheros* cayeron en la redada y, al igual que otros veinte *monos*, los subieron a un camión del ejército. Ahí estaban acurrucados bien *aguevados* por no saber qué hacer ni saber qué esperar. Algunos, habían enviado a avisar a sus familiares para que llegaran a tratar de evitar su servicio militar, otros estaban decididos hacer tal servicio.

En un descuido, el Supo que estaba cerca de la puerta, se les escapó y se refugió en uno de los buses de su padre, pero los otros dos se quedaron en el intento. Mientras esperaban, el Sapo le confesó al Roro que ya había decidido meterse al ejército. Cuando llegó el padre, con un tanate de ropa, simplemente se despidieron y se dijeron hasta pronto.

El Roro, por su parte, no quería meterse a la fuerza armada porque no le gustaba y porque tenía otros planes, ser maestro. Por suerte, la noticia voló como pólvora y, al rato, llegó la Negra con la Pupu. Esta última vestida de madera rara, parecía preñada. Se pusieron a hablar con el comandante de aquel batallón y el tipo pareció que no les creía por los gestos que hizo. El tipo se fue para un carro y las dejó solas. Las mujeres se pusieron a hablar de algo y luego, la supuesta mujer en estado, se fue en dirección del comandante. Se perdió detrás de la nave y en la oscuridad.

Al rato, el tipo salió y le ordenó algo a un subalterno. El tipo recibió las órdenes y luego, se dirigió al camión para dirigirse al Roro y, al identificarse, le dijo que se podía marchar. El joven, no esperó conocer la razón y, de un salto, se bajó del camión. Se unió a sus *cheras* y se marcharon. En el camino, le contaron una mentira pequeña para evitar que se sintiera mal.
Llegaron a la casa de la Negra y, ahí, se despidió de sus amigas porque su padre, justamente, iba a buscarlo. Se saludaron y, juntos, regresaron a la casa. Las amigas se quedaron conversando y con la intención de quitarse el disfraz.

Buscando un pretexto para salir nuevamente de casa, el chico le dijo al padre que se le había olvidado algo con las chicas. Al ver que la madre de la Negra estaba en la tienda, buscó la parte trasera. Se metió, por dónde siempre, y se las encontró en el cuarto hablando. Cuando lo vieron, se alegraron y el tipo se unió a la charla. Ni siquiera se había quitado la panza postiza.

— Y Rorito. ¿Te gusta tu mujer preñada? —Le dijo la Negra, mostrándole a la amiga todavía con la *timba* bien inflada que estaba sobre la cama.

— ¡Se ve hermosa! — El chico se acostó a su lado y se puso a sobarle el vientre.
En ese momento, la madre de la Negra le gritó para algo. La mujer les dijo a sus *cheros* que no hicieran bulla para que su vieja no los escuchara, pero en son de broma agregó:

— Los dejo, pero cuidado hacen algo de lo que se puedan arrepentir, si lo hacen, me invitan. — Les ofreció una sonrisa pícara.

— ¡Dalo por hecho! —Le respondieron en coro.

Cuando la Negra ya se había marchado, la Pupu le dijo al amigo que le ayudara a quitarse aquel disfraz porque le apretaba el abdomen. Se levantaron y, de pie, se dispusieron a quitarse aquella vestimenta: un vestido, de la madre de la amiga; una almohada y hasta, unos calzones que rellenaban el sostén de talla grande.

La Pupu no se acordaba que no tenía puesto su calzón porque se lo había dejado al militar. Cuando aquel vestido cayó al suelo, el cipote lo notó rápidamente y sus ojos no dejaron pasar aquel incidente. La chica se acordó rápidamente y poniéndose una mano, se cubrió su parte íntima:

— ¡Miércoles! ¡No me acordaba! — Expresó con sorpresa.

El chico de inmediato se dio cuenta cuál había sido el precio que su amiga había pagado para obtener su libertad. Se sintió incómodo y bastante avergonzado. Sus ojos de tristeza no pudieron esconder su malestar. Se puso a desatarle el nudo que tenía en la espalda sin decir nada. La amiga, queriendo no darle importancia a la situación le dijo:

— ¡No te sientas mal que lo hice con mucho gusto!

— ¡Lo siento! Creo que fue demasiado grande el precio que pagaste. ¡Te debo una!

— ¡No me debes nada! ¡Para eso somos los amigos, no!

La chica agarró las manos de su chero y, halándolas hacia adelante, se abrazó con ellas por la cintura. Luego agregó:

— ¡No podíamos dejarte ahí! Sabíamos que eso sería la muerte para vos. Lastimosamente, al tipo no le gustaban las morenas; así que me tocó sacrificarme por una buena causa.

— ¡Gracias! ¡Mil veces gracias!

— ¡Nada que gracias, le dijeron a la hormiguita! — Se abrazó más al amigo.

Luego se quedaron abrazados por varios minutos en completo silencio; después, la mujer dijo:

— ¡Sabes! Me ha quedado un mal sabor en el cuerpo y si quisieras ayudarme… —Se quedó callada pensando lo que iba a decir.

— ¿Qué? ¡Dímelo que con gusto lo hago!

— Estaba pensando qué a lo mejor me ayudabas a quitarme el mal sabor que me han dejado las caricias de ese viejo.

— ¿De verdad? ¡Quieres que hagamos el amor, ahora!

— No sé si lo superaré pero podemos probar. Como dicen, un mal trago, pasa con uno bueno.

Se dio media vuelta y ahí, en silencio se pusieron a amar con mucha dulzura y delicadeza. Al rato, la amiga volvía y los encontró acostados como buenos amigos. La bicha se les unió y juntos se pusieron a comentar sobre su amigo, el Sapo. Esa historia les dejó un mal sabor en la boca; desde ese día, ellos sabían que las reuniones no serían iguales en la esquina de aquella casa.

Los últimos días de ese año, fueron muy tristes en el grupo, se sentían incompleto. La ausencia del Sapo les pesaba mucho y, aunque las noticias indicaban que estaba bien, se sentía su vacío. El conflicto armado, en esa zona, no dejaba de contar los muertos en la carretera litoral y sus alrededores. Los rumores decían que algo grande se estaba planeando. La desconfianza entre la gente era grande y se tenía miedo hasta de hablar; esto por los «orejas», como les decían a los informantes del gobierno; y «mocos» a los de los guerrilleros.

El nuevo año llegó sin pompas ni platillos, las vacaciones se iban terminando día a día. Las familias comenzaban a prepararse para el nuevo año escolar que, en principios, comenzaba al inicio del mes del amor y la amistad.

Estaban en la primera semana de enero y, aún, estaban con la sal del mar en sus cuerpos. Los chicos se la habían pasado entre las playas de: Bola de Monte, Garita Palmera, Barra de Santiago y Costa Azul. Todas ellas en el departamento de Ahuachapán. Por lo general, no se aventuraban más allá de la zona occidental del país.

Ese fin de semana, la Pupu se acercó a la Negra para decirle que la semana siguiente se marcharía para la capital, sus clases de enfermera comenzarían a mediados del mes de enero. Igualmente, el Roro le había anunciado que pronto se marcharía para finalizar su inscripción y ver cómo conseguía un trabajito para sufragar sus gastos personales.

Por esas dos razones, la Negra se inventó hacer una especie de despedida de grupo para el fin de semana aprovechando que su vieja no estaría en casa. Ella haría uno de esos viajes de fin de semana para verse con alguien. Los chicos estuvieron de acuerdo, y acordaron ir a la playa. Eso, sí, el Supo no dio certitud porque dijo que tenía algo que hacer.

El tipo se había portado raro en esos días; por eso, llegaron a la conclusión que algo tramaba. Ellos creían que tenía problemas con su padre porque desde que le reclamó, al descubrir que engañaba a su madre, aquella relación se había roto.

También, el rumor que era homosexual andaba andando por las calles del pueblo y cómo sabían que el padre era machista, pensaron que era otro clavo para su ataúd.

Al día siguiente, les dijo les confirmó que se uniría a ellos y que ponía disposición su carro para ir. Esto los dejó más perplejos. Pero de todas maneras, la *lunada* en la playa, estaba en pie. Supuestamente, el sábado, se irían después del mediodía.

El día indicado, a eso de las diez de la mañana, el Supo les avisó que el carro de su viejo se había arruinado y que iría a buscar unos repuestos a la capital. La noticia les había tirado al suelo aquella pequeña despedida y decidieron suspenderla. Para colmo de males, a eso de las seis de la tarde, hubo un apagón de la luz eléctrica y, minutos después, un temblor de gran magnitud.

Aquella sacudida puso en alerta a medio mundo y comenzó a prepararse para un eventual terremoto que, en esas épocas de cambio de estación, la tierra siempre los despertaba bruscamente. La gente salía a buscar todo aquello que le podía ayudar para una eventual catástrofe. Por eso, los granos básicos, el agua, el gas, las velas y, hasta la manteca, se acababan rápido en las tiendas. Uno era porque se terminaban y, la otra, porque lo acaparaban para venderlo más caro el día siguiente. Como dicen, «en río revuelto, ganancia de pescadores». Y para eso, *la mara* se apuntaba gratis.

El Roro, bajo el pretexto de saber si todo estaba bien con su chera de la esquina, se fue a visitarla. Al llegar, la mujer estaba que no daba abasto con las manos y, desde que lo vio, lo puso a *echar riata, trabajar,* a su lado atendiendo a los clientes. Al buen rato, el alboroto se había calmado.

Cuando no había nadie más que ellos, la Negra respiró con mucha tranquilidad. Luego, de un salto, se subió al mostrador de madera para quedar sentada frente al chico. Agarró una «Nusita», una especie de dulce de chocolate, la abrió y metiendo el dedo índice lo unto para chuparlo. Luego, después agarró otro poco y se lo ofreció al amigo metiéndole el dedo en la boca.

— ¿Está rico, verdá? ¡Gracias por echarme la mano!

— ¡Nada que gracias, dijo: el elefante! —Le respondió sonriendo y chupando el dedo de la bicha. Se le metió entre las piernas.

— ¡Estás cargado, no! Lástima que la despedida se nos cayera.

— ¡Sí, no! Pero a lo mejor podemos hacer algo, de todas maneras estás sola. — Le puso el dedo índice en el cuello de la camiseta. Lo haló hacia él, para ver bajo la prenda, y comprobar que los volcanes, en forma de naranjas, estaban bien plantados, bajo el sostén blanco.

— ¡Vuelvo y repito! —Le volvió a meter el dedo untado con chocolate en la boca — ¡Me suena que estás cargado!

— ¡Parece no, estoy a punto de explotar! Debe ser el hecho que pronto me voy a marchar y sé que me harás mucha falta.

— ¡Deja de decir tonterías! Verás que ni has llegado y, más de alguna vieja, querrá tirarte los *chones*. En este país hay más mujeres que hombres y cómo siguen las cosas, la cosa va para *guatepio*r.

— ¡Así parece! —Se puso a acariciarle los senos delicadamente sobre la camiseta y agregó: — ¡Yo, hambriento y con tanta carne a la vista!

— ¡Ya deja de tocarme tanto! Mira que alguien puede venir y no es bueno para mi reputación de *marimacha*. —Lo separó de su lado y se bajó del mueble.

Ni bien se había bajado cuando alguien entraba por la puerta buscando velas. Ambos se quedaron viendo y, sin decir nada, parecieron decirse todo.

— ¡Ves! —Le dijo, subiéndole la ceja y empurrando la cara.

— Entonces ¿en qué quedamos?

— Lo platicamos luego, la Pupu vendrá dentro de un poco y le expondré la idea.

El chico la dejó y, a la media hora, la amiga estaba en la *tiendita* comprando algunos viveres. Ahí se pusieron de acuerdo para celebrarlo en la casa después de cerrar, a eso de las ocho de la noche. La idea, era, pasar toda la noche en jodarria.

A eso de las seis de la noche, el Roro se alistó y avisó a sus padres que se iría a celebrar con sus cheros. Se preparó, metió toda su ropa en una bolsa y, antes de marcharse al billar, la dejó escondida cerca de la casa de la Negra. Él sabía que, si lo veía bien «tipería», la mara *se la montaría*.

El joven estuvo lo suficiente en el lugar y, con la misma, agarró camino hacia la casa de la amiga del alma. A su regreso, se le ocurrió llevar flores y se puso a robar cuanta flor se le puso en el camino. Por suerte, todas las casas tenían jardines muy floridos.

En eso estaba, cuando escuchó unos disparos, cerca del puesto de policía. Paró las orejas y le puso quinta a sus pies, *salió en guinda* diciendo «patas, para qué te quiero». Buscó la ropa que había escondido, se cambió de prisa y se subió el palo de mango para saltar el muro de la casa de su chera. Todo aquello lo puso muy nervioso y su cuerpo comenzó a reaccionar de manera rara. Se puso a temblar sin control. Él mismo, no sabía que le sucedía.

Todo parecía como repetición de una misma escena. Todo el mundo, en concierto, se dispuso a cerrar puertas y ventanas; los golpes se escuchaban como una sinfonía extraña. Hasta los perros se metían en sus cuevas por el miedo a los disparos que sonaban sin parar. La gente corría por las calles desesperadas, tratando de llegar a sus casas y gritos, de madres preocupadas por sus hijos, se escuchaban a los alrededores.

Cuando estuvo del otro lado del muro, respiró profundo y trató de controlarse. Su corazón se negaba a sosegarse. Se concentró y, al fin, pareció volver al cauce. Él no deseaba que sus amigas lo vieran en ese estado. Sin embargo, todo ese ajetreo lo hizo sudar bastante. Se dirigió al cuarto y, desde la distancia, pudo observar una pequeña luz que salía de las rendijas de la puerta. Inclusive, se escuchaba una música suave. Dejó cerca, las flores porque quería ofrecérselas a ambas y, él, no sabía si la Pupu ya había llegado.

La Negra había cerrado la tienda al llegar la amiga. Al oír los disparos se apresuraron a poner llave a todas las puertas. Se fueron para la habitación de la Negra y, ahí, se habían encuevado.

El joven pensaba encontrarlas temblando de miedo y angustiadas, pero fue lo contrario. Las bichas estaban brindando con trago fuerte y bailando, solamente con una camisa sobre ellas. Desde el patio se escuchaba la música en inglés que repetía una frase en francés que decía: «voulez-vous coucher avec moi ce soir». Dicha frase, era representativa y sugestiva para ese momento, traducida significaba «quiere usted acostarse conmigo esta noche». Claro que solamente la Negra sabía el significado de aquella frase tan popular porque estaba escrita en francés. Aquel disco de vinilo de cuarenta y cinco, seguía dando vueltas porque el aparato de sonido era de baterías.

Desde que llegó, ambas chicas se alegraron y lo recibieron con las manos abiertas. El bicho las vio y les dijo un poco extrañado. En un tono enojado, les dijo:

— ¿Qué ondas? ¿Qué no ven que afuera se están matando y ustedes bailando? Apaguen eso porque nos pueden escuchar.

— ¡Qué, aburrido! —Respondió la Negra apagando aquel aparato. Luego agregó: ¡Deja que esos imbéciles se maten afuera; nosotros, celebremos la vida aquí adentro!

— ¡Siento como que no es correcto!

— ¿Y qué es correcto! ¡Qué se maten por una bandera que ni conocen, qué maten a inocentes sin razón, qué destruyan lo que no les pertenece!

El chico al escucharla, se quedó pensativo y le respondió.

— ¡Sabes que tienes razón! Mejor celebremos la vida y que ellos celebren la muerte. ¿Qué están tomando? —Le extendió la mano, a la Pupú, para que le ofreciera un poco del trago de ella.

La bicha, con una sonrisa tonta le negó el trago, pero con la misma se le encimó y le dijo: si deseas, lo tendrás que tomar de mi boca. Sin esperar la respuesta, lo besó y se intercambiaron aquel licor. La Negra, mientras tanto, sólo les sonreía: pero luego, se les unió besándolos.

Después de tomar aquel trago de ron, agregó:

— ¡Pero por si al caso, dejemos la música tranquila! —Se fue a sentar en un rincón cerca de la pared de la calle. Él mismo, en el que se había sentado, cuando lo perseguían para matarlo.

— ¡Está bien! —Dijo la Negra sentándose a su lado. La Pupu se acomodó al otro costado del chico. La Negra, sabía que no había superado el trauma.

Las balas en el pueblo sonaban sin parar y parecía que aquello se alargaría toda la noche; claro que ellos no sabían que aquel ataque estaba orquestado y todos los pueblos, en esa zona con base militar, estaban siendo atacados al mismo tiempo.

Después de unos minutos, la Negra le dijo queriendo sacarlo de su miedo:

— ¡Parece que te pusiste bonito! ¿Y es para nosotras?
— ¿Qué lindo? —Dijo, la Pupu, tocándole el mentón.

Las mujeres estaban con ganas de celebrar; sobre todo, la Pupu que le brillaban los ojos de alegría y se moría por otra cosa.

El chico sonrió y luego les dijo:

— ¡Lo siento! No lo he superado. Me tiemblan las piernas y me siento nervioso. — Se agarró sus piernas con las manos.

— ¡No te preocupes! Te comprendemos. Pero déjanos ayudarte a superar este miedo.

Su otra chera, no comprendía nada. Igualmente se apretó al amigo. Entonces, la Negra se le sentó en las piernas y se dispuso a quitarle la camisa delicadamente; mientras tanto, la Pupu, que los veía con una sonrisa de borracha. Dijo que también quería unirse al juego. Así que se puso a quitarle la camisa por detrás mientras le daba un masaje con dedos y labios. La Negra se dispuso a quitarle el pantalón, cuando unos disparos sonaron cerca de la casa.

En ese momento, los tres se abrazaron porque sintieron miedo. Se quedaron en silencio esperando la continuación. Al ver que las mujeres temblaban de miedo, el tipo agarró fuerza y convicción, el macho resurgió de entre las cenizas.

— ¡Tranquilas! No va a pasar nada. Tengan confianza. —Se los dijo con tono seguro.

Las mujeres se amarraron al tipo y se quedaron quietas. Los disparos se disiparon hasta terminar en la distancia. Para sacarlas de aquel momento, el tipo dijo:

— ¡Esperen aquí, les he traído algo!

Se apartó de ellas, mientras le rogaban que no las dejara solas. Se deslizó gateando por la habitación y salió a buscar las flores; al rato venía con las plantas entre sus dientes. Se las entregó y les dijo:

— ¡Para dos bellas mujeres! A quienes admiro y quiero. Además, por ser parte importante en mi vida.

Ambas bichas agarraron el obsequio y, sobre todo, la Pupu casi se pone a llorar.

— ¡Es la primera vez que alguien me regala flores! —Se le lanzó a los brazos y le estampilló un beso eterno.

La Negra, por su parte, le dio las gracias y le dijo:

— ¡Creo que la Pupu ya te lo agradeció! De todas maneras, no tenías porque cortarlas; se verían mejor en las plantas.

— ¡No seas brusca, bésalo que se lo ha ganado! —Le dijo la Pupu empujándola hacia él.

Ambos se besaron brevemente y soltaron una pequeña sonrisa como si nunca lo hubieran hecho. Aquel beso pareció botar algunas barreras y, la cipota, cambió de semblante; casi parecía que hubiera estado celosa de la Pupu. Desde ese momento, para el trío nada lo superó.

Mientras aquellos amigos festejaban la vida en su despedida; afuera, las cosas estaban que reventaban. Las balas volvieron a zumbar como locas por los techos de las casas, varios gritos se escucharon en la distancia. Las bocas de las armas se callaban, pero luego volvían con más ahínco.

Esa noche la pasaron de maravilla: hablaron, bailaron, lloraron, tomaron e hicieron el amor. Se prometieron nunca olvidarse y tratar que, esa guerra, no se los llevara entre sus patas.

LA DESAPARICION DEL SUPO

A la semana siguiente, aún con la resaca de aquel ataque, la gente del pueblo seguía viviendo con el corazón en la mano. Era la primera vez que vivían de cerca, un enfrentamiento armado y, a pesar de que, no hubo muchos muertos; la gente estaba temerosa. Los chismes y rumores recorrían las calles de aquellos lugares, como unos caballos salvajes.

Los señalamientos de personas etiquetándolas, como «*orejas o mocos*», estaban a la orden del día; eso sí, todo, era, *bajo de agua*. Las noches se volvían extrañas y, a veces, una pesadilla, todo dependía si *la Sombra Negra* tocaba la puerta de la casa. Los jóvenes estaban viviendo días difíciles porque había grupos delictivos que llegaban a sacarlos de sus casas para matarlos.

Muchos padres tuvieron que enviar a sus retoños, fuera de su país; preferían tenerlos lejos que muertos. Otros, optaron por incorporarse a lo que se llamaba «el ejército del pueblo» que no era otra cosa que la guerrilla.

En eso días, el Supo, andaba de capa caída. Casi, no se veía la cara de él, en el pueblo. El chico, se la pasaba de bus en bus, controlando a los cobradores y conductores que se las arreglaban para robarse el dinero del pasaje o simplemente vendían la gasolina a escondidas. En la esquina de la casa de la Negra, sus tres cheros lo echaban de menos y presentían que algo raro le pasaba.

Una noche de ésas, el mentado y temido «*Escuadrón de la Muerte*», la mano dura del ejército guanaco, andaba haciendo de las suyas por las cercanías. Y ese día, su mano, tocó la casa de un tío del chico que precisamente estaba en conflicto con el padre del Supo por problemas de tierras. El tío y un primo salieron mal parados en aquel atropello, el propio Supo los encontró abandonados a un costado de la carretera. El tipo, por alguna cosa, supuso que su progenitor estaba metido en aquel hecho.

Aquella tragedia lo devastó por completo y, para colmo de males, los rumores sobre su homosexualidad, corrían como viento en popa en el lugar. Según supo el Roro, los culpables de ese chisme habían sido sus mismos compañeros de trabajo, un conductor y el cobrador. Ellos aseguraban que se lo habían cogido.

Como el tema era muy delicado, sus amigos ni quisieron tocarlo, limitándose a acompañarlo en su dolor. En los ojos, se veía, una rabia profunda y, sus cheros, temían lo peor. Por mucho que insistieron que sacara aquel bocado; el mono, no soltó la prenda.

A los días, la noticia llegó tan rápido como el viento. El bus en el cual trabajaba, había sido interceptado y quemado; también habían asesinado al conductor y al chofer. Del Supo, nadie dio razón y, dedujeron su muerte, al no encontrar rastros de él. Sus amigos se negaban a creerlo y sintieron mucho su muerte; eso sí, como no habían encontrado rastros de su cuerpo, mantenían la esperanza que estuviera vivo.

En el pueblo le hicieron una misa de difunto sin cuerpo y, sus cheros, no faltaron a la vela. Luego se refugiaron en la casa de la Negra para pasar juntos aquel trago amargo. Ellos no daban crédito a lo que estaba pasando en esos días y, la Negra, por su parte, no se veía bien. Su semblante la traicionaba.

A los días, la Pupu, se fue a estudiar. De aquel grupo de cinco, solamente quedaban dos y pronto el Roro alzaría vuelo, a su vez. La melancolía en el cipote era bastante evidente. En el fondo, la idea de dejar a la Negra le revolvía el estómago por dos razones: la primera, porque la extrañaría un mundo y porque temía que se metiera en el universo infinito de las drogas. Él sabía que no había podido mantener la promesa de mantenerse alejada.

Esa noche, le pasaron la nota que la habían visto con el «Tufo», uno de los pocos vendedores de droga reconocidos del lugar. Él sabía que la madre de la bicha no estaba y, por eso, le extrañó que anduviera fuera de la casa y con semejante compañía. Algo malo le punzó en el alma y se le fue a meter a la casa por el mismo lugar que acostumbraba, el árbol de mango.

Entró sigiloso, como un gato del monte, paró sus orejas para tratar de detectar algún movimiento. Era raro, aquello parecía desierto. Se dirigió al cuarto de la bicha y lo encontró vacío. Aquello, le dio mala espina. La buscó en su rincón sagrado, la biblioteca, y nada. De repente, unos diminutos quejidos se escucharon como abandonados. Su corazón se puso a palpitar fuerte y como que algo le decía que su amiga lo necesitaba. Cruzó la puerta que separaba ambas casas y, al entrar al jardín, un pequeño ruido lo dirigió hacia el baño de la casa.

Para su gran sorpresa, encontró a su amiga llorando y queriendo quitarse la vida con una hoja de afeitar, completamente desnuda. Sus ojos rojos y su sonrisa tonta, la delataban. Al verlo, apenas le sonrió y, luego, sus lágrimas comenzaron a salir como vertiente de cristal en pleno desierto.

El tipo se temía algo así, su corazón se lo estaba avisando. Desde que le dijeron que la habían visto algo alegre, se imaginó que algo no andaba bien. Además, según se dio cuenta, el «Pataschuecas» había estado en la casa, cosa rara porque la madre no se encontraba en el hogar. Con él rondando, nada bueno se podía esperar. Era una de esas personas que se aprovechan de los más débiles e indefensos. Era conocido por sus numerosas mañas, actos delictivos y porque gozaba de la protección de la gente que mantenía el poder en el pueblo. Según se decía entre corredores, era parte del mentado grupo que ejecutaba a los delincuentes menores.

Al verla en ese estado y con la hoja de afeitar, pensó lo peor. Se le acercó, hablándole dulcemente, con la intención de quitarle el arma de su mano. Con mucha ternura, la cogió entre sus manos y la abrazó fuerte, puso a un lado aquel instrumento de muerte; luego, la levantó para llevarla en brazos hasta su cama.

En el camino, la mujer solamente murmuraba una sola frase: ¡Me quiero morir! Y colocaba su cabeza sobre el hombro del amigo. Sin preguntar nada, el tipo la colocó sobre la cama, la cubrió con una sábana y se colocó a su costado. Ninguno de los dos pronunció una tan sola palabra. Ahí, amanecieron abrazados como dos eternos enamorados.

Al despertar, la chica lo hizo con una normalidad que espantaba. Como si no hubiera pasado nada. El amigo, se limitó a seguirle el juego; y, después de bañarse, se pusieron a desayunar.

Mientras comían, en un momento dado, el tipo le preguntó:

— ¿No, me vas a contar nada, verdá?

— ¡No, hay nada que contar! —Le respondió con una sonrisa dulce tocándole el rostro como diciéndole «no preguntes por favor».

— ¡Está bien! Sólo quiero que sepas que siempre puedes contar conmigo, esté dónde esté.

— ¡Lo sé y te lo agradezco! —Se limitó a decir sin verlo. Luego agregó: ¿Pronto te irás, no? ¡Qué bueno! Aquí no hay futuro para vos.

— Me voy, pero si me necesitas me quedo.

— No te hagas bronca conmigo y dedícate a lo tuyo. Me prometiste que sacarías ese diploma y yo quiero verlo. ¡Ése, será mi mejor regalo!

— ¡No me puedo ir, si te dejo mal! —Le colocó la mano sobre su mano.

— ¡No te preocupes por mí! Lo de ayer, no volverá a pasar. Eso sí, si en verdad sientes aprecio por mí, tienes que marcharte.

— Pero…

— ¡Pero nada! Aquí no me eres útil y tú, tienes un camino por delante.

— Pero si me necesitas, me avisas y vengo corriendo.

— ¡Está bien! ¡Te lo prometo!

Con aquella promesa los dos amigos cerraron aquel tema, por ese momento. El chero no se sacaba de la cabeza que algo le había pasado para que ella tuviera tal reacción. Pero como dicen por ahí, «*si no da entrada, es difícil ayudar a remodelar la casa*».

Los días se siguieron y aquellos amigos no dejaron de verse. La Negra se esforzó para dejar un mejor recuerdo, pero aquello que le había ocurrido la había dejado *patojeando* en el alma. Aunque no volvió a fumar, cada vez que el «Pataschuecas» llegaba a visitar a la madre, la chica escondía la miraba. Ese gesto no pasó de largo en el Roro. Pensó que, por ahí, podría estar, la razón de aquel cambio. El cipote, no andaba muy perdido, en su apreciación.

Precisamente, en eso días, la guerra se cobró otras víctimas. Unas mujeres que huían del conflicto armado en busca de un mejor porvenir, se encontraron con la muerte al querer atravesar el río fronterizo. Según los chismes, los coyotes que las llevaban se aprovecharon de ellas y les robaron; luego, para ocultar el crimen, fingieron que se ahogaron, pero, lo cierto, fue que las ahorcaron.

EN BUSCA DE UN CAMINO

Un día antes de marcharse, el Roro, después de despedirse de familiares y amigos, decidió cerrar aquel círculo visitando a su amiga del alma, la Negra. Ésta, había brillado por su ausencia quizás rehuyendo una despedida porque no era del tipo a mostrar sus sentimientos.

Ya había entrado la noche y, en la esquina de aquella casa, la ausencia de aquel grupo de jóvenes, se hacía notar. El cipote, al caminar hacia el lugar, se le hizo un nudo en la garganta y, apretando los de abajo, se hizo el fuerte.

Al llegar a la tienda, solamente se encontraba la madre. La mujer trataba de acomodar unas cosas, en lo alto de un estante. El chico, saludó diciendo:
    — ¡Buenas!
De inmediato, recibió una respuesta, corta:
    — ¡Hola! ¡Ya, lo atiendo!»

Al darse vuelta desde lo alto, lo reconoció y lo saludó de otra manera.
    — ¡Quiubo Roro! ¡No te hacía por estos lados!

El chico, al verla subida sobre una pequeña escalera de madera, se apresuró para echarle una mano:
    — ¡No, doña! ¡Todavía ando *dando molote*! Pero mañana, por la mañana, jalo en el primer bus. ¡Tenga, cuidado! Se puede caer, la escalera se está moviendo. — Se acercó y agarró, con las manos, la escalera y coloca, uno de los pies, en la base.

    — ¡Gracias! Esta cosa, un día de éstos, me da un buen susto. —La mujer subió un peldaño con mayor seguridad. Luego, agregó: ¡Pero… no me llames: doña! Me hace sentir, vieja y desahuciada! ¿Crees que soy vieja? — Al mismo tiempo, la mujer bajó la mirada para escuchar la respuesta; y, en ese momento, cachó al bicho clavado en su trasero.
    — ¡Para nada! ¡Lo dije, por respeto! — El muchacho respondió bajando su mirada, poco avergonzado.
    — ¡Está bien! Esta vez te la perdono, pero no la vuelvas a repetir.

La mujer con aquella picardía suya, subió una de sus rodillas para tratar de alcanzar una cosa que estaba en cierto extremo. Ella sabía lo que hacía perfectamente y trataba de dar, un poco de chocolate, al mirón que había vuelto a elevar la mirada.

Aquel movimiento, provocó que viera toda la parte trasera. Ella portaba un fustán del mismo color que el vestido; sin embargo, eso no impidió ver el blúmer blanco. Tratando de no ser muy indiscreto, volteó la cara, hacia abajo; pero sus ojos habían acariciado lo necesario y sustancial. Como andaba vestida y maquillada, de manera juvenil. Entonces, supuso que, la menstruación, estaba a las puertas de llegar. Los comentarios, dichos al respeto por la hija en alguna ocasión, le sacaron una sonrisa pícara.

La dama, comenzó a bajar los escalones, y, al hacerlo, lo observó. Ella adivinó por dónde andaba el asunto. No era necesario, ser científico, para saber que le había visto todo. Medio agarrándose, su falda floreada para no ser tan evidente, le dijo:

— El que se ríe solo, de sus picardías se acuerda. —Le ofreció, la mano, para que le ayudara a bajar los últimos peldaños.

El joven, muy atento, le agarró sólidamente la mano, pero al poner el pie en el último peldaño la mujer se deslizó a propósito. Eso provocó que se precipitara sobre el chico, quien la soltó para agarrarla de la cintura y medio levantarla con fuerza de hombre. La mujer muy sorprendida de la fuerza de aquel muchacho, se apresuró a abrazarlo. La cara asustada del chico quedó en medio de los enormes senos de la dama, quien sonriendo le dijo:

— ¡Suerte que estabas detrás; si no, me hubiera caído! Le acarició la cabeza y la apretó sobre sus senos. ¡Qué rico se siente la respiración de un hombre en mi pecho! — Dijo murmurando las palabras.

El chico que, la tenía sostenida de la cintura, dejó deslizar, poco a poco, su cuerpo sin soltarla.

— ¡Qué rico sentir el perfume de una verdadera mujer! —Le respondió sin quitarle las manos de la cintura. ¡Perdone si la apreté demasiado, pero si no se me hubiera caído!

— ¡Estás perdonado! El favor valía el apretón y no me molestó; al contrario, me agradó. ¡No te creí tan fuerte! ¡Veo que te has vuelto todo un hombrecito delante de mis ojos… y hasta hoy me doy cuenta! — Se puso a tocarle los hombros y el pectoral con toda la malicia del mundo. ¡Imagino que buscas a mi hija! Ella, de seguro, está en su habitación. ¡Pasa! —Pero no dejaba de acariciarlo. Luego le preguntó:

— A todas éstas, ¿cuántos años tienes?

— Dieciséis, cumplidos; pero llegando a los diecisiete.

— Ahora entiendo, estás en lo mejor del desarrollo. —Musitó una sonrisa pícara. ¿Y ya tienes novia?

— No. No me quiero complicar las cosas, usted sabe… ¡amor de lejos…!

— ¡Eso es correcto, tienes razón! Goza la vida que sólo es una, tienes tiempo para complicarla con el matrimonio. ¡Lástima! Si no… —Suspiró profundo dejando su pensamiento volar.

— ¿Si no qué? —La atrajo contra si y le metió la pierna en medio.

— ¡Veo que has avanzado bastante! Si no… te propusiera algunas cositas, pero mejor dejémoslo así… ¿Vienes a despedirte de mi hija, verdá? ¡Ve a verla mejor! — Se puso a acariciarle el pecho y luego respirando profundo, le agregó: ¡Si no te veo, buena suerte! —Le subió los brazos por el cuello y lo abrazó con mucha emoción.

El Roro sin andar con cuentos, la abrazó fuerte y la presionó por todos lados. Le mostró su virilidad en pleno apogeo y la mujer apreció aquel gesto. Retirando sus manos y moviendo sus dedos, como si tuviera una gran tentación, le dijo respirando profundo:

— ¡Cómo dije antes, te has vuelto todo un hombrecito! ¡Suerte que tendrán las descosidas! — Le dio una palmadita en el pecho y, dando media vuelta, se puso a alizar el vestido.

El Roro, con una sonrisa de macho, se marchó hacia el cuarto de la amiga y, mientras caminaba, trató de tranquilizarse para que no lo *guachara* en ese estado. Atravesó el jardín y se metió a la otra casa. Luego, al dar un paso en aquella parte, se quedó quieto mirando todo a su alrededor con la intención de guardarlo en su memoria, allí había vivido muchas cosas bonitas.

Luego, despacio se dirigió a la habitación de la joven. Al contrario de otras veces, tocó la puerta antes de entrar. Luego, abrió diciendo:

— ¿Se puede?

— ¡Pasa! —Le dijo volteando a ver hacia la puerta mientras ponía el libro que leía sobre la cama.

— ¿Qué lees?

— Algo para entretener mi mente… ¡El beso de la mujer araña! De un escritor argentino.

— ¿Y de qué habla?

— Es la historia de dos presos que conviven en una cárcel, uno es preso político y, el otro, homosexual.

— ¡Guau! ¿Y dónde lo conseguiste? No parece un libro para todo público y para todo país.

— Tienes razón, es literatura prohibida; al igual que la música de los «Guaraguao». Imagínate que hasta en su país de origen los prohibieron. Lo conseguí con un turista. ¡Imagino que vienes a despedirte!

— ¡Eso, pero sobre todo: quería saber cómo estabas! ¡Me preocupas! Últimamente no te he visto bien y cómo no quieres hablar...

— ¡No te preocupes! ¡Yo estoy bien! Te deseo lo mejor y métele ganas. Ah, ¡aquí tengo un regalo! —Se levantó y fue a sacar un sobre con dinero.

— Pensándolo bien, no lo necesito. ¡Guárdalo!

— ¡Agárralo o me voy a enojar!. Te lo digo en serio. —Se puso enojada. No es la gran cosa, pero te ayudará para que no andes mendigando por allá.

— La neta... ¡Si me necesitas, no me voy!

— ¡Ah no, papito! A mí no me pongas de pretexto para huir a tus cosas. Sé hombrecito y decídete. Si no quieres estudiar mejor dilo, pero sácame de eso. ¡Yo estoy bien y estaré bien, estés o no! —Se le puso muy seria.

Cómo el cipote no agarraba el dinero, la mujer lo metió en el bolsillo y, luego, casi empujándolo, le dijo:

— ¡Ahora mejor vete! No me gustan las despedidas, no son mi fuerte. ¡Vete! ¡Vete! Como dice la abuelita... ¡Qué Dios te socorra!

El Roro, que tampoco era muy dado a las despedidas, dio media vuelta y se marchó. En su marcha igualmente le dijo adiós, pero sin verla. Eso sí, antes de salir, le dijo: si un día, me necesitas; dejo todo y vengo corriendo.

A las tres de la mañana, estaba reuniendo sus cosas: una mochila con sus pocas pertenencias, un saco de mangos y otro de camarones para la tía que en realidad era prima. Luego, se fue para la parada de buses acompañado por su padre y su hermano menor; cuando llegó al lugar, la Negra, lo estaba esperando. Al verla, se alegró verdaderamente, se saludaron y con un abrazo muy sentido unieron aquella amistad. Como la cipota estaba ahí para acompañarlo, el papá, sacando un poco de sabiduría, se despidió para dejarlo sólo con su amiga y aunque, no era de su agrado, no hizo mala cara.

— ¿Y eso? ¡No esperaba verte! Sin embargo, me da mucho gusto que hayas venido. Sabes, me iba con un mal sabor...

— ¡Lo sé! Por eso estoy aquí. ¡Quiero pedirte perdón!... por cómo te saqué de la casa y por... bueno, no contarte lo que me pasa... sé cómo eres y no quería preocuparte.

— ¡Ahora me preocupas más!

— ¡Sí, es verdá! Me pasó algo, feo. —Se le escaparon algunas lágrimas— ¡Me volvieron a violar!

— ¿Y quién fue ese desgraciado? — La abrazó fuerte.

— ¡Nos van a ver! — Quiso desviar la pregunta.

— ¡Qué me importa! ¿Quién fue?

— Te conté el milagro pero no el santo… ese me lo guardo. ¡No te preocupes! El trago amargo, ya pasó; y, estoy, vivita y coleando.

— ¡Estás segura!

— ¡Completamente!

— ¡Ahora comprendo! No sabes la rabia que tengo y el deseo de salir a buscarlo para *madrugarlo*.

— No compliques las cosas; de eso, me encargo yo. *Una vez me la hicieron, pero, ésta, no pasará tan fácil. Dios perdona, pero yo no. Dicen que la venganza en sabrosa, si se hace con la misma moza.*

— ¿Qué traes?

— Nada. Vos vete tranquilo y verás que pronto tendrás noticias mías. ¡Mira! Allá, viene, el bus.

— Al menos, te puedo abrazar.

— Claro y si nos arrinconamos detrás de esa pared, quizás me puedes regalar un beso. De todas maneras, el bus viene lejos y, de seguro, se detendrá antes.

Cabal, mientras el vehículo se detenía como a unas diez cuadras, ambos se escondieron en la oscuridad y, ahí, se pegaron la última *amontonada*. Cuando llegó, el tipo se subió de prisa y la mujer se quedó mirándolo. Sus ojos se llenaron de lágrimas; mientras, el autobús desaparecía despacio en la oscuridad de la madrugada.

El Roro agarró camino para su nuevo destino con el corazón en la mano. Un deseo fuerte le pedía quedarse para ayudar a su amiga, pero la razón le convenció que tenía que seguir su camino.

A las pocas semanas, encontraron al «Pataschuecas» muerto. Según, los dictámenes médicos, había sido por causas naturales, un paro cardíaco lo había fulminado mientras hacia el amor.

Cuando el Roro se enteró de aquella noticia, lo primero que le vino a la mente fueron la frase que la Negra le había soltado antes de despedirse. Ese día, en su interior, algo le decía que la chica tenía algo que ver con aquella muerte, pero no soltaría ni un amén por aquel malhechor.

Mientras tanto, en la parte de atrás de aquel bus, el Roro viajaba con cierto miedo porque ni siquiera conocía a su tía santaneca. En su corazón sentía una tristeza profunda porque era la primera vez que se alejaba de su pueblo por un largo rato. La verdad, iba a ciegas y sin nada asegurado. Lo único que lo impulsaba era el deseo de ser alguien y poder tener un trabajo digno para vivir. Un nuevo profesor se perfilaba en busca de un nuevo destino.

Aquella guerra todavía no lograba arrebatarle sus sueños, aunque, de alguna manera, había provocado que su grupo, *de cheros*, se hubiera desintegrado. En su interior, seguía odiando, esa maldita guerra que nunca quiso porque se la habían impuesto.

FIN

EPILOGO

Nuestro héroe tomó la decisión de marcharse a estudiar para convertirse en maestro de educación básica en la institución llamada «Ciudad Normal Alberto Masferrer». Serían, dos años de formación, uno de estudios y, otro, de práctica.

Desde que pondría un pie en la ciudad morena, la vida le demostraría que siempre hay improvistos; pero que, según, los misterios del destino; siempre existe, una razón, para que todo aquello suceda.

En su nuevo hogar, su tía y su prima, se convertirían en su nueva familia. En el centro de estudios encontraría otro grupo de cheros con los cuales formaría otro círculo muy unido. Su tiempo se vería muy limitado porque entre estudios y trabajo; apenas, le quedaría tiempo para lavar sus pertenencias.

Otras personas entrarían a formar parte de su vida; la situación política, igualmente, seguiría siendo un factor importante en aquel momento. Inclusive, se vería mezclado en el remolino que estaba consumiendo al pueblo salvadoreño.

Aquel aprendiz de profesor aprendería a la brava los principios que regían aquella noble profesión. Y, esa guerra que, tanto odiaba, seguía consumiendo las esperanzas de su alma. Eso sí, como casi cuatro millones de habitantes, no daba el brazo a torcer y peleaba, cara a cara, con la situación. La sobrevivencia diaria se convertiría en la principal razón de vivir.

DESCRIPCION DEL ESCRITOR

Escritor por vocación y poeta por complacencia. Amante de la narrativa romántica y del verso libro. Originario del pulgarcito de América, El Salvador. Desde muy joven, tuvo en sus manos la palabra, como compañera de cuna. Su abuelo le enseñó a volar entre las nubes mágicas a través de sus cuentos, fábulas y leyendas. Su padre le mostró el camino de la lectura, la oratoria y la poesía.

La vida, lo puso de rodillas al quedar huérfano de padres. Entró en un hermetismo-proteccionista y se aferró a sus sueños, escondido bajo la sombra de un desencanto, de un resentimiento y de un malestar que le carcomía su alma. La guerra civil por la que atravesaba su país se convirtió en otro clavo más en el ataúd de su vida. Desde su vacío se abrieron las alas de aquellas mariposas que saldrían a conquistar el mundo de la lírica, el verso y la rima. Ese barco de papel decidió embestir su futuro queriendo ofrecer su mejor versión como persona y ser humano. Despojado de tabú, mentiras y alacranes se ofreció para convencer el amor de su verdad y de conquistar la alegría para invitar a bailar la fe en el tango de su vida.

Expatriado, por decisión propia; descubrió que la vida, lejos de las fronteras patrias, ofrecía otras maravillas a descubrir. Encontró, una paz espiritual que necesitaba, la libertad de expresión en plena expansión y la esperanza de un nuevo día en el siguiente día. Ahí, en la armonía de varias culturas, aprendió: a amarse, antes de querer amar; a ser amigo, antes de tener amigos; a creer, antes de convertir y, a ser, antes de convencer.

La magia de la escritura floreció en una vocación tardía; se descubrió, enamorado de la vida y revestido de una palabra viva. Amarró el deseo a la confianza de saberse libre, enamorado y soñador.

LA GUERRA QUE NUNCA QUISE
Otros partes de la obra

GQNQ, **BUSCANDO SER ALGUIEN** – segunda parte
GQNQ, **ENTRE FUEGO CRUZADO** – tercera parte
GQNQ, **VIVIR MURIENDO** – cuarta parte
GQNQ, **MORIR A UN GRAN AMOR** – quinta parte